高等职业教育系列教材

汽车电工电子技术

第 2 版

主　编　侯丽春　郝　俊
副主编　沙泽英　王　哲

机械工业出版社

本书介绍了汽车电路所涉及的电工与电子技术方面的基础知识，全书以"理论＋实训"的形式编排内容。理论知识以汽车实用电路为主，实训案例坚持理论联系实际的原则，体现电工电子技术在汽车电路中的应用。在内容组织上，本书各章以相关问题引导读者去把握知识重点，在书中加入了"小提示""小经验"和"想一想"之类的栏目，能够帮助读者拓展知识，同时可以调动读者学习的积极性。

本书可作为高职高专院校汽车类专业的通用教材，也可作为各类培训和自学的参考教材。

本书配有微课视频，提供仿真电路与仿真视频，便于读者理解知识点及其应用，可扫码观看；同时附有思维导图视频，提供相应章节知识点思维导图的讲解，便于读者总结与复习。另外，本书配有电子课件，需要的教师可登录 www.cmpedu.com 免费注册，审核通过后下载，或联系编辑索取（微信：15910938545，电话：010-88379739）。

图书在版编目（CIP）数据

汽车电工电子技术/侯丽春，郝俊主编．—2版．—北京：机械工业出版社，2020.6（2025.6重印）
高等职业教育系列教材
ISBN 978-7-111-65635-7

Ⅰ.①汽… Ⅱ.①侯… ②郝… Ⅲ.①汽车-电工技术-高等职业教育-教材②汽车-电子技术-高等职业教育-教材 Ⅳ.①U463.6

中国版本图书馆CIP数据核字（2020）第084351号

机械工业出版社（北京市百万庄大街22号 邮政编码100037）
策划编辑：和庆娣 责任编辑：和庆娣 李文轶
责任校对：张 薇 责任印制：单爱军
北京华宇信诺印刷有限公司印刷
2025年6月第2版第13次印刷
184mm×260mm · 14印张 · 346千字
标准书号：ISBN 978-7-111-65635-7
定价：55.00元

电话服务 网络服务
客服电话：010-88361066 机 工 官 网：www.cmpbook.com
　　　　　010-88379833 机 工 官 博：weibo.com/cmp1952
　　　　　010-68326294 金 书 网：www.golden-book.com
封底无防伪标均为盗版 机工教育服务网：www.cmpedu.com

前　言

当前，汽车行业正在进行新一轮科技革命，汽车"新四化"不断创新发展，智能联网、自动驾驶、数字芯片、控制系统、软件服务等成为汽车领域研发的主要内容，这些都离不开汽车电工电子技术。党的二十大报告指出："形成新发展格局，基本实现新型工业化、信息化、城镇化、农业现代化""建成教育强国、科技强国、人才强国、文化强国、体育强国、健康中国"。汽车电工电子技术已成为当今汽车领域的研究重点，是衡量各国汽车工业发展水平的重要标志，为汽车智能控制、自动驾驶提供技术支持。各高等院校汽车类专业已将"汽车电工电子技术"划为重要的基础课程，本书在内容的编写上以为课程服务为原则，以为读者继续学习汽车电控技术打基础为最终服务目标。

本书分为9章，分别是：直流电路、交流电路、电磁学基础知识及应用、发电机与电动机、模拟电子电路基础、集成运算放大器及应用、数字电子电路、安全用电和低压电器。作为基础教材，本书理论内容的选取以够用为度，尽量减少理论推导，采用通俗易懂的表达方式；书中实例和实训内容以汽车应用电路为主，注重引导读者理论联系实际，以培养读者的应用技能。

第1章"直流电路"，只进行简单的串、并联电路的分析，不过多讲述和分析复杂电路的定理与定律。

第2章"交流电路"，重点讲述交流电的产生和交流电的特性，为读者了解汽车发电机原理打下基础，不涉及交流电路相量分析方法。

第3章"电磁学基础知识及应用"和第4章"发电机与电动机"，重点讲述继电器、发电机和直流电动机这些汽车电路常用的器件与设备，并列举这些器件与设备在现代汽车电路中的应用。

第5章"模拟电子电路基础"和第7章"数字电子电路"，重点介绍二极管、晶体管和集成电路的特性，使读者通过丰富的应用实例来理解汽车电控单元与传感器和执行器之间的信号传递过程。

第6章"集成运算放大器及应用"，重点介绍集成运算放大器的放大信号与电压比较的应用，使读者理解传感器信号的处理方法。

由于汽车电工电子技术是面向汽车类多个专业的基础课程，因此本书中加入了第8章"安全用电"与第9章"低压电器"两章，为在生产现场就业的学生或人员提供更多的电器使用与安全操作的相关内容。

为满足读者深入学习的需求，在各章中都加入了"小提示""小知识"之类的知识拓展内容，能够帮助读者拓展知识，而"想一想"和"小讨论"可以调动读者学习的积极性。二维码仿真视频、思维导图视频等辅助资源，可以提高读者自学的能力。

本书由长春汽车工业高等专科学校侯丽春、郝俊、沙泽英、王哲、杨舒乐和中国第一汽车集团公司孙则强、张军旺、闫小军、朱泳逾共同编写。其中，第1章由沙泽英和闫小军编写，第2章由王哲和闫小军编写，第3章由郝俊和孙则强编写，第4章杨舒乐和孙则强编写，第5章由侯丽春和朱泳逾编写，第6章由郝俊和朱泳逾编写，第7章由侯丽春和杨舒乐编写，第8章由沙泽英、张军旺编写，第9章由张军旺编写，全书由侯丽春和郝俊统稿。

在此，感谢无锡职业技术学院蔡建军和长春汽车工业高等专科学校赵宇对本书编写给予的帮助。

由于编者水平有限，书中难免存在疏漏和不足之处，敬请各位读者给予指正。

编　者

目 录

前言
第1章 直流电路 ················· 1
1.1 认识直流电路 ················· 1
1.1.1 电路的组成 ················· 1
1.1.2 汽车电路的组成 ············· 2
1.1.3 汽车电路的特点 ············· 2
1.1.4 电路的基本物理量 ··········· 3
1.2 电路元器件的识别与检测 ········· 5
1.2.1 电阻元件 ··················· 6
1.2.2 电容元件 ··················· 8
1.2.3 电感元件 ··················· 10
1.2.4 电源元件 ··················· 11
1.3 直流电路的分析与检测 ··········· 12
1.3.1 基尔霍夫定律 ··············· 12
1.3.2 电位计算与检测 ············· 14
1.3.3 电路的暂态分析 ············· 16
1.4 汽车电工电子常用仪器仪表的使用 ··· 18
1.4.1 数字万用表和汽车专用万用表 ··· 18
1.4.2 钳形电流表 ················· 21
1.4.3 电烙铁 ····················· 22
1.5 汽车用试灯 ····················· 23
1.5.1 汽车用试灯简介 ············· 23
1.5.2 汽车用试灯的应用 ··········· 24
1.6 汽车连接器 ····················· 25
1.7 汽车导线与导线的焊接 ··········· 26
1.8 实训 ··························· 27
1.8.1 实训1 电阻器、电容器的识别与检测及万用表的使用 ··· 27
1.8.2 实训2 基尔霍夫定律的验证 ··· 28
1.8.3 实训3 桥式电阻传感器电路模拟与检测 ··············· 29
1.9 小结 ··························· 30
1.10 习题 ·························· 30
第2章 交流电路 ······················ 33
2.1 认识正弦交流电 ················· 33
2.1.1 正弦交流电三要素 ··········· 34
2.1.2 电路元件在交流电路中的特性 ··· 37

2.2 认识三相交流电 ················· 41
2.2.1 三相交流电的产生 ··········· 41
2.2.2 三相交流电源的联结 ········· 42
2.2.3 三相交流电路的联结 ········· 43
2.3 实训 使用示波器观测交流电波形 ··· 44
2.4 小结 ··························· 47
2.5 习题 ··························· 48
第3章 电磁学基础知识及应用 ········· 51
3.1 磁场和铁磁性材料 ··············· 51
3.1.1 磁场的基本物理量 ··········· 52
3.1.2 基本电磁定律 ··············· 53
3.1.3 铁磁性材料 ················· 55
3.2 认识变压器 ····················· 58
3.2.1 变压器的结构和原理 ········· 58
3.2.2 变压器在汽车电路中的应用 ··· 60
3.3 认识电磁阀 ····················· 60
3.3.1 电磁阀的结构、分类与符号 ··· 60
3.3.2 电磁阀的工作原理 ··········· 62
3.3.3 汽车电路中的电磁阀 ········· 63
3.4 认识继电器 ····················· 63
3.4.1 继电器的分类与结构 ········· 63
3.4.2 继电器的符号 ··············· 65
3.4.3 继电器的检测 ··············· 66
3.5 实训 继电器控制电动机正反转电路的设计与检测 ················· 67
3.6 小结 ··························· 68
3.7 习题 ··························· 69
第4章 发电机与电动机 ··············· 71
4.1 认识交流发电机 ················· 71
4.1.1 车用交流发电机的分类和结构 ··· 71
4.1.2 车用交流发电机的工作原理 ··· 76
4.2 认识电动机 ····················· 78
4.2.1 三相异步电动机 ············· 78
4.2.2 直流电动机 ················· 81
4.2.3 步进电动机 ················· 85
4.2.4 伺服电动机 ················· 86
4.2.5 汽车中的电动机 ············· 88

4.3 实训 车窗升降电动机控制电路的设计 ⋯⋯⋯⋯⋯⋯⋯⋯⋯⋯⋯⋯⋯⋯ 91
4.4 小结 ⋯⋯⋯⋯⋯⋯⋯⋯⋯⋯⋯⋯⋯ 92
4.5 习题 ⋯⋯⋯⋯⋯⋯⋯⋯⋯⋯⋯⋯⋯ 92

第5章 模拟电子电路基础 ⋯⋯⋯⋯⋯ 94
5.1 半导体基础知识 ⋯⋯⋯⋯⋯⋯⋯⋯ 94
　5.1.1 本征半导体 ⋯⋯⋯⋯⋯⋯⋯ 94
　5.1.2 本征半导体中的载流子 ⋯⋯ 94
　5.1.3 PN结的形成 ⋯⋯⋯⋯⋯⋯ 96
　5.1.4 PN结单向导电性 ⋯⋯⋯⋯ 97
5.2 半导体二极管 ⋯⋯⋯⋯⋯⋯⋯⋯⋯ 98
　5.2.1 二极管的结构与分类 ⋯⋯⋯ 98
　5.2.2 二极管的伏安特性 ⋯⋯⋯⋯ 99
　5.2.3 二极管的主要参数 ⋯⋯⋯⋯ 99
　5.2.4 二极管的应用 ⋯⋯⋯⋯⋯ 100
5.3 特殊二极管 ⋯⋯⋯⋯⋯⋯⋯⋯⋯ 101
　5.3.1 整流二极管 ⋯⋯⋯⋯⋯⋯ 101
　5.3.2 稳压二极管 ⋯⋯⋯⋯⋯⋯ 106
　5.3.3 发光二极管 ⋯⋯⋯⋯⋯⋯ 107
　5.3.4 光电二极管 ⋯⋯⋯⋯⋯⋯ 108
5.4 认识晶体管 ⋯⋯⋯⋯⋯⋯⋯⋯⋯ 109
　5.4.1 双极型晶体管的结构及类型 ⋯ 110
　5.4.2 双极型晶体管的电流放大作用 ⋯ 110
　5.4.3 双极型晶体管的工作特性曲线 ⋯ 111
　5.4.4 双极型晶体管构成的放大电路 ⋯ 112
　5.4.5 场效应晶体管 ⋯⋯⋯⋯⋯ 116
　5.4.6 场效应晶体管的应用 ⋯⋯ 118
　5.4.7 晶体管与场效应晶体管的区别 ⋯ 119
　5.4.8 晶闸管 ⋯⋯⋯⋯⋯⋯⋯⋯ 120
　5.4.9 晶体管在汽车电路中的应用 ⋯ 121
5.5 实训 ⋯⋯⋯⋯⋯⋯⋯⋯⋯⋯⋯⋯ 122
　5.5.1 实训1 二极管极性与质量检测 ⋯⋯⋯⋯⋯⋯⋯⋯⋯⋯ 122
　5.5.2 实训2 汽车点火模块电路模拟 ⋯⋯⋯⋯⋯⋯⋯⋯⋯⋯ 122
5.6 小结 ⋯⋯⋯⋯⋯⋯⋯⋯⋯⋯⋯⋯ 123
5.7 习题 ⋯⋯⋯⋯⋯⋯⋯⋯⋯⋯⋯⋯ 124

第6章 集成运算放大器及应用 ⋯⋯ 127
6.1 认识集成运算放大器 ⋯⋯⋯⋯⋯ 127
　6.1.1 集成运算放大器结构 ⋯⋯ 127
　6.1.2 集成运算放大器特性与参数 ⋯ 130
6.2 认识反馈 ⋯⋯⋯⋯⋯⋯⋯⋯⋯⋯ 133
　6.2.1 反馈的概念 ⋯⋯⋯⋯⋯⋯ 133
　6.2.2 集成运算放大器引入反馈的作用 ⋯⋯⋯⋯⋯⋯⋯⋯⋯⋯ 134
6.3 集成运算放大器在汽车电路中的应用 ⋯⋯⋯⋯⋯⋯⋯⋯⋯⋯⋯⋯ 136
　6.3.1 集成运算放大器的线性应用 ⋯ 136
　6.3.2 集成运算放大器的非线性应用 ⋯ 139
6.4 实训 汽车自动刮水器电路模拟 ⋯ 143
6.5 小结 ⋯⋯⋯⋯⋯⋯⋯⋯⋯⋯⋯⋯ 145
6.6 习题 ⋯⋯⋯⋯⋯⋯⋯⋯⋯⋯⋯⋯ 146

第7章 数字电子电路 ⋯⋯⋯⋯⋯⋯ 148
7.1 认识数字电路 ⋯⋯⋯⋯⋯⋯⋯⋯ 148
　7.1.1 数字电路的特点 ⋯⋯⋯⋯ 148
　7.1.2 数字信号 ⋯⋯⋯⋯⋯⋯⋯ 149
7.2 组合逻辑电路 ⋯⋯⋯⋯⋯⋯⋯⋯ 150
　7.2.1 逻辑关系与门电路 ⋯⋯⋯ 150
　7.2.2 常用门电路 ⋯⋯⋯⋯⋯⋯ 150
　7.2.3 数字集成门电路 ⋯⋯⋯⋯ 153
　7.2.4 组合逻辑电路 ⋯⋯⋯⋯⋯ 154
　7.2.5 组合逻辑电路在汽车电路中的应用 ⋯⋯⋯⋯⋯⋯⋯⋯⋯⋯ 154
7.3 时序逻辑电路 ⋯⋯⋯⋯⋯⋯⋯⋯ 156
　7.3.1 基本RS触发器 ⋯⋯⋯⋯ 156
　7.3.2 JK触发器 ⋯⋯⋯⋯⋯⋯ 157
　7.3.3 D触发器 ⋯⋯⋯⋯⋯⋯⋯ 159
　7.3.4 时序逻辑电路举例 ⋯⋯⋯ 160
7.4 555时基电路 ⋯⋯⋯⋯⋯⋯⋯⋯ 161
　7.4.1 555定时器工作原理 ⋯⋯ 161
　7.4.2 555定时器构成的三种电路 ⋯ 163
　7.4.3 555应用电路举例 ⋯⋯⋯ 165
7.5 模拟信号与数字信号的转换 ⋯⋯ 166
　7.5.1 A-D转换器 ⋯⋯⋯⋯⋯⋯ 166
　7.5.2 D-A转换器 ⋯⋯⋯⋯⋯⋯ 167
　7.5.3 LED数码显示器 ⋯⋯⋯⋯ 168
7.6 实训 ⋯⋯⋯⋯⋯⋯⋯⋯⋯⋯⋯⋯ 169
　7.6.1 实训1 组合逻辑电路 ⋯ 169
　7.6.2 实训2 汽车延时照明与转向灯控制电路模拟 ⋯⋯⋯⋯⋯ 170
　7.6.3 实训3 汽车数字显示仪表电路模拟 ⋯⋯⋯⋯⋯⋯⋯⋯⋯ 172
7.7 小结 ⋯⋯⋯⋯⋯⋯⋯⋯⋯⋯⋯⋯ 172
7.8 习题 ⋯⋯⋯⋯⋯⋯⋯⋯⋯⋯⋯⋯ 173

第8章 安全用电 ⋯⋯⋯⋯⋯⋯⋯⋯ 176
8.1 普通电工安全用电常识 ⋯⋯⋯⋯ 176

8.1.1　电流对人体的伤害及触电
　　　　 方式 ……………………… 176
　8.1.2　安全电压和安全用具 ………… 178
　8.1.3　触电原因及预防措施 ………… 179
8.2　汽车生产和维修现场安全用电常识 … 182
　8.2.1　生产现场安全用电常识 ……… 182
　8.2.2　维修现场安全用电常识 ……… 183
　8.2.3　新能源电动汽车安全用电常识 … 183
8.3　触电现场的抢救 ………………… 185
　8.3.1　脱离电源 …………………… 186
　8.3.2　伤员脱离电源后的处理 ……… 187
　8.3.3　呼吸、心跳情况的判断 ……… 187
　8.3.4　心肺复苏 …………………… 187
8.4　小结 …………………………… 189
8.5　习题 …………………………… 190

第9章　低压电器 ……………………… 191
9.1　低压电器基本知识 ……………… 191

　9.1.1　概述 ………………………… 191
　9.1.2　低压电器的分类与产品标准 …… 191
9.2　低压电器的介绍 ………………… 192
　9.2.1　刀开关 ……………………… 192
　9.2.2　断路器 ……………………… 194
　9.2.3　熔断器 ……………………… 196
　9.2.4　接触器 ……………………… 199
　9.2.5　其他低压电器 ……………… 204
9.3　基本电气控制系统的介绍 ………… 207
　9.3.1　基本电气控制图的绘制 ……… 207
　9.3.2　基本电气控制系统的介绍 …… 209
9.4　小结 …………………………… 212
9.5　习题 …………………………… 213

附录 ……………………………………… 214
附录A　常用电气图形符号 …………… 214
附录B　部分电路元件命名方法 ………… 215

参考文献 ………………………………… 218

第 1 章 直流电路

本章介绍了直流电路的基础知识,包括电路组成及电路的基础元器件、基尔霍夫定律,以及电路检测与维修中常用的工具。另外,还列举了相关的汽车应用电路。

本章问题:

1) 什么是直流电路?常见直流电路有哪些组成元件?
2) 电阻、电容、电感在汽车中的应用是怎样的?
3) 电位和电压的概念是怎样的?如何测量电位与电压?
4) 什么是基尔霍夫定律?

1.1 认识直流电路

在电路中,电总是按照一定的路径(电路)传输和运行。电按其性质不同分成了直流电和交流电,相应的电路分成了直流电路和交流电路,让我们首先进入直流电路的世界。

1.1.1 电路的组成

在我们周围存在着各种简单或复杂的电路,它们的结构组成符合相同的规律和要求。让我们来认识电路的组成,如图1-1所示。将干电池、小灯珠、开关及电线等连接成电路,接通开关时,小灯珠发光。

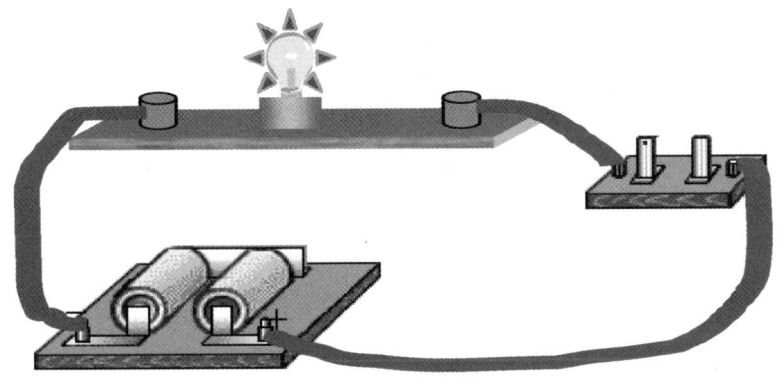

图1-1 电路的组成

问:小灯珠为什么发光?

答:小灯珠发光是由于电流通过灯丝时产生热效应所致,可见在上述电路中已形成了完整的电流通路。

从图1-1这个电路可以看出,电路的组成包括:

1) 电源——供电的元器件。

2）用电器——利用电来工作的元器件。
3）开关——控制电路接通或断开的元器件。
4）导线——连接元器件、传输电流的介质。

1.1.2 汽车电路的组成

汽车电路主要由电源、电路保护装置、控制元器件、用电设备、导线等组成。

1. 电源

燃油汽车上装有两个电源，即蓄电池和发电机，其功能是向汽车各用电设备提供低压直流电，使其在不同情况下都能投入正常工作。

2. 电路保护装置

电路保护装置主要有熔断器、断路器等，在电路中起保护作用，当电路中的电流超过规定值时切断电路，防止烧坏导线和用电设备。

3. 控制元器件

控制元器件包括发动机控制单元、自动变速器控制单元和空调控制单元等。

4. 用电设备

用电设备包括起动机、空调设备、仪表、照明灯等。

5. 导线

导线的作用是将上述装置连接起来构成电路，汽车上通常也用车体代替部分用电器与电源导线连接。

问：汽车上的导线还可以用连接器连接，那么什么是连接器呢？

答：连接器也叫接插件。国内也称作接头和插座，一般是指电器接插件。作用是连接两个有源元器件，用以传输电流或信号。如图1-2所示为汽车导线连接器。

汽车上比较粗的、流经电流比较大的导线称为汽车电缆线，连接电缆线的端子称为电缆端子，如图1-3所示。

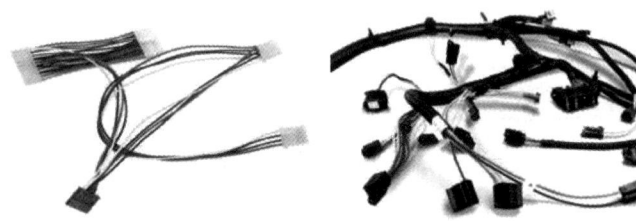
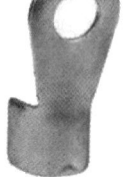

图1-2　汽车导线连接器　　　　　　　图1-3　汽车电缆端子

1.1.3 汽车电路的特点

汽车电路也符合上述电路的组成规律，其特点可归纳为以下几点。

1. 低电压

现代汽车电路电源的额定电压有12V和24V两种。汽油车常采用12V电源，柴油车常采用24V电源。

2. 直流

给汽车电路供电的发电机和蓄电池输出的都是直流电，因此汽车电路是直流电路。

3. 单线连接

单线连接是指汽车上所有电器设备的正极均采用导线相互连接，所有的负极则直接或间接通过导线与车架或车身金属部分连接（俗称"搭铁"）。任何一个电路中的电流都是从电源的正极出发经导线流入用电设备后，再由电气设备自身或负极导线搭铁，通过车架或车身流回电源负极而形成回路。

由于单线制导线用量少、线路清晰、接线方便，因此广泛被现代汽车所采用。

4. 并联连接

各用电设备均采用并联。汽车上的两个电源（蓄电池和发电机）之间以及所有用电设备之间，都是正极接正极，负极接负极，并联连接。

5. 负极搭铁

蓄电池的负极接车架或车身称为负极搭铁。蓄电池的正极接车架或车身称为正极搭铁。负极搭铁对车架或车身金属的化学腐蚀较轻，对无线电装置干扰小。我国标准规定汽车电路统一采用负极搭铁。

6. 设有保护装置

为了防止因短路或搭铁而烧坏线束，电路中一般设有保护装置，如熔断器、熔丝等。

7. 汽车线路有颜色和编号特征

为了区别各线路的连接，汽车所有低压导线必须选用不同颜色的单色线或双色线，并在每根导线上编号。编号由生产厂家统一编制。

> **小问题**
> 汽车电路是并联单线制，想想为什么？

1.1.4 电路的基本物理量

1. 电流

在物质内部有正、负两种不同的电荷，电荷的定向移动形成电流。电流的大小用电流强度（符号为 I 或 i，简称为电流）来表示，其定义为：单位时间内通过导体横截面的电荷量，即

$$I = \frac{Q}{t} \tag{1-1}$$

式中　I——电流（A）；

Q——电荷量（C）；

t——时间（s）。

通常用电流表或万用表测量电流。在国际单位制中，电流的单位是安［培］（A），此外常用的还有毫安（mA）、微安（μA）等。它们的关系为

$$1A = 10^3 mA, \quad 1mA = 10^3 \mu A$$

习惯上规定正电荷定向移动的方向为电流的正方向。通常根据电流（包括大小和方向）是否随时间改变而将电流分成直流电流和交流电流。对于比较复杂的直流电路中的电流，往往不能事先确定电流的实际方向；对于交流电路中的电流，其方向是随时间变化的，无法确定某一瞬间的电流方向。为分析方便，任意选择一个方向作为电流的参考方向，用箭头在电

路图中表示出来。如果电流的实际方向和所选的电流参考方向一致，则此电流为正值；电流参考方向与实际方向相反，则电流为负值。在进行电路分析与计算时，参考方向一旦选定，就不再更改，根据电流的参考方向及其数值的正负，可确定电流的实际方向。本书中的电路图，如没有特殊说明，所有的电流方向都是参考方向。

2. 电位及电压

正如水路中各点在空间上都有一个水位高度一样，电路中各点都有一个电位。水路中各点的水位高度计算都有一个起点，称为参考点。例如，以海平面为起点的海拔高度其参考点就是海平面。同样，电路中的电位也要有一个参考点，称为零电位点。

如同水位高度相对于不同参考点有不同数值一样，电位相对于不同的零电位点，其数值也不相同，可见电位和水位都具有相对性。

电位的符号是 V，单位是伏［特］。零电位的选择具有任意性，通常为了实际测量方便，习惯上以大地电位作为零电位点；设备外壳通常接地或者设备中元器件均与一个公共点相连，所以一般把设备外壳或电路中某一个公共点作为零电位点。

正如水位差带来的水压导致水流一样，电压是形成电流的必要条件之一，电路中提供电压的器件是电源。

电压的符号为 U，在国际单位制中，电压的单位是伏［特］（V），此外还有千伏（kV）、毫伏（mV）、微伏（μV）等。

它们的关系为

$$1kV = 10^3 V，1V = 10^3 mV，1mV = 10^3 \mu V$$

在电路中 a、b 两点间的电压等于 a、b 两点间的电位之差，即

$$U_{ab} = V_a - V_b \tag{1-2}$$

它是导体两端在电场中的相对位置（电位）之差。根据电路中电流是直流电流还是交流电流，电路两端电压分别为直流电压和交流电压。

电压也是矢量，电压的实际方向是从高电位指向低电位，是电位下降的方向。参考方向的规则同样适用于电路中电压的分析与计算。

3. 电功与电功率

在日常生活中，我们提水、推车及向上搬移重物都是在做功。电流在通过负载时，将电能转变为另一种能量（如光能、热能、机械能等），这些能量的传递和转换都是电流做功的表现。电流做功的过程就是将电能转化成其他形式能的过程。因此，电功也称电能。

如果加在导体两端的电压为 U，根据电压的定义式 $U = \dfrac{W}{Q}$，将式(1-1)代入，可得电流所做的功的大小为

$$W = UQ = UIt \tag{1-3}$$

式中　W——电功（J）；

　　　U——加在导体两端的电压（V）；

　　　I——导体中的电流（A）；

　　　t——通电时间（s）。

式(1-3)表明，电流在一段电路上所做的功，与这段电路两端的电压、电路中电流和

通电时间成正比。

在国际单位制中，电功的单位是焦［耳］（J）。如果加在导体两端的电压为1V，导体中的电流为1A，在1s时间内的电功就是1J。

在实际使用中，电功常用千瓦时（俗称为度）为单位，符号是kW·h。

$$1kW·h = 3.6 \times 10^6 J$$

对于纯电阻电路，欧姆定律成立，即

$$U = RI, \quad I = \frac{U}{R} \tag{1-4}$$

将式(1-4)代入到式(1-3)中得

$$W = \frac{U^2}{R}t = I^2 Rt \tag{1-5}$$

电流在单位时间内所做的功叫作电功率，电功率是描述电流做功快慢的物理量。如果在时间 t 内，电流通过导体所做的功为 W，那么电功率为

$$P = \frac{W}{t} = UI \tag{1-6}$$

式中　P——电功率（W）；

　　　W——电能（J）；

　　　t——电流做功所用的时间（s）。

在国际单位制中，功率的单位是瓦［特］（W）。如果在1s时间内，电流通过导体所做的功为1J，电功率就是1W。电功率的常用单位还有千瓦（kW）和毫瓦（mW），它们之间的关系为

$$1kW = 10^3 W, \quad 1W = 10^3 mW$$

如果电路图上标识的电压和电流的方向是参考方向，而且在同一元器件上 U 和 I 的参考方向一致时，即电流方向表示从高电位流向低电位，$P > 0$ 表示该元器件吸收功率，具有负载特性；$P < 0$ 表示该元器件发出功率，具有电源特性。

> **小问题**
> 如果电路图中的电压和电流的参考方向不一致时，如何通过功率 P 的正负判断元器件是吸收功率还是发出功率？

1.2　电路元器件的识别与检测

对于某一器件来说，其电磁性能会比较复杂。例如，白炽灯在通电工作时能把电能转换成光能和热能，消耗电能，具有电阻的性质；但其电流还会产生电场和磁场，因此又具有储存电场能和磁场能的作用，即具有电容和电感的性质。在电路的分析和计算中，如果对一个器件要考虑所有的电磁性质是十分困难的。为此，对于组成实际电路的各种器件，我们忽略其次要因素，抓住其主要电磁特性，使之理想化，即用理想电路元件代替实际器件。例如白炽灯可用只具有消耗电能而没有电场和磁场特性的理想电阻元件来近似地表征。

理想电路元件简称为电路元件,常用的电路元件有电阻元件、电容元件、电感元件、理想电压源和理想电流源。用一个或几个具有单一电磁特性的电路元件所组成的电路,称为实际电路的电路模型。本书后面所画电路图都是电路模型,应用电路模型进行分析、计算,其误差可在工程允许的范围之内。

1.2.1 电阻元件

当电流在导体中流过时,定向运动的自由电子与导体内的原子核发生碰撞而受到阻碍,将电能转化为热能或其他不可逆形式的能量。这种导体对电流的阻碍能力称为电阻,具有这种特性的电路元件称为电阻元件,用 R 表示。R 的计量单位是欧[姆](Ω),常用单位还有千欧(kΩ)、兆欧(MΩ)、毫欧(mΩ)。它们的关系为

$$1k\Omega = 10^3\Omega,\ 1M\Omega = 10^6\Omega,\ 1m\Omega = 10^{-3}\Omega$$

习惯上我们常称电阻元件为电阻,故"电阻"这个名词既表示电路元件,又表示元件的参数。

图1-4为电阻元件符号,电阻元件两端电压与流过的电流之间的关系满足欧姆定律[见式(1-4)]。

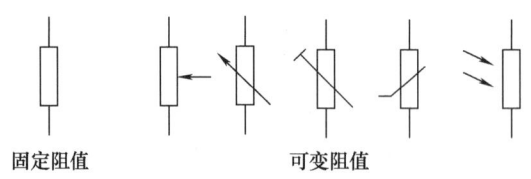

图1-4 电阻元件符号

实际电路中有与电阻元件相对应的具体器件,称为电阻器。

1. 电阻器的分类

在电子电路中常用的电阻器有固定电阻器和可变电阻器。按制作材料和工艺不同,固定电阻器可分为膜式电阻、实心电阻及金属线绕电阻等;可变电阻器可分为光敏电阻、热敏电阻、压敏电阻、湿敏电阻和电位器。图1-5为常用电阻器外形,图1-6为常见电位器外形。

图1-5 常见电阻器外形

2. 电阻器的主要性能指标

（1）额定功率

在规定的环境温度和湿度下，假定周围空气不流通，在长期连续负载不损坏或基本不改变性能的情况下，电阻器上允许消耗的最大功率，称为额定功率。为保证安全使用，一般选其额定功率比它在电路中消耗的功率高 1～2 倍。额定功率分 19 个等级，常用的有 0.05W、0.125W、0.25W、0.5W、1W、2W、3W、5W、7W、10W。

图 1-6　常见电位器外形

（2）标称阻值

产品上标示的阻值，其单位有欧、千欧、兆欧。

（3）允许偏差

电阻器和电位器实际阻值对于标称阻值的最大允许偏差范围，它表示产品的精度。色环法标称阻值所代表的数字或意义见表 1-1。

表 1-1　色环法标称阻值所代表的数字或意义

色　别	第一色环 最大一位数字	第二色环 第二位数字	第三色环 应乘的数	允许偏差
棕	1	1	10^1	±1%
红	2	2	10^2	±2%
橙	3	3	10^3	—
黄	4	4	10^4	—
绿	5	5	10^5	±0.5%
蓝	6	6	10^6	±0.25%
紫	7	7	10^7	±0.1%
灰	8	8	10^8	—
白	9	9	10^9	—
黑	0	0	10^0	—
金	—	—	10^{-1}	±5%
银	—	—	10^{-2}	±10%
无色	—	—	—	±20%

现举例说明色环法识别电阻标称值的方法。

1）在电阻体上标以彩色环，色环由左向右依次排列，最左侧为第一色环。图 1-7 所示的电阻阻值为 27000Ω±5%。

2）精密度电阻器的色环标志用五个色环表示。第一至第三色环表示电阻的有效数字，第四色环表示倍乘数，第五色环表示允许偏差，图 1-8 所示的电阻阻值为 17.5Ω±1%。

3. 电阻器的检测方法

（1）固定电阻器的检测

使用万用表电阻档将万用表两表笔（不分正负）分别与电阻的两端引脚相接即可测出实际电阻值。为了提高测量精度，应根据被测电阻标称值的大小来选择量程。

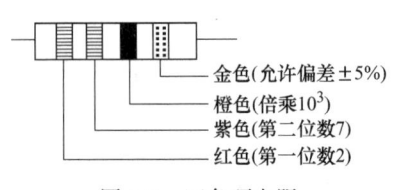
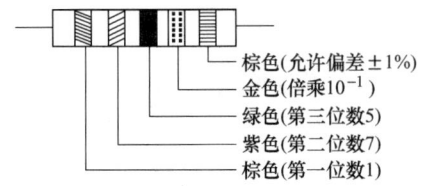

图 1-7　四色环电阻　　　　　　图 1-8　五色环电阻

注意：测试时，特别是在测几十千欧以上电阻的阻值时，手不要触及表笔和电阻的导电部分；被检测的电阻应从电路中焊下来，至少要焊开一个头，以免电路中的其他元器件对测试产生影响，造成测量误差；色环电阻在使用前最好用万用表测量一下其实际阻值，避免读数错误；任何有标志的电阻在使用前都要进行测量。

（2）电位器的检测

检查电位器时，首先要转动旋柄，看看旋柄转动是否平滑，开关是否灵活，开关通断时"咔哒"声是否清脆，并听一听电位器内部接触点和电阻体摩擦的声音，如有"沙沙"声，说明质量不好。用万用表测试时，先根据被测电位器阻值的大小，选择好万用表的合适电阻档位，然后按照检测固定电阻器的方法进行检测。

如万用表的读数在电位器轴柄转动过程中有跳动现象，说明活动触点有接触不良的故障。

1.2.2　电容元件

具有储存电场能特性的电路元件称为电容元件。电容量又称作电容，是指在给定电位差下的电荷储藏量，记为 C，国际单位是法［拉］（F）。一般来说，电荷在电场中会受力而移动，当导体之间有了介质，则阻碍了电荷移动而使得电荷累积在导体上，造成电荷的累积储存。电容器储存电荷量的多少，取决于电容器的电容量，电容量在数值上是等于一个导电极上的电荷量与两块极板之间的电位差之比。即

$$C = \frac{Q}{U}$$

式中　Q——一个极板上的电荷量（C）；

U——两块极板之间的电位差（V）。

电容元件两端电压与流过电流的关系不再满足欧姆定律，而是满足以下关系式

$$i = C\frac{\mathrm{d}u}{\mathrm{d}t} \tag{1-7}$$

从上式可知，电容元件的电压与电流之间是微分的关系。

电容元件的符号如图 1-9 所示。

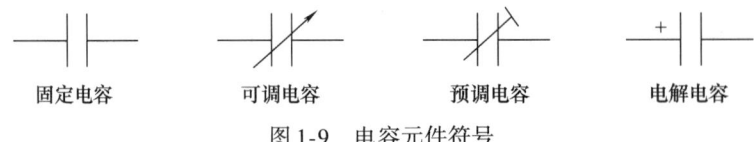

图 1-9　电容元件符号

实际电路中有与电容元件相对应的具体器件，称为电容器。

1. 电容器的分类

按结构可分为：固定电容、可调电容、预调电容。

按极性分为：有极性电容和无极性电容。常见的有极性电容是电解电容。

从材料上可以分为：聚酯电容、陶瓷电容、瓷片电容、独石电容、钽电容等。

图 1-10 为常见电容器的外形。

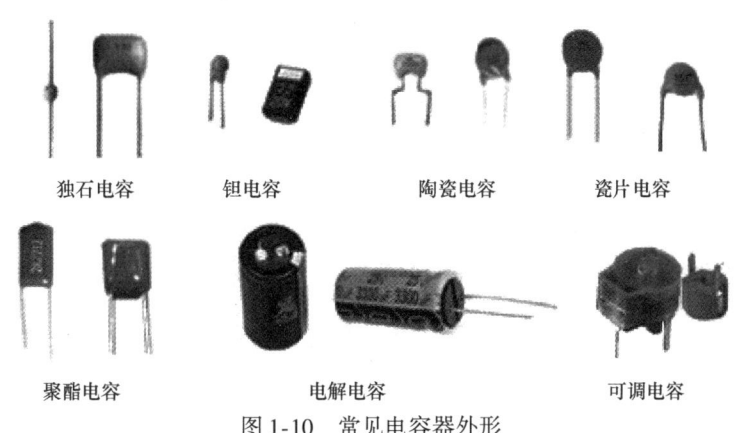

图 1-10 常见电容器外形

2. 电容器的主要性能指标

（1）标称容量和允许偏差

电容器上标有的电容数是电容器的标称容量，常用的单位有 F、μF、nF、pF，他们之间的关系是 $1F = 10^6 \mu F = 10^9 nF = 10^{12} pF$。电容器的标称容量和它的实际容量会有偏差，这个偏差的范围用允许偏差表示，国产电容容量偏差用符号 F、G、J、K、L、M 来表示，分别对应允许偏差为 ±1%、±2%、±5%、±10%、±15%、±20%。

一般，电容器上都直接写出其容量，也有用数字来标志容量的，通常在容量小于 10000pF 的时候，用 pF 做单位，大于 10000pF 的时候，用 μF 做单位。为了简便起见，大于 100pF 而小于 1μF 的电容常常不标注单位。如有的电容上标有 "105" 三位有效数字，左起两位给出电容量的第 1、第 2 位数字，而第 3 位数字则表示其后加 0 的个数，单位是 pF，此电容容量为 1000000pF = 1μF。带小数的电容量常常用字母表示，如 1p5、4μ7、3n9 分别表示 1.5pF、4.7μF 和 3.9nF。

（2）额定工作电压

在规定的工作温度范围内，电容长期可靠地工作，它能承受的最大直流电压，就是电容的耐压，也叫作电容的直流工作电压。如果在交流电路中，要注意所加的交流电压最大值不能超过电容的直流工作电压值。常用的固定电容工作电压有 6.3V、10V、16V、25V、50V、63V、100V、250V、400V、500V、630V、1000V。

（3）绝缘电阻

由于电容两极之间的介质不是绝对的绝缘体，它的电阻不是无限大，而是一个有限的数值，一般在 1000MΩ 以上，电容两极之间的电阻叫作绝缘电阻，或者叫作漏电电阻，漏电电阻越大越好。

电容充放电电路

3. 电容器的检测方法

测量电容容量：使用万用表电容档，测量前先将电容通过适当的电阻放电，然后将万用表置于电容档（F），选择适应的量程，然后将电容插入 Cx 测试插孔，进行电容容量测量，如 100μF 的电容，测量出电容容量是 98μF 或 99μF 都为正常。对于电解电容，要注意极性不要接反。

测量电容好坏：可以用电阻挡或二极管档通过测量电容两个电极之间的阻值来判断电容是否损坏，如果被测电容的两个电极之间阻值很小或为零，说明电容内部被击穿。

1.2.3 电感元件

具有储存磁场能特性的电路元件称为电感元件。当线圈通过电流后，在线圈中形成磁场感应，感应磁场又会产生感应电流来抵制通过线圈中的电流。实验证明，通过线圈的磁通量和通入的电流是成正比的，它们的比值叫作自感系数，也叫作电感，用符号 L 表示。

一个通有电流为 i 的线圈（或回路），其各匝线圈磁通量的总和称作该线圈的磁链 Ψ。如果各线圈的磁通量都是 Φ，线圈的匝数为 N，则线圈的磁链 $\Psi = N\Phi$。线圈电流 i 随时间变化时，磁链 Ψ 也随时间变化。电感 L 可由式(1-8) 得到。

$$L = \frac{\Psi}{i} = N\frac{\Phi}{i} \tag{1-8}$$

电感单位为亨［利］（H），常用的还有毫亨（mH）、微亨（μH），换算关系为

$$1H = 10^3 mH, \quad 1mH = 10^3 \mu H$$

电感元件两端电压与流过电流之间的关系不满足欧姆定律，而是满足如式(1-9) 所示的微分关系：

$$u = L\frac{\mathrm{d}i}{\mathrm{d}t} \tag{1-9}$$

电感元件符号如图 1-11 所示。

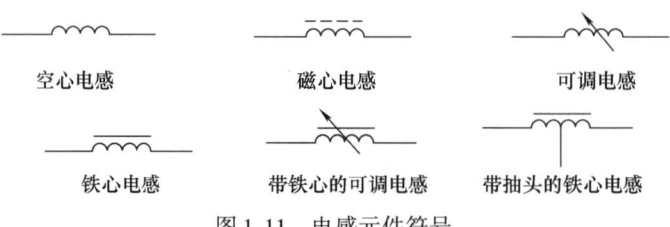

图 1-11　电感元件符号

实际电路中有与电感元件相对应的实际电路元件，称为电感器。

1. 电感器的分类

按电感值分类：固定电感、可变电感。

按导磁体性质分类：空心线圈、铁氧体线圈、铁心线圈、铜心线圈。

按工作性质分类：天线线圈、振荡线圈、扼流线圈、陷波线圈、偏转线圈。

按绕线结构分类：单层线圈、多层线圈、蜂房式线圈。

图 1-12 所示为常用电感器外形。

2. 电感器的主要性能指标

（1）标称电感量

反映电感线圈自感应能力的物理量。电感量的大小与线圈的形状、结构和材料有关。电

感量的大小主要取决于线圈的直径、匝数及有无铁磁心等。

电感量的标志方法有直标法和色标法,直标法是在电感线圈的外壳上直接用数字和文字标出电感线圈的电感量,一般单位为 μH。色标法即用色环表示电感量,单位为 mH,第一二位表示有效数字,第三位表示倍率,第四位为允许偏差。

(2) 电感线圈直流电阻

电感线圈的直流电阻是指损耗电阻,其阻值很小。

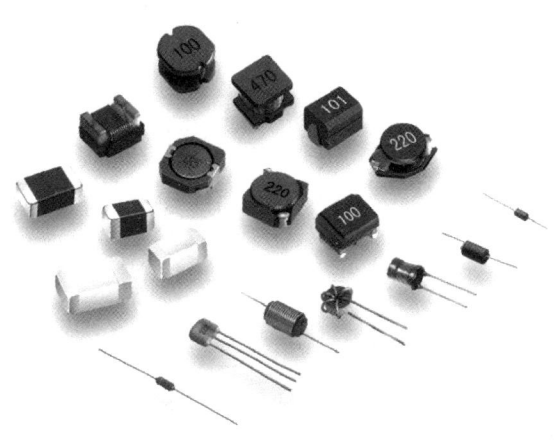

图 1-12　常用电感器外形

(3) 品质因数

品质因数用来表示线圈损耗的大小。电感线圈中,存储能量与消耗能量的比值称为品质因数,也称 g 值,具体表现为线圈的感抗与线圈损耗电阻的比值,$g=\omega L/R$。式中,ω 是通过线圈交流电的角频率,$\omega=2\pi f$,f 是交流电效率。

(4) 额定电流

电感器正常工作时,允许通过的最大电流。若工作电流大于额定电流,则电感器会因发热而改变参数,严重时会烧毁。

3. 电感器的检测

电感量检测:大多数万用表不能直接测量电感量,需要用外接电路后换算,只有少数型号可以直接测量电感量。

电感器好坏判断:用万用表欧姆档测量电感器的直流电阻,如电阻值远大于标称值,说明电感器内部断路;如果电阻值远小于标称值,说明电感器内部短路;对于贴片电感,此时的读数应为零。

> **小问题**
> 既然贴片电感的直流电阻值为零,那么是否可以用导线或 0Ω 电阻代替呢?

1.2.4　电源元件

电源元件是从实际电源器件中抽象出来的,当实际电源本身的功率损耗可以忽略不计,而只起产生电能的作用时,这种电源便可以用一个电源元件来表示,又称为理想电源元件。理想电源元件分为理想电压源和理想电流源。

理想电压源简称为恒压源。特点是输出电压 U 是由电源本身确定的定值,与输出电流和外电路的情况无关,而输出电流 I 不是定值,与输出电压和外电路的情况有关。恒压源的电路符号如图 1-13 所示。

理想电流源简称为恒流源。特点是输出电流 I 是由电源本身确定的定值,与输出电压和外电路的情况无关,而输出电压 U 不是定值,与输出电流和外电路的情况有关。恒流源的电路符号如图 1-14 所示。

此外，对于一个理想的电压源，内阻应该为0，而理想电流源的内阻应当为无穷大。

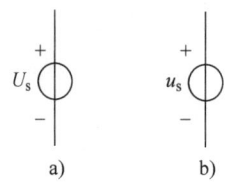
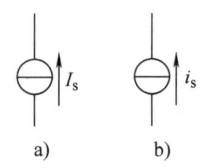

图 1-13　恒压源的电路符号
a）直流恒压源　b）交流恒压源

图 1-14　恒流源的电路符号
a）直流恒流源　b）交流恒流源

1.3　直流电路的分析与检测

1.3.1　基尔霍夫定律

电阻、电容、电感对交直流电的作用

基尔霍夫定律是电路中电压和电流所遵循的基本规律，是分析和计算较为复杂电路的基础。基尔霍夫定律包括基尔霍夫电流定律（KCL）和基尔霍夫电压定律（KVL）。

基尔霍夫定律既可以用于直流电路的分析，也可以用于交流电路的分析，还可以用于含有电子元器件的非线性电路的分析。要理解基尔霍夫定律，首先要理解一些有关电路的基本概念。

1. 基本概念

支路——串联的元器件我们视它为一条支路，在一条支路中电流处处相等。

节点——3 条或 3 条以上的支路的连接点。

回路——任意闭合的路径。

网孔——其内部不包含任何支路的回路。

网孔一定是回路，但回路不一定是网孔。

【例 1-1】　指出图 1-15 中节点、支路、回路和网孔的个数。

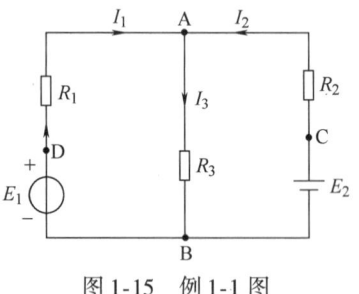

图 1-15　例 1-1 图

解：根据支路定义可知，图中有 3 条支路，分别是 I_1、I_2 和 I_3 所流过的路径；

根据节点定义可知，图中有两个节点，分别是 A 和 B，因 C、D 只是支路上的点，所以不是节点；

根据回路的定义可知，图中有 3 个回路，分别是 $E_1 - R_1 - R_3$、$E_2 - R_2 - R_3$ 和 $E_1 - R_1 - R_2 - E_2$；

根据网孔的定义可知，图中有两个网孔，分别是 $E_1 - R_1 - R_3$ 和 $E_2 - R_2 - R_3$。

2. 基尔霍夫电流定律（KCL）

基尔霍夫电流定律又称基尔霍夫第一定律，是电流的连续性在集总参数电路上的体现，符合电荷守恒定律。基尔霍夫电流定律是确定电路中任意节点处各支路电流之间关系的定律，因此又称为节点电流定律。

基尔霍夫电流定律内容为：在任意电路中任意时刻所有流入某节点的电流的总和等于所有流出这节点的电流的总和。或者描述为：假设进入某节点的电流为正值，离开这节点的电流为负值,则所有涉及这个节点的电流的代数和等于零。

用方程式表达,对于电路的任意节点满足:

$$\sum_{k=1}^{n} i_k = 0 \tag{1-10}$$

其中,i_k 是第 k 个进入或离开这个节点的电流,是流过与这个节点相连接的第 k 个支路的电流。对图 1-15 中节点 A 列基尔霍夫电流方程可得

$$I_1 + I_2 = I_3$$

在列写节点电流方程时,各电流变量前的正、负号取决于各电流的参考方向对该节点的关系(是"流入"还是"流出");而各电流值的正、负则反映了该电流的实际方向与参考方向的关系(是相同还是相反)。通常规定,对参考方向背离(流出)节点的电流取正号,而对参考方向指向(流入)节点的电流取负号。对于图 1-15 中节点 A,如果设流出节点电流为正,流入节点电流为负,则由基尔霍夫电流方程可得

$$-I_1 - I_2 + I_3 = 0$$

KCL 不仅适用于电路中的节点,还可以推广应用于电路中任一不包含电源的假设封闭面。即在任一瞬间,通过电路中任一不包含电源的假设封闭面的电流代数和为零。

图 1-16 所示为 KCL 在某电路中的推广运用,选择如图 1-16 中虚线所示封闭面在所选定的参考方向,则有

$$I_1 + I_6 + I_7 = I_2 + I_3 + I_5$$

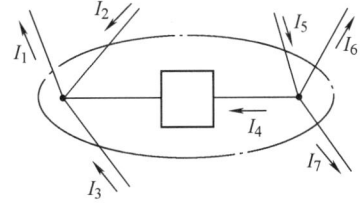

图 1-16 KCL 在某电路中的推广运用

3. 基尔霍夫电压定律(KVL)

基尔霍夫电压定律又称基尔霍夫第二定律,符合能量守恒定律。基尔霍夫电压定律是确定电路中任意回路内各电压之间关系的定律,因此又称为回路电压定律。

基尔霍夫电压定律内容为:沿着任意一个闭合回路所有元件两端的电压的代数和等于零。或者描述为:沿着闭合回路的所有电压升的代数和等于所有电压降的代数和。

用方程式表达,对于电路的任意闭合回路有

$$\sum_{k=1}^{m} u_k = 0 \tag{1-11}$$

其中,m 是这闭合回路的元件数目,u_k 是元件两端的电压。对于图 1-15 中由 E_1、R_1 和 R_3 构成的回路,可列出基尔霍夫电压方程为

$$E_1 - I_1 R_1 - I_3 R_3 = 0$$

应用基尔霍夫电压定律列方程时,应先在回路中选定一个绕行方向作为参考,从而确定回路中各电压的正负。我们可以制定规则,电压参考方向与绕行方向相同时(绕行方向从高电位指向低电位),电压取正(负),此时认为电位降低,即电压降;电压参考方向与绕行方向相反时(绕行方向从低电位指向高电位),电压取负(正),此时认为电位升高,即电压升。例如,用此规定可将图 1-15 中由 E_2、R_2 和 R_3 构成的回路进行列式,假设回路绕行方向为顺时针,则基尔霍夫电压方程写为

$$-I_3 R_3 - I_2 R_2 + E_2 = 0$$

基尔霍夫电压定律不仅应用于闭合回路,也可以把它推广应用于回路的部分电路,即电

路中任意两点之间的电压等于从高电位点出发沿任意路径走到低电位点，途中所有电压降的代数和。

每个闭合回路均可列出一个方程。如果某回路至少有一个支路未被其他方程用过，则称此回路为独立回路。对于存在 M 个独立回路的电路，可以列出 M 个独立的回路电压方程，它们组成的方程组称为基尔霍夫第二方程组。

【例1-2】 如图1-17所示电路，已知 $I_1 = 1A$，$I_2 = 2A$，$I_3 = 5A$，$I_4 = -3A$，试求 I_5。

解：根据图中各电流方向，列出基尔霍夫电流方程为
$$I_1 + I_3 = I_2 + I_4 + I_5$$
则：$I_5 = I_1 + I_3 - I_4 - I_2 = (1 + 5 + 3 - 2)A = 7A$

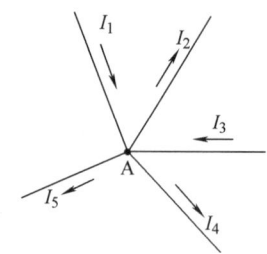

图1-17 例1-2图

【例1-3】 如图1-18所示是两个电源并联对负载供电的电路。$I_1 = 4A$，$I_3 = -1A$，$R_1 = 12\Omega$，$R_2 = 3\Omega$，$R_3 = 6\Omega$。求支路电流 I_2 和电源电动势 E_1、E_2。

解：根据基尔霍夫电流定律，对节点 A 可列式
$$I_3 = I_1 + I_2$$
可求出 $I_2 = I_3 - I_1 = -5A$

在回路 $E_2 - R_3 - R_2 - E_2$ 中，据基尔霍夫电压定律可得
$$E_2 = I_2 R_2 + I_3 R_3$$
可求出
$$\begin{aligned} E_2 &= I_2 R_2 + I_3 R_3 \\ &= [(-5A) \times 3\Omega] + [(-1A) \times 6\Omega] \\ &= -21V \end{aligned}$$

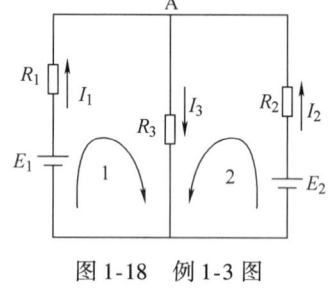

图1-18 例1-3图

在回路 $E_1 - R_1 - R_3 - E_1$ 中，据基尔霍夫电压定律可得
$$E_1 = I_1 R_1 + I_3 R_3$$
可求出
$$\begin{aligned} E_1 &= I_1 R_1 + I_3 R_3 \\ &= 4A \times 12\Omega + (-1A) \times 6\Omega \\ &= 42V \end{aligned}$$

1.3.2 电位计算与检测

在实际电气、电子技术中，特别是电子维修技术中，大量的数据是通过对电位进行分析得到的。所以，认真研究电路中的电位，对一线工程技术人员是很重要的。

1. 电位的计算

计算电路中某点电位，要遵循以下步骤：
1) 设定零电位点及电流的参考方向。
2) 分析电路，根据已知条件求出电路中某些元件上的电流。
3) 根据电位的定义计算电位。

根据定义计算某点电位，即计算该点到零电位点间的电压时，要注意，路径的绕行方向与电流参考方向之间的关系。

绕行方向和参考方向相同电压值为正，绕行方向和参考方向相反电压值为负；绕行时如遇到电源，则先经过电源正极时加上电源的电动势，反之减去电动势。

分压电路

【例1-4】 如图1-19a、b局部电路,已知电阻 $R_1=2\Omega$,$R_2=3\Omega$,电源电动势 $E=6V$,内阻不计,C点接地,电流 $I=0.5A$,从A流向D,试求:(1) AB、BC、CD两点间的电压 U_{AB}、U_{BC}、U_{CD}。(2) AC、BD两点间的电压 U_{AC}、U_{BD}。

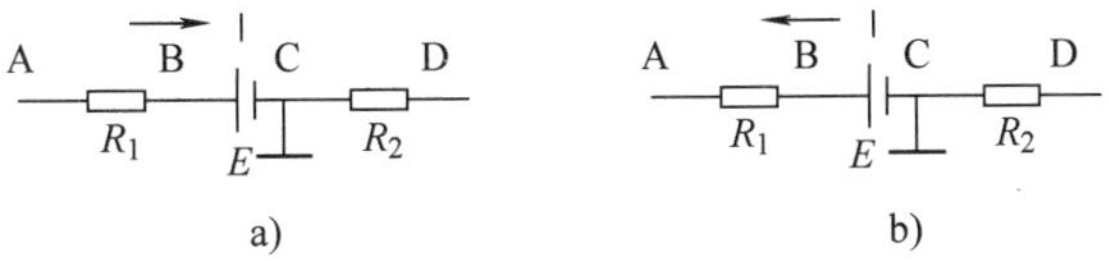

图1-19 例1-4图

解:图1-19a:(1) $U_{AB}=IR_1=(0.5\times2)V=1V$,$U_{BC}=E=6V$,

$U_{CD}=IR_2=(0.5\times3)V=1.5V$

(2) $U_{AC}=U_{AB}+U_{BC}=IR_1+E=(0.5\times2+6)V=7V$

$U_{BD}=U_{BC}+U_{CD}=E+IR_2=(6+0.5\times3)V=7.5V$

图1-19b:(1) $U_{AB}=-IR_1=-1V$

$U_{BC}=E=6V$

$U_{CD}=-IR_2=-1.5V$

(2) $U_{AC}=U_{AB}+U_{BC}=5V$

$U_{BD}=U_{BC}+U_{CD}=4.5V$

【例1-5】 闭合电路如图1-20所示,已知电源电动势 $E=9V$,内电阻不计,外电路电阻 $R_1=1\Omega$,$R_2=2\Omega$,$R_3=3\Omega$。若D点接地,试求A、B、C三点的电位。

解:

(1) 由于整个电路是由电源 E 与电阻 R_1、R_2、R_3 串联而成的一闭合回路,则由闭合电路的欧姆定律有

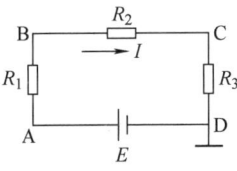

图1-20 例1-5图

$I=E/(R_1+R_2+R_3)=9V/(1+2+3)\Omega=1.5A$

(2) 设顺时针方向为电流的参考方向,如图1-20所示。

(3) $V_C=U_{CD}=IR_3=1.5A\times3\Omega=4.5V$

$V_B=U_{BD}=IR_2+IR_3=1.5A\times2\Omega+1.5A\times3\Omega=7.5V$

$V_A=U_{AD}=IR_1+IR_2+IR_3=1.5A\times1\Omega+1.5A\times2\Omega+1.5A\times3\Omega=9V$

【例1-6】 如图1-21所示,已知 $E=16V$,$R_1=4\Omega$,$R_2=3\Omega$,$R_3=1\Omega$,$R_4=5\Omega$,试求b点电位 V_b。

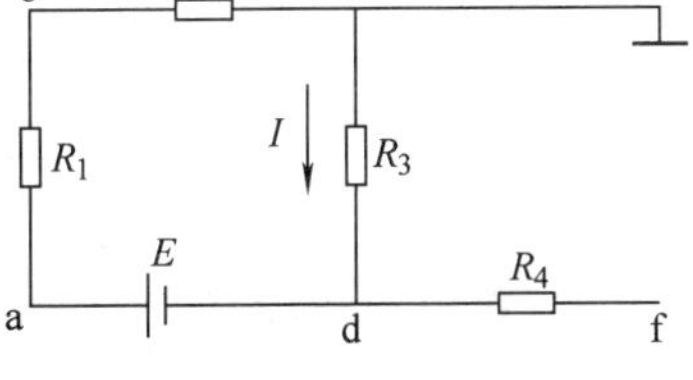

解:由于 R_4 中无电流通过(f点断路),d点与f点电压 $U_{df}=0$。电路中

$I=E/(R_1+R_2+R_3)=16V/(4+3+1)\Omega=2A$

$V_b=U_{bc}=IR_2=2A\times3\Omega=6V$

图1-21 例1-6图

2. 电位的检测

电路中某点的电位是该点到零电位点的电压,测量电位时,将万用表调到直流电压档,将黑表笔放在接地点或电源负极,红表笔放在被测点,此时万用表的读数即为被测点的电

位。实际汽车电路故障检测时，可用万用表检测熔丝两引脚对搭铁的电位来判断熔丝是否熔断。

1.3.3 电路的暂态分析

前述内容讲到电容和电感元件两端电压和流过电流之间是微分的关系，当电路状态发生变化（如开关动作）的时候，电容和电感由于涉及充电或放电的问题，其电压与电流不能立即变到相应的稳定状态，而是要经过一定的变化过程。一般来说，电路从一个稳态经过一定的时间到另一个稳态的物理过程称为过渡过程。和稳态相对应，电路的过渡过程称为暂态过程。

1. 电路的暂态分析

分析电路的暂态过程，首先要理解以下几个概念：

换路——换路是指电路的开、断或变动。一般设 $t=0$ 时换路。

旧稳态——换路前电路的稳定状态。$t=0_-$ 时，是指换路前（旧稳态）的最后瞬间。

新稳态——换路后电路的稳定状态。$t=0_+$ 时，是指换路后（过渡过程）的最初瞬间。

2. 换路定则

由于暂态过程中储能元件的能量不能突变，故有以下换路定则成立：

$$u_C(0_-) = u_C(0_+) \tag{1-12}$$

$$i_L(0_-) = i_L(0_+) \tag{1-13}$$

换路定则表示换路瞬间，电容上的电压和电感上的电流不能突变，称不可突变量；而其他各量则不受能量的约束是可突变量，如电容上的电流等。换路定则只适用于换路瞬间，利用它可以确定暂态过程中电容电压、电感电流的初始值。

3. 初始值的确定

初始值是指 $t=0_+$ 时各电压、电流的值。求初始值步骤如下：

在 $t=0_-$ 的电路中，求出 $u_C(0_-)$ 或 $i_L(0_-)$ 不可突变量；由换路定律得出初始值，

$$u_C(0_+) = u_C(0_-)$$

$$i_L(0_+) = i_L(0_-)$$

在 $t=0_+$ 的电路中，求其他可突变量的初始值。

注意：在 $t=0_+$ 电路中，把初始值 $u_C(0_+)$ 或 $i_L(0_+)$ 当电源处理。

换路前，如果储能元件没有储能，$u_C(0_+) = 0$，$i_L(0_+) = 0$，则在 $t=0_+$ 的电路中，将电容元件短路，电感元件开路。

换路前，若储能元件储有能量，$u_C(0_+) = u_C(0_-)$，$i_L(0_+) = i_L(0_-)$，则在 $t=0_+$ 的电路中，电容元件用一恒压源代替，其电压为 $u_C(0_-)$；电感元件可用一恒流源代替，其电流为 $i_L(0_-)$。

4. 一阶电路暂态分析的三要素法

（1）三要素的含义

三要素法是通过经典法推导得出的一个表示指数曲线的公式。避开了解微分方程的麻烦，它可以快速、准确地解决一阶电路问题。

三要素包括稳态值 $f(\infty)$、初始值 $f(0_+)$ 和时间常数 τ。三要素法的一般公式为

$$f(t) = f(\infty) + [f(0_+) - f(\infty)]e^{-\frac{t}{\tau}} \tag{1-14}$$

上式只适用于在阶跃激励下的一阶线性暂态电路的分析，只要求出其中三个要素，即可描述一阶电路的暂态过程。

1) 稳态值 $f(\infty)$。

换路后，电路达到新稳态时的电压或电流值。当直流电路处于稳态时，电路的处理方法是：电容开路，电感短路，用求稳态电路的方法求出所求量的新稳态值。

2) 初始值 $f(0_+)$。

$f(0_+)$ 是指任意元器件上的电压或电流的初始值。

3) 时间常数 τ。

用来表征暂态过程进行快慢的参数，单位为秒（s）。它的意义在于：

① τ 越大，暂态过程的速度越慢，τ 越小，暂态过程的速度则越快。

② 理论上，当 t 为无穷大时，暂态过程结束；实际中，当 $t = (3 \sim 5)\tau$ 时，即可认为暂态过程结束。

时间常数的求法是：对于 RC 电路 $\tau = RC$，对于 RL 电路 $\tau = L/R$。这里 R、L、C 都是等效值，其中 R 是把换路后的电路变成无源电路，从电容（或电感）两端看进去的等效电阻。

③ 同一电路中，各个电压、电流量的 τ 相同，充、放电的速度是相同的。

（2）三要素法的应用

电路分析中，外部输入电源通常称为激励；在激励下，各支路中产生的电压和电流称为响应。不同的电路换路后，电路的响应是不同的时间函数。

1) 零输入响应是指无电源激励，输入信号为零，仅由初始储能引起的响应，其实质是电容（电感）元件放电的过程，电容（电感）元件放电结束时储能为 0，根据三要素法，可得零输入响应为

$$f(t) = f(0_+)e^{-\frac{t}{\tau}} \tag{1-15}$$

2) 零状态响应是指换路前初始储能为零，仅由外加激励引起的响应，其实质是电源给电容（电感）元件充电的过程，电容（电感）元件放电结束时储能为 0，根据三要素法，可得零状态响应为

$$f(t) = f(\infty)(1 - e^{-\frac{t}{\tau}}) \tag{1-16}$$

3) 全响应是指电源激励和初始储能共同作用的结果，其实质是零输入响应和零状态响应的叠加，其响应方程为

$$f(t) = \underbrace{f(0_+)e^{-\frac{t}{\tau}}}_{\text{零输入响应}} + \underbrace{f(\infty)(1 - e^{-\frac{t}{\tau}})}_{\text{零状态响应}} \tag{1-17}$$

应用三要素法求出的暂态方程可满足在阶跃激励下所有一阶线性电路的响应情况，如从 RC 电路的暂态分析中所得出的电压和电流的充、放电曲线如图 1-22 所示，这四种情况都可以用三要素法直接求出和描述，因此三要素法是既简单又准确的方法。

> **小问题**
> 汽车电路里有哪些电路可以用基尔霍夫定律？

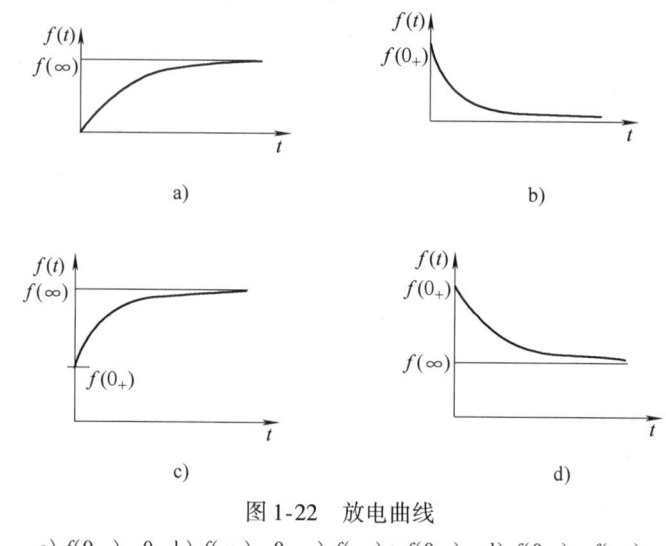

图 1-22 放电曲线

a) $f(0_+)=0$ b) $f(\infty)=0$ c) $f(\infty)>f(0_+)$ d) $f(0_+)>f(\infty)$

1.4 汽车电工电子常用仪器仪表的使用

1.4.1 数字万用表和汽车专用万用表

1. 数字万用表

现在，数字式测量仪表已成为主流，有取代模拟式仪表的趋势。与模拟式仪表相比，数字式仪表灵敏度高、准确度等级高、显示清晰、过载能力强、便于携带、使用更简单。图 1-23 为数字万用表，下面简单介绍其使用方法和注意事项。

（1）使用方法

1）使用前，应认真阅读有关使用说明书，熟悉电源开关、量程开关、插孔及特殊插口的作用。

2）将电源开关置于 ON 位置。

3）交直流电压的测量：根据需要将量程开关拨至 DCV（直流）或 ACV（交流）的合适量程，红表笔插入 V/Ω 孔，黑表笔插入 COM 孔，并将表笔与被测线路并联，读数即显示。

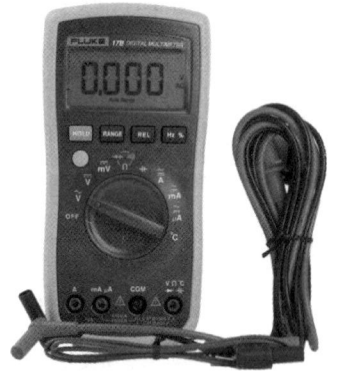

图 1-23 数字万用表

4）交直流电流的测量：将量程开关拨至 DCA（直流）或 ACA（交流）的合适量程，红表笔插入 mA 孔（<200mA 时）或 10A 孔（>200mA 时），黑表笔插入 COM 孔，并将万用表串联在被测电路中即可。测量直流量时，数字万用表能自动显示极性。

5）电阻的测量：将量程开关拨至 Ω 的合适量程，红表笔插入 V/Ω 孔，黑表笔插入 COM 孔。如果被测电阻值超出所选择量程的最大值，万用表将显示"1"或"OL"，这时应选择更高的量程。测量电阻时，红表笔为内部电源的正极，黑表笔为内部电源的负极，这与指针式万用表正好相反。因此，测量晶体管、电解电容器等有极性的元器件时，必须注意表笔的极性。

（2）使用注意事项

1）如果无法预先估计被测电压或电流的大小，则应先拨至最高量程档测量一次，再视情况逐渐把量程减小到合适位置。测量完毕，应将量程开关拨到最高电压档，关闭电源。

2）满量程时，仪表仅在最高位显示数字"1"，其他位均消失，这时应选择更高的量程。

3）测量电压时，应将数字万用表与被测电路并联；测电流时，应与被测电路串联。测直流量时不必考虑正、负极性。

4）当误用交流电压档测量直流电压，或者误用直流电压档测量交流电压时，显示屏将显示"000"，或低位上的数字出现跳动。

5）禁止在测量高电压（220V 以上）或大电流（0.5A 以上）时换量程，以防止产生电弧，烧毁开关触点。

6）当显示"⊟"或"LOBAT"时，表示电池电压低于工作电压。

2. 汽车专用万用表

（1）汽车专用万用表的种类

笛威 TWAY9206A、TWAY9406A，美国艾克强 MODRL2882、MODEL3002、SunproCp7678，萨美特 SDM586、SDM786，均为汽车专用万用表。图 1-24 为 DY2201A 型数字式汽车专用万用表。

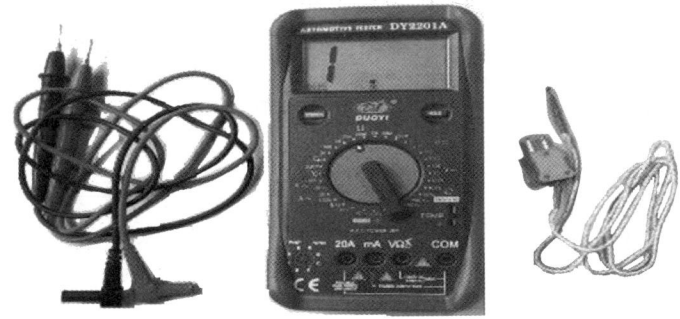

图 1-24　DY2201A 型数字式汽车专用万用表

（2）操作界面

汽车专用万用表的开关如图 1-25 所示。

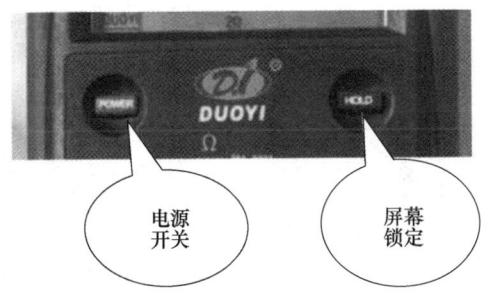

图 1-25　汽车专用万用表的开关

汽车专用万用表的功能界面如图 1-26 所示。

汽车专用万用表的插孔如图 1-27 所示。

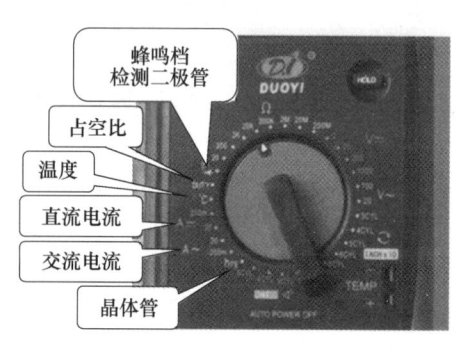
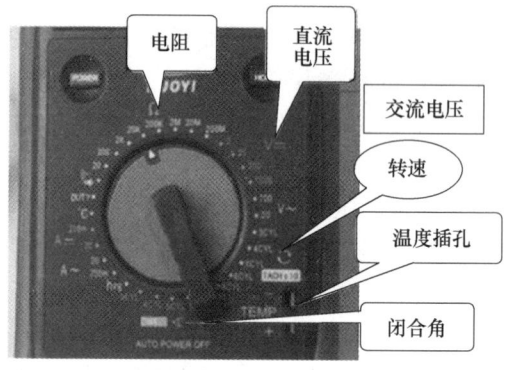

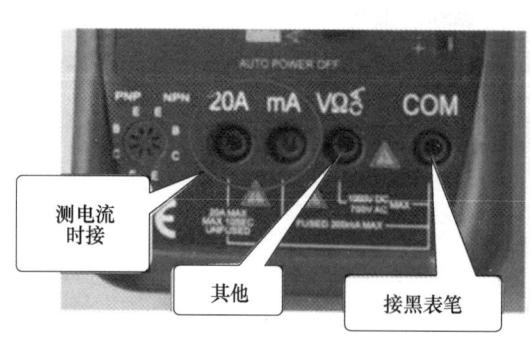

图 1-26 功能界面

（3）测量方法

电压的测量档位置于电压测量档，红黑表笔接在被测设备两端。

1）表笔插到相应的孔内。

2）估算电压的大小，选择相应的档位（无法确定时先从高档开始，逐渐换到低档）。

3）测量时与被测量设备并联。

指针表看档位取刻度读数，数字表直接读取显示的值，为 0 时，说明量程选得太大；为 1 时，说明量程选得太小。电压测量如图 1-28 所示。

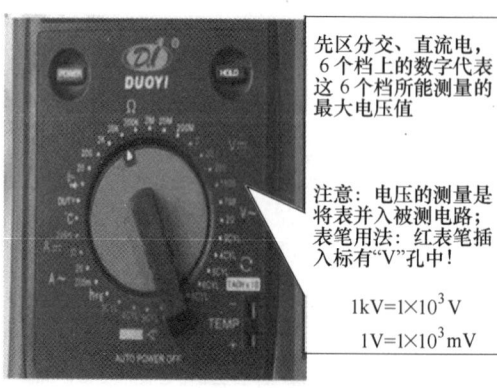

图 1-27 插孔　　　　　　　图 1-28 电压测量

(4) 使用注意事项

1) 在测电流、电压时,不能带电换量程。

2) 选择量程时,先选大的,后选小的,尽量使被测值接近于量程。

3) 用毕,应使转换开关在交流电压最大档位或空档上。

1.4.2 钳形电流表

在不断开电路的情况下测量电流时,需要用到钳形电流表,简称电流钳。钳形电流表的工作原理是利用电磁感应,测量导线中的电流在钳口铁心中产生的磁场,钳形电流表内部电路再将磁场转换为电流,并显示电流的大小。钳形电流表在测量电路中电流时不必切断电路,测量安全、方便,因此广泛应用于汽车电路电流的检测中。如图 1-29 所示为钳形电流表实物图。

1. 钳形电流表的特点

(1) 优点

在不切断电路的情况下测量电路中的电流,使用方便。

(2) 缺点

准确度等级不高,只有 2.5 和 5.0 两级。

2. 钳形电流表的分类

钳形电流表 $\begin{cases} \text{指针式钳形电流表} \begin{cases} \text{电磁系钳形电流表} \quad \text{交直流两用} \\ \text{互感器式钳形电流表} \quad \text{只能测交流电} \end{cases} \\ \text{数字式钳形电流表} \quad \text{只能测交流电} \end{cases}$

3. 钳形电流表的结构原理

钳形电流表由电流互感器和整流系电流表组成,其结构如图 1-30 所示。电流互感器的铁心呈钳口形,当紧握钳形电流表的扳手时,其铁心张开,将通有被测电流的导线放入钳口中。松开把手后铁心闭合,通有被测电流的导线相当于电流互感器的一次侧,于是在二次侧就会产生感应电流,并送入整流系,电流表测出电流数值。

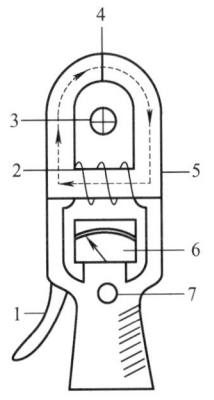

图 1-29 钳形电流表实物图　　　　　图 1-30 钳形电流表结构示意图
　a) 指针式　b) 数字式　　　　　　　1—扳手　2—互感器二次绕组　3—被测导线　4—钳口
　　　　　　　　　　　　　　　　　　5—互感器铁心　6—电流表盘　7—量程选择旋钮

4. 钳形电流表的使用
1）对指针式钳形电流表，测量前，先机械调零。
2）估计被测电流的大小，选择合适量程。
3）若无法估计，应从最大量程开始测量，逐步变换。
4）测量时，将被测支路导线置于钳口的中央。当指针稳定后，进行读数。
5. 钳形电流表注意事项
1）测量前，检查钳形电流表铁心的橡胶绝缘是否完好，钳口应清洁、无锈，闭合后无明显的缝隙。
2）改变量程时应将钳形电流表的钳口断开。
3）为减小误差，测量时被测导线应尽量位于钳口的中央，并垂直于钳口。
4）测量结束，应将量程开关置于最高档位，以防下次使用时疏忽，未选准量程进行测量，损坏仪表。

1.4.3 电烙铁

1. 电烙铁

常用电烙铁分内热式和外热式两种，如图1-31所示。内热式电烙铁的烙铁头在电热丝的外面，这种电烙铁加热快且重量轻。外热式电烙铁的烙铁头是插在电热丝里面，它加热虽然较慢，但相对比较牢固。

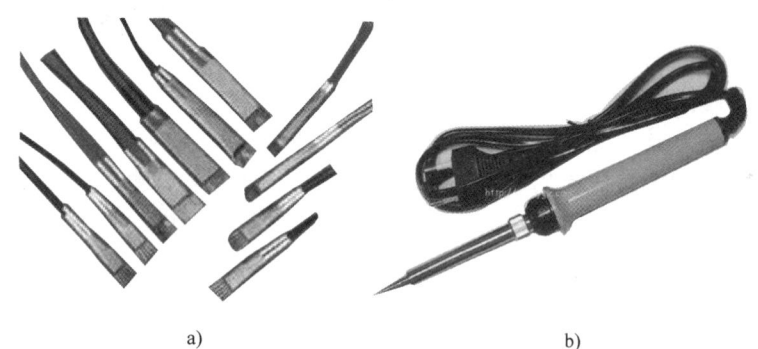

图1-31 电烙铁
a) 外热式电烙铁 b) 内热式电烙铁

内热式电烙铁体积较小，而且价格便宜。一般电子制作都用20~30W的内热式电烙铁。内热式电烙铁发热效率较高，而且更换烙铁头也较方便。

外热式如名字所讲，"外热"就是指"在外面发热"，因发热电阻在电烙铁的外面而得名。它既适合于焊接大型的元器件，也适用于焊接小型的元器件。由于发热电阻丝在烙铁头的外面，有大部分的热散发到外部空间，所以加热效率低，加热速度较缓慢。一般要预热6~7min才能焊接。其体积较大，焊小型器件时显得不方便。但它有烙铁头使用的时间较长、功率较大的优点，有25W、30W、50W、75W、100W、150W、300W等多种规格。大功率的电烙铁通常是外热式的。

电烙铁直接用220V交流电源加热。电源线和外壳之间应是绝缘的，电源线和外壳之间的电阻应大于200MΩ。

除了上述内热式和外热式电烙铁外，还有恒温电烙铁、吸锡电烙铁和气焊烙铁等。

2. 电烙铁使用的注意事项

1）新买的电烙铁在使用之前必须先给它蘸上一层锡（给电烙铁通电，然后在电烙铁加热到一定的时候就用锡条靠近烙铁头），使用久了的电烙铁需要将烙铁头部锉亮，然后通电加热升温，并将烙铁头蘸上一点松香，待松香冒烟时再上锡，使烙铁头表面先镀上一层锡。

2）电烙铁通电后温度高达250℃以上，不用时应放在烙铁架上，较长时间不用时应切断电源，防止高温"烧死"烙铁头（被氧化）。要防止电烙铁烫坏其他元器件，尤其是电源线，若其绝缘层被烙铁烧坏而未引起注意，容易引发安全事故。

3）不要猛力敲打电烙铁，以免振断电烙铁内部电热丝或引线而产生故障。

4）电烙铁使用一段时间后，可能在烙铁头部留有锡垢，在烙铁加热的条件下，可以用湿布轻擦。若出现凹坑或氧化块，应用细纹锉刀修复，或者直接更换烙铁头。

3. 焊料

焊料是一种易熔金属，它能使元器件引线与印制电路板的连接点连接在一起。锡（Sn）是一种质地柔软、延展性大的银白色金属，熔点为232℃，在常温下化学性能稳定，不易氧化，不失金属光泽，抗大气腐蚀能力强。铅（Pb）是一种较软的浅青白色金属，熔点为327℃，高纯度的铅耐大气腐蚀能力强，化学稳定性好，但对人体有害。锡中加入一定比例的铅和少量其他金属可制成熔点低、流动性好、对元器件和导线的附着力强、机械强度高、导电性好、不易氧化、抗腐蚀性好、焊点光亮美观的焊料，一般称焊锡。

手工焊接常用丝状焊锡，如图1-32所示。

4. 焊剂

（1）助焊剂

助焊剂一般可分为无机助焊剂、有机助焊剂和树脂助焊剂，能溶解去除金属表面的氧化物，并在焊接加热时包围金属的表面，使之和空气隔绝，防止金属在加热时氧化；可降低熔融焊锡的表面张力，有利于焊锡的湿润。

图1-32 丝状焊锡

（2）阻焊剂

限制焊料只在需要的焊点上进行焊接，把不需要焊接的印制电路板的板面部分覆盖起来，保护面板使其在焊接时受到的热冲击小，不易起泡，同时还起到防止桥接、拉尖、短路及虚焊等情况。

使用焊剂时，必须根据被焊件的面积大小和表面状态适量使用，用量过少则影响焊接质量，用量过多则会引起焊剂残渣腐蚀元器件或使印制电路板绝缘性能变差。

> **小问题**
> 对汽车电路维修时，哪些电路可以用电烙铁维修？

1.5 汽车用试灯

1.5.1 汽车用试灯简介

汽车用试灯一般是用来测试检查电路的，一般的试灯由两条线连接一个小灯珠。有的线上还会绑上一根铁丝或钢针，头上会磨得尖尖的，用来刺穿线束或电线，如图1-33所示。使用时一条线接正极，另一条线接负极，试灯上的两条线是不分正负的。只要一端接正极，另一端接负极，小灯珠就会亮起来。

汽车维修时通常用的试灯分为普通型试灯和发光二极管型试灯。普通型试灯体积大，容易磕碰，携带不便。这种普通型试灯能检测发电机电压或电池电压的有无，而不能检测电压的高低。如果用发光二极管做一个简易试灯，就可以克服这个缺点。发光二极管型试灯具有体积小、耗电少、光色多、耐振动、寿命长等特点，与普通二极管一样具有单向导电的特性。

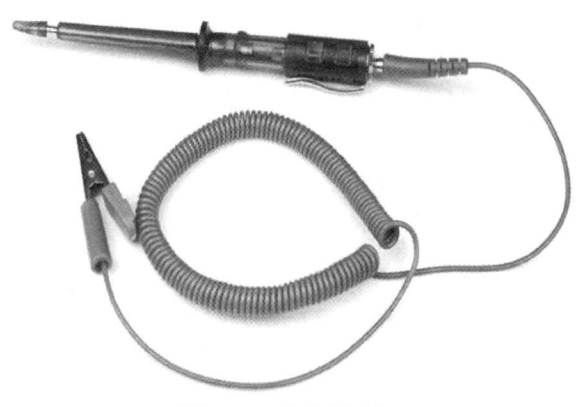

图1-33 汽车用试灯

1.5.2 汽车用试灯的应用

1. 应用

1）利用试灯可以检测线路是否带电。试灯的一端连接蓄电池负极或者接地，另一端与被测部位连接，若试灯亮，说明线路有电，否则说明电路没电。

2）利用试灯可以检测一条线路是否存在断路。若用试灯检测电路中某一点有电，但在电路的下一点检测没电，则说明该段线路存在断路。

3）利用试灯可以检测信号线路中是否有故障。如点火信号、霍尔式凸轮轴位置传感器等信号电路在用二极管试灯检测时，试灯应有规律地闪烁，否则说明线路或者相关部件有故障。

试灯的应用如图1-34所示。

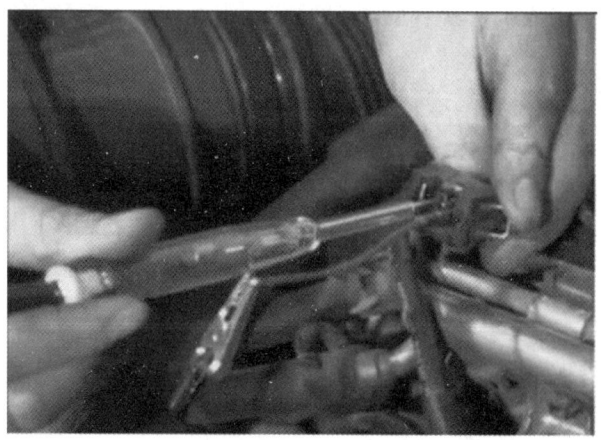

图1-34 试灯的应用

2. 使用注意事项

试灯使用简单、方便且直观，所以在汽车检测中应用广泛。但是要注意在检测与汽车电控单元相连接的线路时不能使用普通型试灯，而只能使用由发光二极管型试灯，否则会损坏汽车电子元器件。

1.6 汽车连接器

汽车连接器又称护套、插接件、塑壳等，它们为汽车电路中的导线架起沟通的桥梁，从而使电流流通，实现预定的电气功能。

汽车连接器的种类很多，根据不同需求可选用矩形弹片式电源连接器、圆形连接器、欧标连接器、矩形模块电源连接器、绝缘柱等，如图 1-35 所示为汽车常用连接器。汽车连接器主要由 4 大基本结构组件组成，分别是接触件、外壳（视品种而定）、绝缘体和附件。

汽车连接器一般采用公插头和与其配对的母插头的连接方式。其中公插头包括针座和针座中的多个插针，而母插头中设有多个供插针插入的接插孔，通过各插针分别插入相应的接插孔中的方式实现公插头和母插头的电气连接。

在汽车检修时，常使用插头拆装退针器、线束挑针解锁工具等对连接器进行拆卸。图 1-36 所示为常见的插头拆装退针器。

图 1-35　汽车常用连接器　　　　　　图 1-36　插头拆装退针器

退针器分为单卡与双卡两种，分别对应拆卸单钩、双钩线束，如图 1-37 所示为不同退针器与线束的结合。

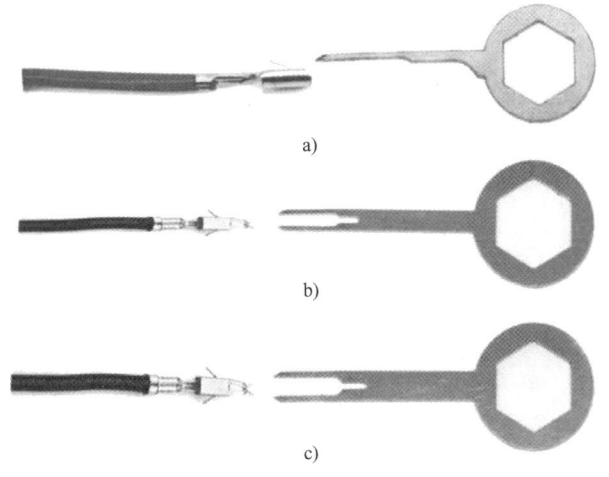

图 1-37　退针器与线束的结合
a）单卡　b）小号双卡　c）大号双卡

退针器退线原理如图 1-38 所示，将退针器从连接器的副孔插入，直至顶到线束的倒钩，然后用力继续顶入退针器，将倒钩推离连接器的端子，最后拉出导线。

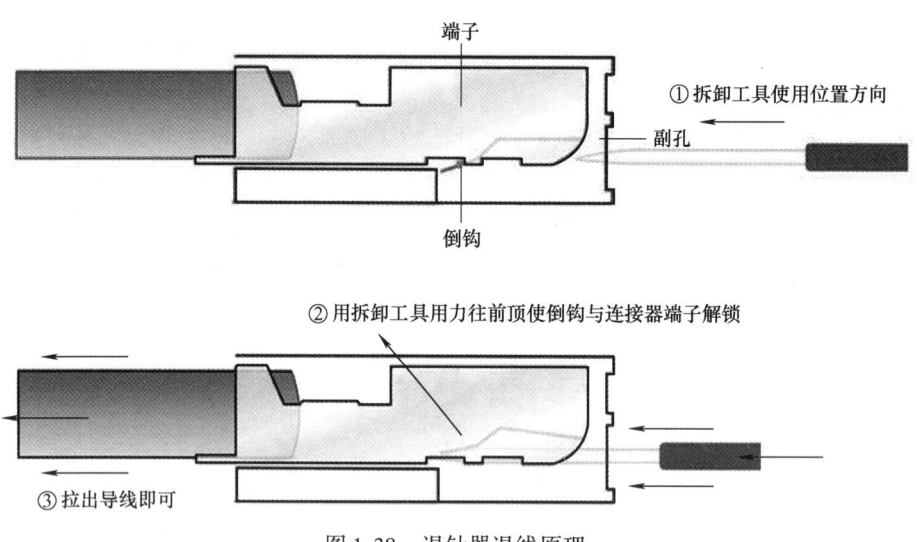

图 1-38 退针器退线原理

1.7 汽车导线与导线的焊接

汽车导线与导线的焊接有 3 种基本形式，分别是：搭焊、钩焊和绕焊。

（1）搭焊

搭焊是将镀过锡的导线搭接到另外一根镀过锡的导线上进行焊接。这种方法简单，但是强度低，可靠性差，仅用于维修调试中的临时接线或者是不方便绕焊、钩焊的地方以及一些插件长的焊接。搭焊时需要注意从开始焊接到焊锡凝固之前不能松弛导线。

（2）钩焊

钩焊是将镀过锡的导线弯成钩形，连接在一起并用钳子夹紧之后进行焊接。钩焊的强度低于绕焊，但是操作简单方便。

（3）绕焊

绕焊是将镀过锡的导线缠绕拉紧后进行焊接。导线的粗细不同，绕焊方法不同，如果导线有粗有细，可将细导线缠绕到粗导线上，如果导线粗细相同，可采用扭转并拧紧的方法。具体缠绕方法如图 1-39 所示。绕焊的可靠性最高，因此在导线与导线的焊接中一般采用绕焊方法。

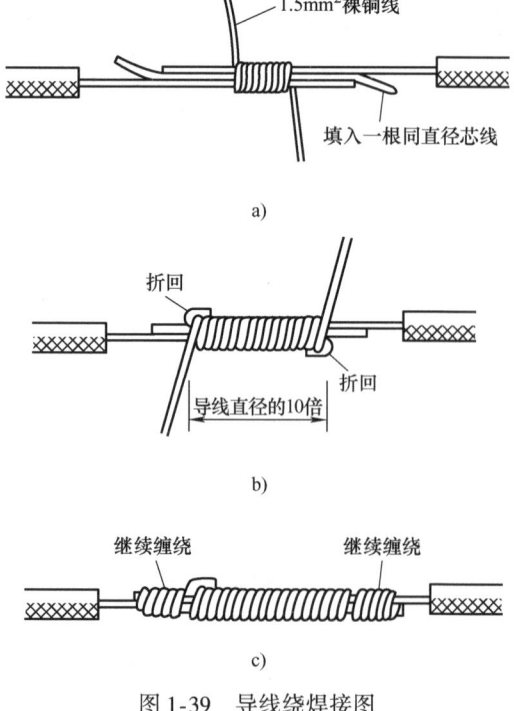

图 1-39 导线绕焊接图

绕焊的操作步骤如下：
1）根据要求将导线去掉一定长度的绝缘覆皮。
2）对导线进行预焊处理。
3）将导线套上合适直径的热缩管。
4）将两根或者是多根导线绞合，并进行焊接。
5）趁热将热缩管套上，焊接处冷却后，热缩管固定在导线的接头处。

1.8 实训

1.8.1 实训1 电阻器、电容器的识别与检测及万用表的使用

1. 实训目的

1）熟悉电阻器、电容器的外形、型号命名法。
2）学习用万用表检测电阻器、电容器的方法。
3）学习使用万用表。

2. 实训设备与仪器

万用表　　　　　　　　　　　1只
不同型号的电阻器、电容器　　若干只

3. 预习内容

万用表的使用、电阻器和电容器的检测方法。

4. 实训内容

1）电阻器的识别和检测，将结果记入表1-2中。

表1-2 电阻器的识别和检测

序 号	色环颜色 （按顺序填写）	识 别			测 量		合格否
		阻值	允许偏差	功率	量程	阻值	

2）色环电阻器的识别和检测，将结果记入表1-3中。

表1-3 色环电阻器的识别和检测

序 号	标志	识 别				测 量		合格否
		材料	阻值	允许偏差	功率	量程	阻值	

3）测量直流电压和电流

按电路图1-40连好线路，测试电源电压、电阻 R 的电压及回路中的电流。将结果记入表1-4中。

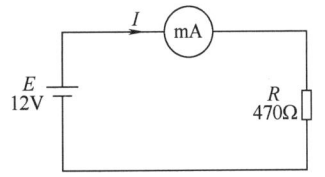

图1-40 直流电压和电流测量电路

表 1-4　直流电压和电流的测量

电源电压		电阻电压		电 流	
档位	测量值	档位	测量值	档位	测量值

1.8.2　实训 2　基尔霍夫定律的验证

1. 实训目的

1）练习电路接线，学习电压表、电流表、稳压电源的使用方法。

2）加深对基尔霍夫定律的理解。

3）加深对电压、电流参考方向的理解。

2. 实训设备与仪器

直流稳压电源 30V 可调　　　　　　　　　1 台

电阻器 20Ω、50Ω、100Ω±5%/0.5W　　　各 1 只

数字万用表　　　　　　　　　　　　　　1 只

3. 预习内容

基尔霍夫定律、万用表的使用。

4. 实训内容

1）连接图 1-41 所示电路（开关 S_1、S_2 均断开），经教师检查无误后，方可进行下一步操作。

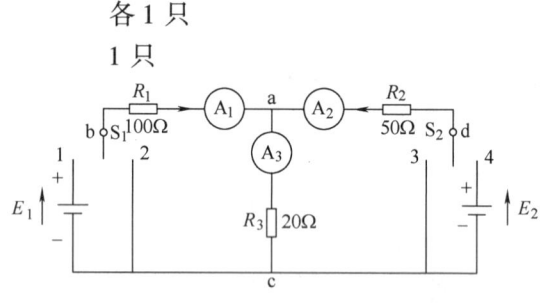

图 1-41　验证基尔霍夫定律电路图

2）调节稳压电源，第一组的输出为 15V 作为 E_1，第二组的输出电压为 3V 作为 E_2，把 S_1、S_2 分别合向点 1 和点 4。

3）将各电流表读数记入表 1-5 中的实测栏内，并验算栏内 a 节点电流的代数和是否为 0。

基尔霍夫电流定律验证

表 1-5　数据记录表

电量及有关数值	数值栏			验算栏
项　　目	I_1/mA	I_2/mA	I_3/mA	节点 a 电流的代数和 $\sum I = 0$?
理论计算值				
测量值				

4）用电压表分别测量各元件电压 U_{ab}、U_{bc}、U_{cd}、U_{da} 及 U_{ca}，记入表 1-6 中。并验算回路 abcda 及 abca 的电压代数和。

表 1-6　数据记录表

基尔霍夫电压定律验证

电量及有关数值	数值栏					验算栏	
项　　目	U_{ab}	U_{bc}	U_{cd}	U_{da}	U_{ca}	回路 abcda	回路 abca $\sum U = 0$?
理论计算值							
测量值							

1.8.3 实训3 桥式电阻传感器电路模拟与检测

1. 实训目的

1）理解桥式电阻传感器的工作原理。

2）了解传感器信号的产生与处理。

2. 实训设备与仪器

电工实训板、数字万用表。

3. 预习内容

桥式电阻传感器工作原理、电位与电流的检测方法。

4. 实训内容

1）按照图1-42所示桥式电阻传感器工作电路，分析电路的工作原理。

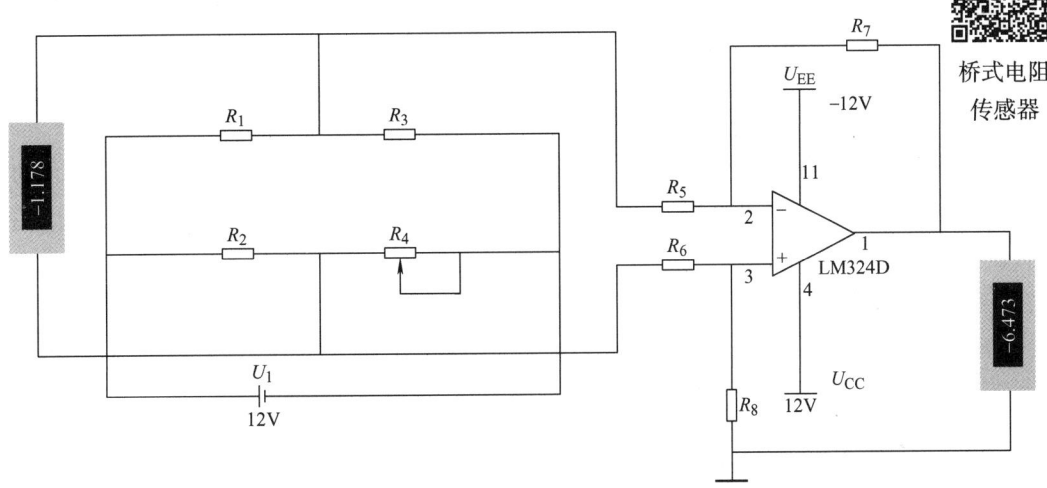

图1-42 桥式电阻传感器工作电路

2）检测电路中各节点电位和各支路电流大小并记录。

3）按照顺时针方向改变电阻器的阻值，观察各节点电位和各支路电流的变化。

4）按照逆时针方向改变电阻器的阻值，观察各节点电位和各支路电流的变化。

1.9 小结

1) 电路理论的研究对象是实际电路的理想化模型,它是由理想电路元件组成的。理想电路元件是从实际电路元器件中抽象出来的,可以用数学公式精确定义。

2) 电流和电压是电路中最基本的物理量,定义电流方向为正电荷移动的方向;电压方向为电位降低的方向。

3) 参考方向是人为假设的电流或电压数值为正的方向,电路理论中涉及的电流或电压都是对应于假设的参考方向的代数量。当一个元件或一段电路上电流和电压参考方向一致时,称为关联参考方向。

4) 功率是电路分析中常用的物理量,当支路电流和电压为关联参考方向时,计算结果表示支路吸收(消耗)功率;当电流和电压为非关联参考方向时,计算结果表示支路提供(产生)功率。

5) 基尔霍夫定律表明电路中支路电流、支路电压的拓扑约束关系,它与组成支路的元件性质无关。

基尔霍夫电流定律(KCL):对于任何集总参数电路,在任一时刻流出任一节点或封闭面的全部支路电流的代数和等于零。KCL体现了节点或封闭面的电流连续性或电荷守恒性。

基尔霍夫电压定律(KVL):对于任何集总参数电路,在任一时刻沿任一回路或闭合节点序列的各段电压的代数和等于零。KVL体现了回路或闭合节点序列的电位单值性或能量守恒性。

1.10 习题

一、填空题

1. 电流所经过的路径叫作_____,通常由_____、_____和_____3部分组成。

2. _____是电路中产生电流的根本原因,数值上等于电路中_____的差值。

3. _____具有相对性,其大小、正负相对于电路参考点而言。

4. 衡量电源力作功本领的物理量称为_____,它只存在于_____内部,其参考方向规定由_____电位指向_____电位,与_____的参考方向相反。

5. 电流所做的功称为_____,其单位有_____和_____;单位时间内电流所做的功称为_____,其单位有_____和_____。

6. 通常我们把负载上的电压、电流方向称作_____方向;而把电源上的电压和电流方向称为_____方向。

7. _____定律体现了线性电路元器件上电压、电流的约束关系,与电路的连接方式无关;其中_____定律体现了电路中任意结点上汇集的所有_____的约束关系,_____定律体现了电路中任意回路上所有_____的约束关系,具有普遍性。

二、判断题

1. 实际电感线圈在任何情况下的电路模型都可以用电感元件来抽象表征。（ ）
2. 电压、电位和电动势定义式形式相同，所以它们的单位一样。（ ）
3. 电流由元件的低电位端流向高电位端的参考方向称为关联方向。（ ）
4. 电功率大的用电器，电功也一定大。（ ）
5. 电路分析中一个电流得负值，说明它小于零。（ ）
6. 电路中任意两个节点之间连接的电路统称为支路。（ ）
7. 网孔都是回路，而回路则不一定是网孔。（ ）
8. 应用基尔霍夫定律列写方程式时，可以不参照参考方向。（ ）
9. 电压和电流计算结果得负值，说明它们的参考方向假设反了。（ ）
10. 理想电压源和理想电流源可以等效互换。（ ）

三、单项选择题

1. 当电路中电流的参考方向与电流的真实方向相反时，该电流（ ）。
   A. 一定为正值　　　　B. 一定为负值　　　　C. 不能肯定是正值或负值
2. 已知空间有 a、b 两点，电压 $U_{ab}=10V$，a 点电位为 $V_a=4V$，则 b 点电位 V_b 为（ ）。
   A. 6V　　　　　　　　B. $-6V$　　　　　　　C. 14V
3. 一电阻 R 上电压方向与参考方向不一致，令 $u=-10V$，消耗功率为 0.5W，则电阻 R 为（ ）。
   A. 200Ω　　　　　　B. -200Ω　　　　　C. $\pm 200\Omega$
4. 两个电阻串联，$R_1:R_2=1:2$，总电压为 60V，则 U_1 的大小为（ ）。
   A. 10V　　　　　　　　B. 20V　　　　　　　　C. 30V
5. 一个输出电压几乎不变的设备有载运行，当负载增大时，是指（ ）。
   A. 负载电阻增大　　　　B. 负载电阻减小　　　　C. 电源输出的电流增大

四、计算分析题

1. 电路如图 1-43 所示，已知 $U=3V$，求 R。

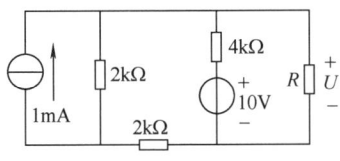

图 1-43　题 1 图

2. 电路如图 1-44 所示，已知 $U_S=3V$，$I_S=2A$，求 U_{AB} 和 I。

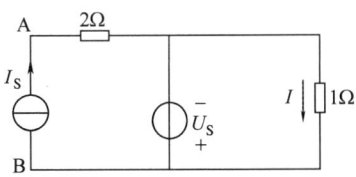

图 1-44　题 2 图

3. 分别计算 S 打开与闭合时图 1-45 所示电路中 A、B 两点的电位。

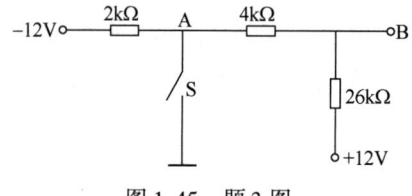

图 1-45　题 3 图

第2章 交流电路

本章主要介绍了交流电路基础知识，首先介绍了正弦交流电及正弦交流电三要素，接着介绍了电路元件在交流电路中的特性，最后讲解了三相交流电路的电源联结及负载联结，并且有使用示波器观测交流电波形实训。

本章问题：
1) 什么是正弦交流电？正弦交流电三要素包括哪些？
2) 交流电分别通过电阻器、电感器及电容器电路时各有什么特性？
3) 三相交流电的联结方式有哪些？各有什么特点？

2.1 认识正弦交流电

所谓正弦交流电电路，是指含有正弦电源（激励）而且电路各部分所产生的电压和电流（响应）均按正弦规律变化的电路。交流发电机所产生的电动势和正弦信号发生器所输出的信号电压，都是随时间按正弦规律变化的，它们是常用的正弦交流电源。在生产上和日常生活中所用的交流电，一般都是指正弦交流电。因此，正弦交流电路是电工学中很重要的一个部分。对本章中所讨论的一些基本概念、基本理论和基本分析方法，应很好地掌握，并能运用，为后面学习交流电动机、电器及电子技术打下理论基础。

一个直流理想电压源 E 作用于电路时，电路中的电压 U 和电流 I 是不随时间变化的，如图2-1a所示。即电压的大小和极性、电流的大小和方向都是不随时间变化的，这种恒定的电压电流统称为直流电量。

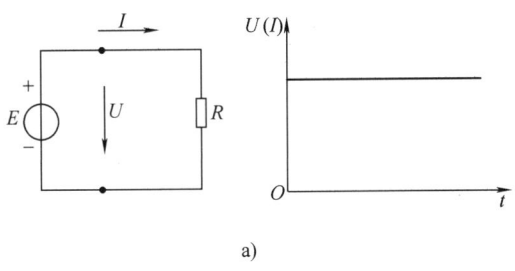

如果一个随时间按正弦规律变化的理想电压源 e 作用于电路，则电路中的电压 u 和电流 i 也将随时间按正弦规律变化，如图2-1b所示。电压 u 正负交替变化，说明电压 u 不仅大小随时间变化，而且实际极性也不断地随时间变化。同样，电流 i 的正负交替变化，说明电流的实际方向在不断地随时间变化。这种随时间按正弦规律周期性变化的电压（电流），称为正弦交流电压（电流）。正弦交流电压和电流常统称为正弦电量，简称为正弦量。

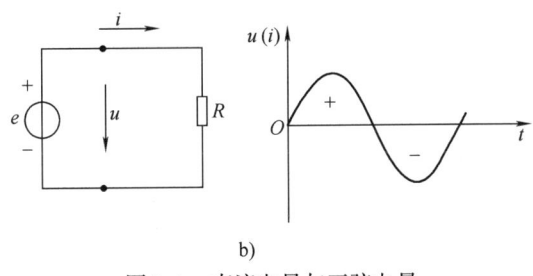

图2-1 直流电量与正弦电量
a) 直流电量 b) 交流电量

> **小提示**
>
> 交流电英文名称是 Alternating Current，简称为 AC。直流电英文名称是 Direct Current，简称为 DC。

2.1.1 正弦交流电三要素

正弦量的特征表现在变化的快慢、大小及初始值 3 个方面，而它们分别由频率（或周期）、幅值（或有效值）和初相位来确定。所以频率、幅值和初相位就称为确定正弦量的三要素，也是正弦交流电的三要素。

1. 频率和周期

图 2-2 给出了一个正弦电压 u 的波形图，图中 T 为电压 u 变化一周所需的时间，称为周期，其单位为秒（s）。电压 u 每秒变化的周数为 $\frac{1}{T}$，称为频率，用 f 表示，即

$$f = \frac{1}{T} \tag{2-1}$$

频率的单位为赫［兹］（Hz）。我国和大多数国家都采用 50Hz 作为电力系统的供电频率，称为工业用电标准频率，简称工频。

正弦量变化的快慢除用周期和频率表示外，还可以用角频率 ω 来表示，它的单位为弧度每秒（rad/s）。因为一周期内经历了 2π 弧度，如图 2-2 所示，因此角频率为

$$\omega = \frac{2\pi}{T} = 2\pi f \tag{2-2}$$

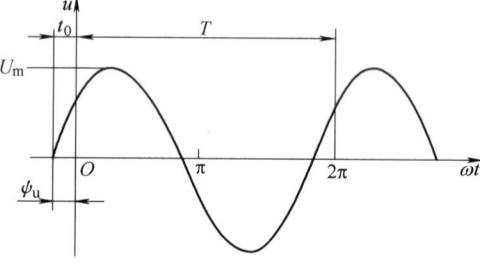

图 2-2　正弦电压 u 的波形图

式(2-2)表明了正弦量的角频率 ω 与周期 T、频率 f 之间的关系。ω、T、f 都是表示正弦量变化快慢的物理量，只要知道其中的一个，就可求得另外两个量。

2. 幅值和有效值

在正弦量的表示中，称在任一瞬间的值为瞬时值，用小写字母表示，如 u、i、e 分别表示正弦电压、电流、电动势的瞬时值。而在瞬时值中的最大值则称为幅值，用带下标 m 的大写字母表示幅值，正弦电流、电压和电动势的幅值分别用 I_m、U_m、E_m 表示。

图 2-2 为正弦电压的波形图，它的数学表达式为

$$u = U_m \sin(\omega t + \psi_u) \tag{2-3}$$

表达正弦量的大小不是用幅值，一般情况下都是用有效值来计量的。有效值是从电流的热效应来规定，一个周期性变化的电流 i 通过电阻 R，在一个周期内产生的热量（以焦耳为单位）为

$$Q_a = \int_0^T R i^2 dt$$

直流电流 I 流过同一电阻 R，在 T 秒时间内产生的热量（以焦耳为单位）为

$$Q_d = R i^2 T$$

如果周期电流 i 产生的热量 Q_a 与直流电流 I 产生的热量 Q_d 相等，则此直流电流的数值 I 称为周期电流 i 的有效值。因此周期电流 i 与其有效值 I 的关系为

$$\int_0^T Ri^2 \mathrm{d}t = RI^2 T$$

由此可得周期电流 i 的有效值为

$$I = \sqrt{\frac{1}{T}\int_0^T i^2 \mathrm{d}t} \tag{2-4}$$

故有效值也称均方根值。

如果 i 为正弦电流，设 $i = I_m \sin\omega t$，则其有效值为

$$I = \sqrt{\frac{1}{T}\int_0^T I_m^2 \sin^2\omega t \mathrm{d}t} = \sqrt{\frac{I_m^2}{T}\int_0^T \frac{1-\cos 2\omega t}{2}\mathrm{d}t} = \sqrt{\frac{I_m^2}{T}\cdot\frac{T}{2}} = \frac{I_m}{\sqrt{2}} \approx 0.707 I_m \tag{2-5}$$

按照规定，用不带下标的大写字母 I、U、E 分别表示正弦电流、正弦电压、正弦电动势的有效值。式(2-5) 的结论同样适用于正弦电压和正弦电动势，即

$$U = \frac{U_m}{\sqrt{2}}, \quad E = \frac{E_m}{\sqrt{2}}$$

在交流电路中，一般所讲电压或电流的大小都是指有效值。例如交流电压 220V，就是说这个正弦交流电压的有效值为 220V，其最大值为 $\sqrt{2} \times 220V$，即 $U_m = \sqrt{2} \times 220V = 310V$。一般交流电压表和交流电流表的读数，也是被测电量的有效值。输电、配电导线截面的大小也应按工作电流的有效值查表选用。

3. 初相位

正弦量是随时间变化而不断变化的，因此正弦量初始起点的不同，正弦量的初始值（$t=0$）就不同，到达幅值或特定值的时间也就不同。

图 2-3 正弦电流波形图的数学表达式为

$$i = I_m \sin(\omega t + \varphi_i) \tag{2-6}$$

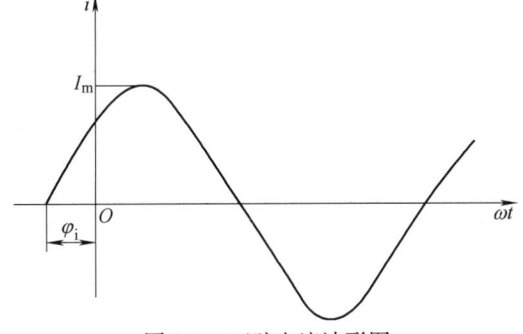

图 2-3 正弦电流波形图

式(2-6) 中正弦函数的辐角 $(\omega t + \varphi_i)$ 称为正弦量的相位角，简称为相位。$t=0$ 时的相位角 φ_i 称为初相角或初相位。初相位的单位为弧度（rad），有时为方便也可用度（°）。习惯上把初相位的取值范围定为 $-\pi \sim +\pi$。

在同一个正弦交流电路中，正弦电压 u 和正弦电流 i 的频率是相同的，但是初相位不一定相同，其波形如图 2-4 所示，u、i 可分别表示为

$$u = U_m \sin(\omega t + \psi_u)$$
$$i = I_m \sin(\omega t + \psi_i)$$

初始相位分别是 ψ_u、ψ_i。

两个同频率正弦量的相位角之差称为相位差，可用 φ 表示。

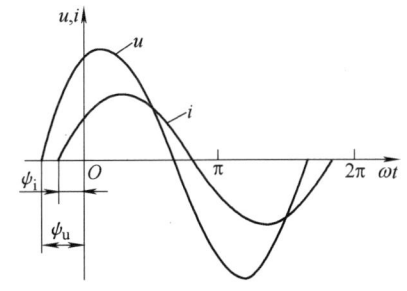

图 2-4 初始相位不相同

这里 u、i 的相位差为

$$\varphi = (\omega t + \psi_u) - (\omega t + \psi_i) \quad (2\text{-}7)$$
$$= \psi_u - \psi_i$$

即两个同频率正弦量的相位差等于它们的初相位之差。两个正弦量的相位差不为零，则说明它们不同时到达零值或最大值。

如图 2-4 所示，$\psi_u > \psi_i$，即 $\varphi > 0$，则电压 u 比电流 i 先到达正的最大值，就说电压 u 在相位上比电流 i 超前 φ 角，或者说电流 i 比电压 u 滞后 φ 角；若 $\psi_i < \psi_u$，则说明 $\varphi < 0$，电流 i 超前电压 u；若 $\varphi = 0$，则电流 i 与电压 u 同相。

两个同频率正弦量的初相位相同，相位差为零，则说这两个正弦量同相。例如在图 2-5a 中，电流 i_1 与 i_2 同相，它们同时到达零值或最大值。如果两个同频率正弦量的相位差 180°，则说这两个正弦量反相。例如在图 2-5b 中，电流 i_1 与 i_2 反相，任一瞬时一个电流为正值，则另一个电流为负值。

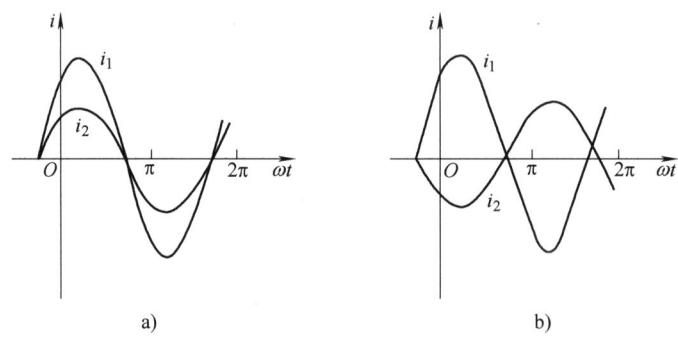

图 2-5 同相与反相
a) 同相 b) 反相

小提示

（1）正弦交流电的相量表示法

设有一正弦电压 $i = I_m \sin(\omega t + \varphi)$，旋转相量在实轴上的投影如图 2-6 所示，左边是一有向线段，在直角坐标系中。有向线段的长度代表正弦量的幅值 I_m，它的初始位置（$t=0$ 时的位置）与横轴正方向的夹角等于正弦量的初相位 φ，并且以正弦量的角频率 ω 做逆时针方向旋转。可见，这一旋转有向线段具有正弦量的 3 个特征，故可用来

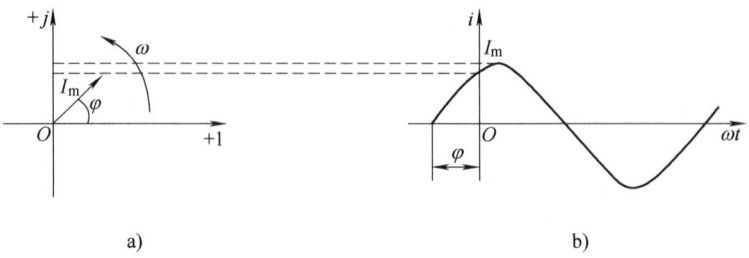

图 2-6 旋转相量在实轴上的投影
a) 以角速度 ω 旋转的复数 b) 旋转复数在虚轴上的投影

表示正弦量。正弦量在某时刻的瞬时值就可以由这个旋转有向线段（于该瞬时）在纵轴上的投影表示出来。

（2）正弦量的复数表示法

正弦量可以用复数表示，即可用振幅相量或有效值相量表示，但通常用有效值相量表示。其表示方法是用正弦量的有效值作为复数相量的模、用初相角作为复数相量的辐角。

正弦电压 $u = U_m \sin(\omega t + \varphi_1)$ 的相量表达式为

$$\dot{U} = \frac{U_m}{\sqrt{2}} e^{j\varphi_1} = U \angle \varphi_1$$

正弦电流 $i = I_m \sin(\omega t + \varphi_2)$ 的相量表达式为

$$\dot{I} = \frac{I_m}{\sqrt{2}} e^{j\varphi_1} = I \angle \varphi_2$$

其相量图如图 2-7 所示。

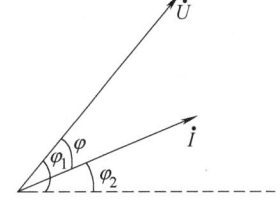

图 2-7 相量图

2.1.2 电路元件在交流电路中的特性

在对交流电路分析时，就是确定电流和电压之间的相互关系，因此掌握单一元件（电阻、电容、电感）在电路中电压和电流的特性关系、其能量转换以及功率变化等问题，就可以对复杂的（组合）电路进行各种分析。

1. 电阻元件的交流电路特性

（1）电压和电流的特性关系

图 2-8a 是一个线性电阻元件的交流电路。电阻元件的电压电流关系由欧姆定律确定，在 u、i 参考方向一致时，两者的关系为

$$u = Ri$$

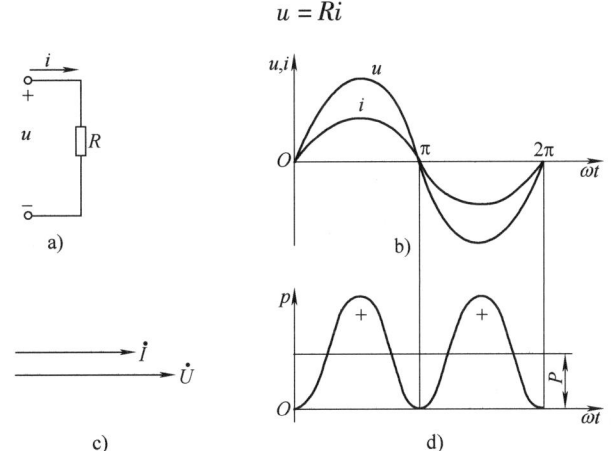

图 2-8 电阻元件的交流电路

a）电路图　b）电压和电流的正弦波形　c）电压与电流的相量图　d）功率波形

设电流为参考正弦量，即

$$i = I_\mathrm{m}\sin\omega t \tag{2-8}$$

则

$$u = Ri = RI_\mathrm{m}\sin\omega t = U_\mathrm{m}\sin\omega t \tag{2-9}$$

由以上两式可见，在电阻元件的交流电路中，电流和电压是同相的。电压的幅值（或有效值）与电流的幅值（或有效值）之比值，就是电阻 R。即

u、i 的相位差为 $\qquad\qquad \varphi = \psi_\mathrm{u} - \psi_\mathrm{i} = 0$

u、i 的幅值关系为 $\qquad\qquad U_\mathrm{m} = RI_\mathrm{m}$

u、i 的有效值关系为 $\qquad\qquad U = RI$

（2）功率

知道了电压与电流的变化规律和相互关系后，便可以计算出电路中的功率。在任意瞬间，电压瞬时值 u 与电流瞬时值 i 的乘积，称为瞬时功率，用小写字母 p 表示，即

$$\begin{aligned} p = p_\mathrm{R} = ui &= U_\mathrm{m}I_\mathrm{m}\sin^2\omega t = \frac{U_\mathrm{m}I_\mathrm{m}}{2}(1 - \cos2\omega t) \\ &= UI(1 - \cos2\omega t) \end{aligned} \tag{2-10}$$

由式（2-10）可以看出，瞬时功率 p 的变化频率是电源频率的两倍，其波形如图 2-8d 所示。P 表示一个周期内电路消耗电能的平均速率，即瞬时功率的平均值，称为平均功率。在电阻元件电路中，平均功率为

$$P = \frac{1}{T}\int_0^T p\mathrm{d}t = \frac{1}{T}\int_0^T UI(1 - \cos2\omega t)\mathrm{d}t = UI = RI^2 = \frac{U^2}{R} \tag{2-11}$$

电阻元件的平均功率等于电压电流有效值的乘积。由于电压有效值 $U = RI$，所以

$$P = UI = RI^2 = \frac{U^2}{R} \tag{2-12}$$

平均功率是电路中实际消耗的功率，又称为有功功率。电路实际消耗的电能等于平均功率乘以通电时间。

2. 电感元件的交流电路特性

（1）电压和电流特性关系

在 u、i 参考方向一致时，电感元件的电压电流关系为

$$u = L\frac{\mathrm{d}i}{\mathrm{d}t}$$

在正弦交流电路中，若设电流 i 为参考正弦量，即

$$i = I_\mathrm{m}\sin\omega t \tag{2-13}$$

则

$$u = L\frac{\mathrm{d}i}{\mathrm{d}t} = \omega LI_\mathrm{m}\cos\omega t = U_\mathrm{m}\sin(\omega t + 90°) \tag{2-14}$$

由以上两式可见，u、i 为同频率的正弦量，可画出 u、i 的波形图和相量图，如图 2-9b 和 c 所示。

在电感元件电路中，电压 u 和电流 i 的大小和相位关系：

u、i 的相位差为

$$\varphi = \psi_\mathrm{u} - \psi_\mathrm{i} = 90° \tag{2-15}$$

即电感元件上电流 i 比电压 u 滞后 90°。

u、i 的幅值关系为
$$U_m = \omega L I_m \qquad (2\text{-}16)$$

u、i 的有效值关系为
$$U = \omega L I = X_L I \qquad (2\text{-}17)$$

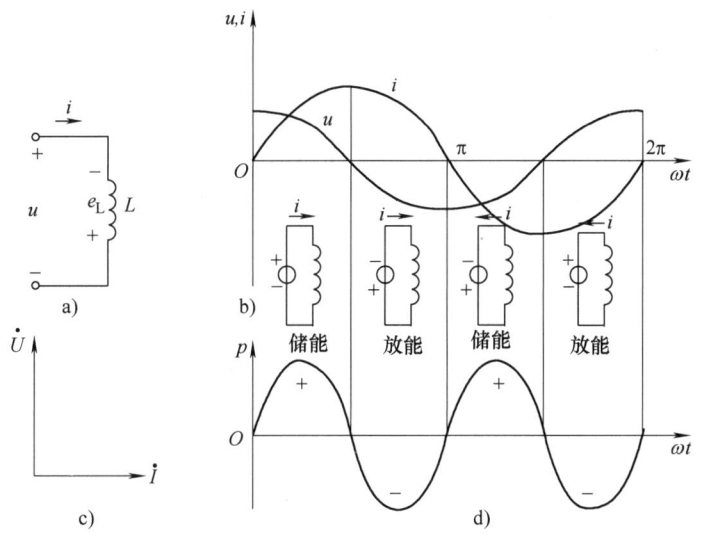

图 2-9 电感元件的交流电路
a) 电路图 b) 电压与电流的正弦波形 c) 电压与电流的相量图 d) 功率波形

即电压的幅值（或有效值）与电流的幅值（或有效值）之比值为 $X_L = \omega L$，式中 X_L 称为感抗，单位为欧［姆］。式 (2-17) 表明同一个电感线圈（L 为定值）对不同频率的正弦电流表现出不同的感抗，频率越高，则感抗 X_L 越大。因此电感线圈对高频电流的阻碍作用大。

> **想一想**
> 当直流电源和交流电源通入只有电感元件的电路中时，会有什么不同？

（2）功率

电感元件上 u、i 参考方向一致时，若
$$i = I_m \sin\omega t$$
则
$$u = U_m \sin(\omega t + 90°)$$
故电感元件上的瞬时功率为
$$p = ui = U_m I_m \sin\omega t \cdot \sin(\omega t + 90°) = U_m I_m \sin\omega t \cdot \cos\omega t = \frac{U_m I_m}{2}\sin 2\omega t = UI\sin 2\omega t \qquad (2\text{-}18)$$

在正弦交流电路中，电感元件与电源之间不停地有能量的往返交换。在一个周期内电感元件从电源取用的能量等于它归还给电源的能量，电感元件并不消耗能量，因此平均功率（即有功功率）为零。电感元件瞬时功率的最大值定义为无功功率，用 Q_L 表示。即
$$Q_L = UI = X_L I^2 \qquad (2\text{-}19)$$

无功功率的单位为乏（var）或千乏（kvar）。

3. 电容元件的交流电路特性

（1）电压和电流特性关系

在 u、i 参考方向一致时，电容元件的电压电流关系为

$$i = C\frac{du}{dt}$$

在正弦交流电路中，若设电压 u 为参考正弦量，即

$$u = U_m \sin\omega t \tag{2-20}$$

则

$$i = C\frac{du}{dt} = \omega C U_m \cos\omega t = I_m \sin(\omega t + 90°) \tag{2-21}$$

由以上两式可见，u、i 为同频率的正弦量，可画出 u、i 的波形图和相量图，如图 2-10 b 和 c 所示。

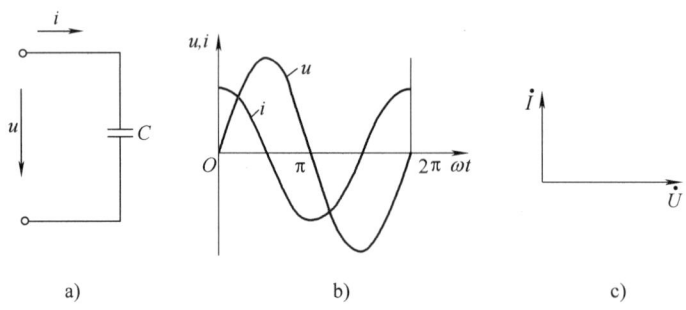

图 2-10　电容元件的交流电路
a）电路图　b）电压和电流的正弦波形　c）电压与电流的相量图

比较式(2-20)和式(2-21)可知电压 u、i 的大小和相位关系：

u、i 的相位差为

$$\varphi = \psi_u - \psi_i = -90° \tag{2-22}$$

即电容元件上电流 i 比电压 u 超前 90°。

u、i 的幅值关系为
$$I_m = \omega C U_m \text{ 或 } U_m = \frac{1}{\omega C}I_m \tag{2-23}$$

u、i 的有效值关系为
$$U = \frac{1}{\omega C}I = X_C I \tag{2-24}$$

式中 X_C 称为容抗，单位为欧［姆］。

$$X_C = \frac{1}{\omega C} = \frac{1}{2\pi f C} \tag{2-25}$$

式(2-25)表明，同一个电容器（C 为定值）对不同频率的正弦电流表现出不同的容抗，频率越高，则容抗越小。因此，电容器对高频电流有较大的传导作用。

> **想一想**
> 当直流电源和交流电源分别接入只有电容元件的电路中时，会有什么不同？

（2）功率

电容元件上 u、i 参考方向一致时，若
$$u = U_\mathrm{m}\sin\omega t$$
则
$$i = I_\mathrm{m}\sin(\omega t + 90°)$$
故电容元件上的瞬时功率为

$$p = ui = U_\mathrm{m}I_\mathrm{m}\sin\omega t\sin(\omega t + 90°) = U_\mathrm{m}I_\mathrm{m}\sin\omega t\cos\omega t = \frac{U_\mathrm{m}I_\mathrm{m}}{2}\sin2\omega t = UI\sin2\omega t \quad (2\text{-}26)$$

在正弦交流电路中，电容元件与电源之间不停地有能量的往返交换，在一个周期内电容元件从电源取用的能量等于它送还给电源的电量，电容元件不消耗能量，因此平均功率为零。

我们也把电容元件瞬时功率的最大值定义为无功功率，用 Q_C 表示，其单位是乏（var）或千乏（kvar）。

2.2 认识三相交流电

从电能的产生到电能的传输，三相交流电与单相交流电相比，都有着显著的优点。因此各国电力系统普遍采用三相发电及三相输配电制。本节主要介绍三相电源的特征及联结方法、三相负载的计算。

2.2.1 三相交流电的产生

三相交流电是由三相发电机产生的。图 2-11 为三相发电机原理图，发电机的主要组成部分是电枢和磁极。

电枢是固定的，也称为定子。定子铁心的内圆周上冲有定子槽，用以放置三相不同的电枢绕组。绕组的始端标以 X、Y、Z，末端标以 A、B、C，每个绕组的两边放置在不同的定子槽内，要求绕组的始端之间或末端之间在空间上都彼此相隔 120°。

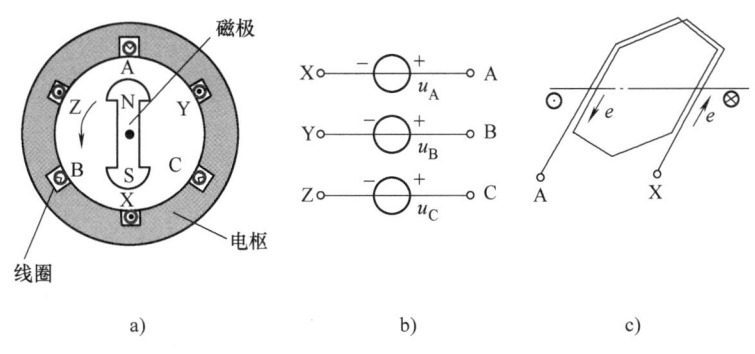

图 2-11 三相发电机工作原理
a）定子和转子结构示意 b）三相电压的方向 c）线圈中电流的方向

磁极是转动的，亦称为转子。转子铁心上绕有励磁绕组，采用直流电励磁。选择合适的磁极表面形状和合理分布的励磁绕组，可使定子和转子之间的空气隙中的磁感应强度按正弦

规律分布。

当转子匀速转动时,每项绕组依次切割气隙磁通,产生感应电动势,因此,在三相绕组 XA、YB、ZC 上感应的电动势频率相同、幅值相等、相位互差 120°。以 e_A 为参考正弦量,则

$$\begin{cases} e_A = E_m \sin\omega t \\ e_B = E_m \sin(\omega t - 120°) \\ e_C = E_m \sin(\omega t - 240°) = E_m \sin(\omega t + 120°) \end{cases} \quad (2\text{-}27)$$

这样 3 个大小相等、频率相同、相位互差 120°的供电电动势叫作三相对称电动势。在电力系统中,各发电机产生的电动势,毫无例外都是对称的。

图 2-12 给出了三相对称电压的波形图。三相交流电出现正幅值(或相应零值)的先后次序称为三相电压的相序。上述三相电压的相序是 A→B→C。在配电装置的三相母线上,涂以黄、绿、红 3 种颜色,分别表示 A、B、C 三相。

图 2-12 三相对称电压的波形图

2.2.2 三相交流电源的联结

三相交流电源通常有两种联结形式,即星形(Y)联结和三角形(△)联结。

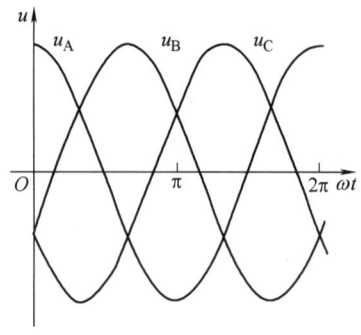

三相四线制连接

1. 三相电源的星形(Y)联结

在我国的低压配电线路中,都是采用星形联结的。将三个电压源的末端 X、Y、Z 连在一起,形成一个节点,称为电源的中性点或零点,用 N 表示。从中性点引出的导线称为中性线(或零线),从三个电压源的首端 A、B、C 引出三根线称为相线,俗称为火线。那么三根相线和一根中性线对外供电,这种供电方式称为三相四线制。电源的星形联结如图 2-13 所示。

在图 2-13 中,每相绕组首端与末端间的电压,亦即相电压,其瞬时值用 u_A、u_B、u_C 表示,一般用 u_P 表示。而三相绕组任意两相始端间的电压,即两线间的电压,称为线电压,其瞬时值用 u_{AB}、u_{BC}、u_{CA} 表示,一般用 u_L 表示。相电压与线电压的参考方向如图 2-13 所示。

由于电源绕组的阻抗很小,带负载时可以忽略绕组上的压降。因此,无论电源是否带负载,相电压均可视为相应绕组的电动势,即

$$\begin{cases} u_A = U_m \sin\omega t \\ u_B = U_m \sin(\omega t - 120°) \\ u_C = U_m \sin(\omega t + 120°) \end{cases} \quad (2\text{-}28)$$

根据图 2-13 中的参考方向,可得线电压与相电压瞬时值的关系为

$$u_{AB} = u_A - u_B$$
$$u_{BC} = u_B - u_C$$
$$u_{CA} = u_C - u_A$$

作出相电压与线电压的相量图，如图 2-14 所示，由图可以得出：
1) 线电压 u_{AB}、u_{BC}、u_{CA} 也是三相对称电压。
2) 线电压超前相电压 30°。
3) 线电压有效值是相电压有效值的 $\sqrt{3}$ 倍，即 $U_L = \sqrt{3} U_P$。

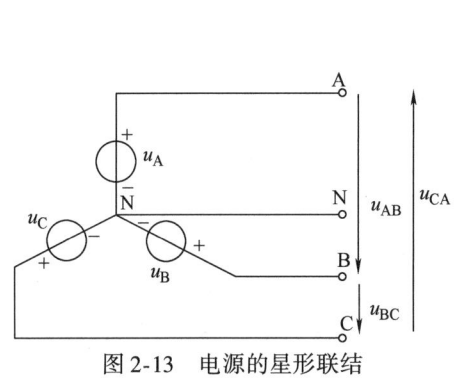

图 2-13　电源的星形联结

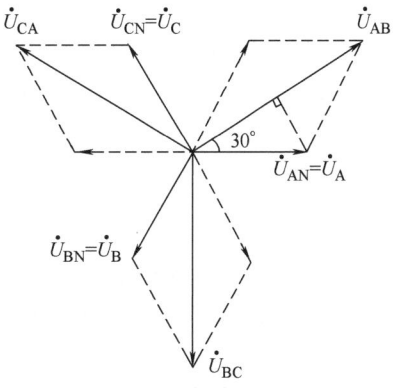

图 2-14　相电压与线电压的相量图

> **小提示**
> 我国的低压配电系统中相电压为 220V，线电压为 380V。

2. 三相电源的三角形（△）联结

将电源的三相绕组的首端、末端依次联结，组成闭合三角形，在三个连接点引出端线就形成三相电源的三角形联结，如图 2-15 所示。电源的三角形联结只能向负载提供一个电压，即线电压。电源的三角形联结一般只用于工业用户或变流技术中。

三相电源作三角形联结时，线电压就是相应的相电压，即

$$u_{AB} = u_A$$
$$u_{BC} = u_B$$
$$u_{CA} = u_C$$

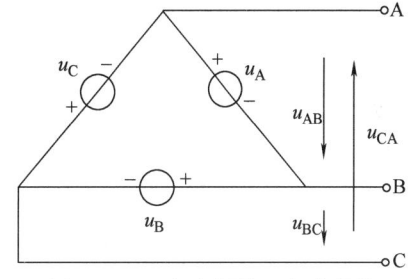

图 2-15　三相电源的三角形联结

也即 $U_L = U_P$。

2.2.3　三相交流电路的联结

当三相电源确定后，三相负载需要经过一定方式联结于三相电源上。三相负载的联结方式根据负载的额定电压和负载的性质来确定。三相负载有星形（Y）联结和三角形（△）联结两种形式。

> **想一想**
> 进入居民用户用的电有几根电线，什么颜色的？都有电吗？

1. 负载的星形联结

我国的低压配电系统采用三相四线制。当负载的额定电压与电源的相电压相等时，如单相负载的额定电压为220V，电源的线电压为380V，负载需接在相线与中性线之间。若负载是大批量使用的，从总的线路来看，他们应均匀地分配在各相中，如我国的居民用电负载不能集中接在一相中，因各相负载的大小和负载性质不同，这种连接方式为不对称负载星形联结。图2-16所示为两种三相负载的接法。

由于对称负载作星形联结时，中性线的电流为零，因而可以省去中性线，构成所谓三相三线制电路。因生产上所用的三相负载一般都是对称的（例如三相电动机、三相电炉），使用时可以不接中性线。

> **小提示**
>
> 星形联结的不对称负载是否可以省去中性线呢？可以证明，对于星形联结的不对称负载，如果断开中性线，将会使有的负载端电压升高，有的负载端电压降低，因而负载不能在额定电压下正常工作，甚至可能引起用电设备的损坏。为确保负载能正常工作，必须采用三相四线制，且为确保中性线在运行中不断开，其上不允许接熔断器和开关。

2. 负载的三角形联结

如果负载的额定电压等于三相电源的线电压，则必须把负载接于两根相线之间。把这类负载分为三组，分别接于相线 A 与 B、B 与 C、C 与 A 之间，就构成了负载的三角形联结，如图2-17所示。

由于三相电源的线电压是对称的，而每相负载直接接于相线之间，因而各相负载所承受的电压（也称为负载相电压）总是对称的。

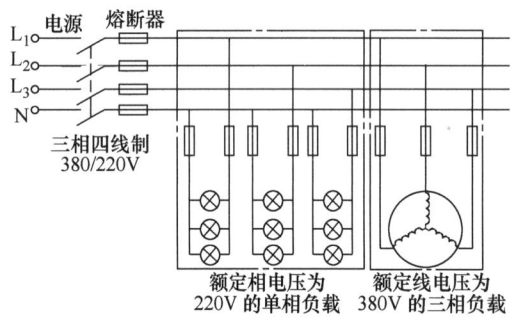

图2-16 两种三相负载的接法

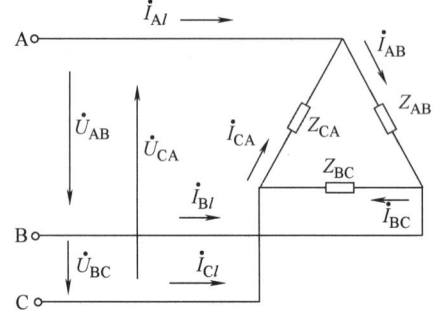

图2-17 负载的三角形联结

2.3 实训 使用示波器观测交流电波形

1. 实训目的

1）熟悉示波器的基本使用方法。
2）正确使用示波器观察交流电信号的波形。
3）通过观察交流电信号的波形，掌握交流电路的工作特性。

2. 实训仪器与设备

示波器、交流电信号发生器、面包板及插接线。

3. 预习内容

示波器是用来显示被观测信号波形的电子测量仪器,图 2-18 为 VD4322 型双踪示波器板面图。与其他测量仪器相比,示波器具有以下优点:

- 能够显示出被测信号的波形。
- 对被测系统的影响小。
- 具有较高的灵敏度。
- 动态范围大,过载能力强。
- 容易组成综合测试仪器,从而扩大了使用范围。
- 可以描绘出任何两个周期量的函数关系曲线,从而把原来非常抽象的、看不见的电变化过程转换成在屏幕上看得见的真实图像。

在电子测量与测试仪器中,示波器的使用范围非常广泛,它可以表征所有参数,如电压、电流、时间、频率和相位差等。

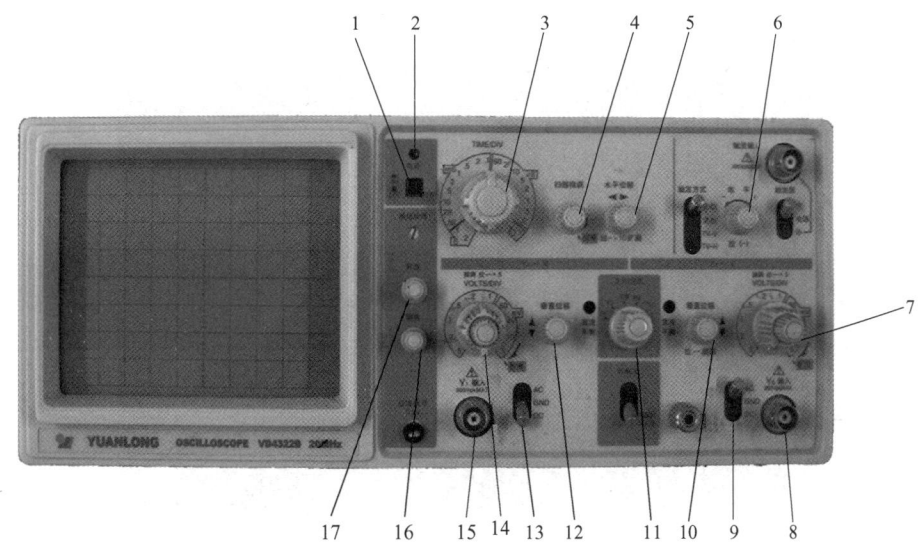

图 2-18 VD4322 型双踪示波器板面图

1—电源开关 2—电源指示灯 3—扫描速度(时间/格)选择开关 4—扫描微调控制旋钮 5—水平位移旋钮
6—电平调节旋钮 7、14—垂直偏转因数选择开关(V/格) 8—Y_2 信号输入口
9、13—入耦合开关(AC - GND - DC) 10—Y_2 位移旋钮 11—工作方式选择开关(Y_1、Y_2、交替、断续)
12—Y_1 位移旋钮 15—Y_1(X)信号输入口 16—聚焦旋钮 17—亮度调节旋钮

掌握示波器的使用方法,了解交流电的工作特性以及掌握相应的安全用电知识。示波器的操作步骤如下。

1)正确连接示波器电源,注意安全用电。

2)将示波器探头(如图 2-19 所示)一端与示波器信号通道连接,另一端与被测信号连接,接地端接地。

3)启动示波器,调节示波器相应按钮,使被测信号显示在示波器的屏幕中。

4)完成调节,正确显示出被测信号,波形如图 2-20 所示,记录波形。

图 2-19 示波器探头

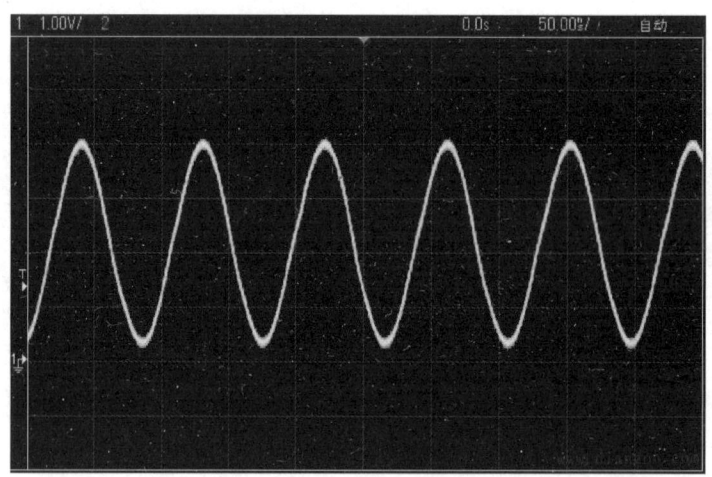

图 2-20 正弦交流电波形

4. 实训内容

1）熟悉示波器的使用方法。

示波器使用

2）利用实验台现有元器件设计示波器观测电路，将电路简图画在下面。

3）调节示波器面板按钮，使观测到的波形效果达到最佳，将波形画在下面。

4）利用示波器观测交流电的波形，简述其工作特性。

交流电路小结

2.4 小结

1. 选定了电流的参考方向后，正弦电流可用三角函数式表示，其一般形式为 $i = I_m \sin(\omega t + \psi_i)$，式中 I_m 为电流的幅值，ω 为角频率，ψ_i 为初相位。幅值、频率、初相位是确定一个正弦量的三要素。

频率 f 与周期 T、角频率 ω 的关系为

$$T = \frac{1}{f}, \quad \omega = 2\pi f = \frac{2\pi}{T}$$

2. 电阻元件的正弦交流电路：电压电流关系 $U = RI$，功率 $P = UI = RI^2 = \frac{U^2}{R}$。

3. 电感元件的正弦交流电路：电压电流关系 $U = X_L I$，无功功率 $Q_L = UI = X_L I^2$。

4. 电容元件的正弦交流电路：电压电流关系 $U = X_C I$，无功功率 $Q_C = UI = X_C I^2$。

5. 三相对称电源供给三个幅值、频率相同，而相位互差 120° 的正弦电压。三相对称电源作星形联结，可以构成三相四线制供电系统。若以 u_A 为参考正弦量，且设每相电压的有效值为 U_P，则三相对称电压可表示为

$$\begin{cases} u_A = U_m \sin\omega t \\ u_B = U_m \sin(\omega t - 120°) \\ u_C = U_m \sin(\omega t + 120°) \end{cases}$$

6. 三相负载有星形和三角形两种联结方式，负载为星形联结且有中性线时，线电压有效值 U_L 与相电压有效值 U_P 的关系为 $U_L = \sqrt{3} U_P$，因此三相四线制供电系统可以供给负载两种不同的电压。三相电源为三角形联结时，线电压的有效值等于一相电源电压的有效值，即 $U_L = U_P$。

7. 对称三相负载作星形联结时，可以不用中性线，负载相电压依然对称。对于星形联结的不对称负载，则必须要接中性线，如果中性线断开，则各相负载不能在额定电压下正常工作，甚至可能损坏用电设备。因此中性线上不允许装设开关和熔断器。

2.5 习题

1. 填空题

（1）交流电流是指电流的大小和_____都随时间作周期性变化，且在一个周期内其平均值为零的电流。

（2）正弦交流电路是指电路中的电压、电流均随时间按_____规律变化的电路。

（3）正弦交流电的瞬时表达式为 $e =$ _____、$i =$ _____。

（4）角频率是指交流电在_____时间内变化的电角度。

（5）正弦交流电的三个基本要素是_____、_____和_____。

（6）我国工业及生活中使用的交流电频率是_____，周期为_____。

（7）已知 $u(t) = -4\sin(100t + 270°)$ V，$U_m =$ _____ V，$\omega =$ _____ rad/s，$\psi =$ _____ rad，$T =$ _____ s，$f =$ _____ Hz，$t = \dfrac{T}{12}$ 时，$u(t) =$ _____。

（8）已知两个正弦交流电流 $i_1 = 10\sin(314t - 30°)$ A，$i_2 = 310\sin(314t + 90°)$ A，则 i_1 和 i_2 的相位差为_____，_____超前_____。

（9）有一正弦交流电流，有效值为 20A，其最大值为_____，平均值为_____。

（10）已知正弦交流电压 $u = 10\sin(314t + 30°)$ V，该电压有效值 $U =$ _____。

（11）把 110V 的交流电压加在 55Ω 的电阻上，则电阻上 $U =$ _____ V，电流 $I =$ _____ A。

（12）在纯电感交流电路中，电压与电流的相位关系是电压_____电流 90°，感抗 $X_L =$ _____，单位是_____。

（13）在纯电感正弦交流电路中，若电源频率提高一倍，而其他条件不变，则电路中的电流将变_____。

（14）在纯电容交流电路中，电压与电流的相位关系是电压_____电流 90°。容抗 $X_C =$ _____，单位是_____。

（15）在纯电容正弦交流电路中，增大电源频率时，其他条件不变，电容中电流 I 将_____。

（16）三相交流电源是 3 个_____、_____而相位互差_____的单相交流电源按一定方式的组合。

（17）由三根相线和一根_____所组成的供电线路，称为三相四线制电网。三相电动势到达最大值的先后次序称为_____。

（18）三相四线制供电系统可输出两种电压供用户选择，即线电压和相电压。这两种电压的数值关系是 $U_L =$ _____ U_P。

2. 选择题

（1）两个同频率正弦交流电的相位差等于 180°，则它们相位关系是（　　）。

A. 同相　　　B. 反相　　　C. 相等

（2）白炽灯的额定工作电压为 220V，它允许承受的最大电压（　　）。

A. 220V　　　B. 311V　　　C. 380V　　　D. $u(t) = 220\sqrt{2}\sin 314t$ V

(3) 已知 2Ω 电阻的电流 $i = 6\sin(314t + 45°)$ A，当 u，i 为关联方向时，$u = ($)V。

A. $12\sin(314t + 30°)$ B. $12\sqrt{2}\sin(314t + 45°)$

C. $12\sin(314t + 45°)$

(4) 加在一个感抗是 20Ω 的纯电感两端的电压是 $u = 10\sin(\omega t + 30°)$ V，则通过它的电流瞬时值为（ ）A。

A. $i = 0.5\sin(2\omega t - 30°)$ B. $i = 0.5\sin(\omega t - 60°)$

C. $i = 0.5\sin(\omega t + 60°)$

(5) 若电路中某元件的端电压为 $u = 5\sin(314t + 35°)$ V，电流 $i = 2\sin(314t + 125°)$ A，u、i 为关联方向，则该元件是（ ）。

A. 电阻 B. 电感 C. 电容

(6) 某三相对称电源电压为 380V，则其线电压的最大值为（ ）V。

A. $380\sqrt{2}$ B. $380\sqrt{3}$ C. $380\sqrt{6}$ D. $380\sqrt{3}/\sqrt{2}$

(7) 已知在对称三相电压中，V 相电压为 $u_V = 220\sqrt{2}\sin(314t + \pi)$ V，则 U 相和 W 相电压为（ ）V。

A. $u_U = 220\sqrt{2}\sin\left(314t + \dfrac{\pi}{3}\right)$ $u_W = 220\sqrt{2}\sin\left(314t - \dfrac{\pi}{3}\right)$

B. $u_U = 220\sqrt{2}\sin\left(314t - \dfrac{\pi}{3}\right)$ $u_W = 220\sqrt{2}\sin\left(314t + \dfrac{\pi}{3}\right)$

C. $u_U = 220\sqrt{2}\sin\left(314t + \dfrac{2\pi}{3}\right)$ $u_W = 220\sqrt{2}\sin\left(314t - \dfrac{2\pi}{3}\right)$

(8) 已知某三相发电机绕组联结成星形时的相电压 $u_U = 220\sqrt{2}\sin(314t + 300°)$、$u_V = 220\sqrt{2}\sin(314t - 900°)$、$u_W = 220\sqrt{2}\sin(314t + 1500°)$，则当 $t = 10$s 时，它们之和为（ ）V。

A. 380 B. 0 C. $380\sqrt{2}$ D. $380\sqrt{2}/\sqrt{3}$

3. 计算题

(1) 已知电压的瞬时值函数式为 $u = 317\sin(\omega t - 160°)$ V，电流的瞬时值函数式为 $i_1 = 10\sin(\omega t - 45°)$ A，$i_2 = 4\sin(\omega t + 70°)$ A。试在保持相位差不变的条件下，将电压的初相角改为零度，重新写出它们的瞬时值函数式。

(2) 一个正弦电流的初相位 $\psi = 15°$，$t = \dfrac{T}{4}$ 时，$i(t) = 0.5$A，试求该电流的有效值。

(3) 有一 CJ0-10A 交流接触器，其线圈数据为 380V、30mA、50Hz，线圈电阻 1.6kΩ，试求线圈电感。

(4) 在电容为 64μF 的电容器两端加一正弦电压 $u = 220\sqrt{2}\sin314t$V，设电压和电流的参考方向如图 2-21 所示，计算 $t = \dfrac{T}{6}$，$t = \dfrac{T}{4}$ 和 $t = \dfrac{T}{2}$ 瞬时电流和电压的大小。

(5) 在图 2-22 的电路中，为什么中性线中不接开关，也不接熔断器？

(6) 在线电压为 380V 的三相电源上，接两组电阻性对称负载，如图 2-23 所示，试求线路电流 I。

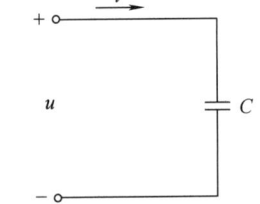

图 2-21 电容元件的交流电路

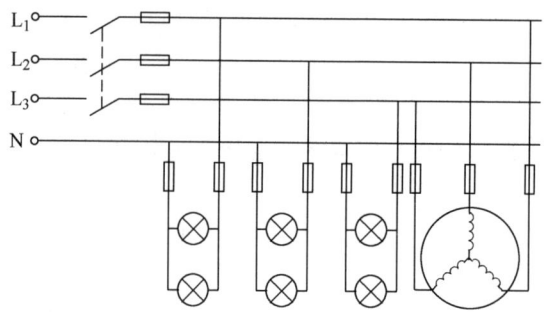

图 2-22 三相交流电路的两种负载

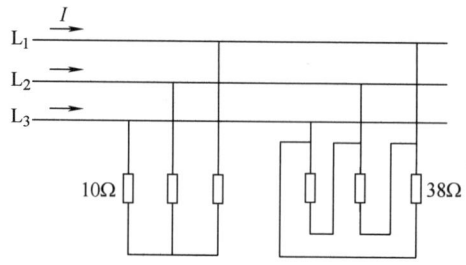

图 2-23 三相三线制的对称负载

第3章 电磁学基础知识及应用

本章主要介绍磁场、铁磁性材料等电磁学基础知识，通过电磁之间关系分析，介绍了变压器、电磁阀、继电器三种电路元器件的基本结构和原理，以及这几种元器件在汽车上的应用实例。

本章问题：
1) 磁场的几个基本物理量是什么？
2) 电磁感应定律是什么？如何用楞次定律判断感应电流的方向？
3) 铁磁性材料指的是什么？它有哪些特性？
4) 什么是磁滞损耗？什么是涡流损耗？
5) 变压器可以实现什么的变换？
6) 变压器在汽车电路中的应用有哪些？
7) 电磁阀的原理是什么？
8) 继电器在电路中的作用是什么？
9) 如何正确检测继电器？

3.1 磁场和铁磁性材料

1. 磁场

所谓磁场就是指存在磁力作用的空间。在物理课程中曾学过，电流能够产生磁场，通有电流的线圈内部及周围有磁场产生。而通过磁场的作用也可以产生电，例如各种电机的工作原理都离不开磁场和磁性材料。自然界中有的材料具有导磁的特性，称为导磁材料，没有导磁特性的称为非导磁材料。

在变压器、电动机等电工设备中，为了用较小的电流产生较强的磁场，通常把线圈绕在由铁磁性材料制成的铁心上。由于铁磁性材料的导磁性能要比非导磁性材料好得多，因此，当线圈中有电流流过时，产生的磁通大部分将集中在铁心中，沿铁心而闭合，这部分磁通称为主磁通，用字母 Φ 表示。只有很少一部分磁通沿铁心以外的空间而闭合，称为漏磁通，在工程上常将它忽略不计。

2. 磁路

主磁通经过的闭合路径叫作磁路，图3-1是几种常见电工设备的磁路。

> **小知识**
> 磁路和电路具有相似之处，电路中的电动势是形成电流的原因，磁路中的磁动势是产生磁通的原因。通电线圈产生的磁通与线圈的匝数 N 和通过的电流 i 的乘积成正比，电路中有电阻，磁路中亦有磁阻。

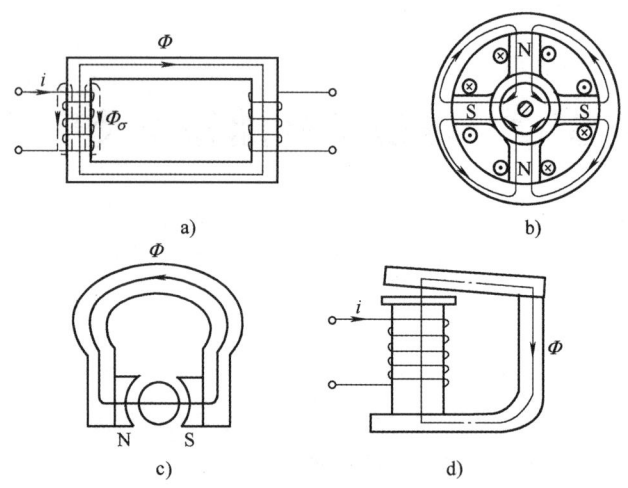

图 3-1　几种常见电工设备的磁路

a）单相变压器的磁路　b）直流电动机的磁路　c）磁电式仪表的磁路　d）电磁型继电器的磁路

磁路中的磁动势满足以下关系式：

$$F_m = Ni \tag{3-1}$$

式中，N 为线圈匝数；i 为线圈中电流（A）。

磁阻 R_m 的大小与磁路的长度 L 成正比，与磁路的横截面积 S 成反比，并与组成磁路材料的磁导率有关，磁路长度和横截面积相同的情况下，铁磁性材料的磁阻比空气的磁阻小得多。磁通和磁动势、磁阻之间的关系为

$$\Phi = \frac{F_m}{R_m} \tag{3-2}$$

3.1.1　磁场的基本物理量

1. 磁感应强度 B

磁感应强度是表示磁场内某点磁场强弱与方向的物理量。磁感应强度 B 的方向即为磁场各点的磁场方向，通电导体中的电流和磁场之间符合右手螺旋定则。

若在磁场的各个点上，载流导体受到的电磁力大小相等、方向相同，则表明磁场中各点的强弱程度相同，亦即磁感应强度相同，这样的磁场称为均匀磁场。在国际单位制中，磁感应强度的单位是特［斯拉］（T）。

2. 磁通 Φ

在均匀磁场中，磁感应强度 B 的大小与垂直于磁感应强度 B 的某一截面积的乘积称为磁通：

$$\Phi = BS \tag{3-3}$$

如果把磁感应强度 B 和磁通 Φ 与磁力线联系起来，则可认为磁通在数值上等于垂直穿过该截面的磁力线数，而磁感应强度等于垂直穿过单位面积的磁力线数，因此 B 又称为磁通密度，磁通的单位是韦［伯］（Wb）。

3. 磁导率 μ

磁导率 μ 是表示物质导磁性能的物理量。它与磁场强度的乘积等于磁感应强度，磁导率

的单位是亨/米（H/m）。

$$\mu = \mu_r \mu_0 \tag{3-4}$$

式中，μ_r 是该物质的相对磁导率，非铁磁物质 μ_r 近似为 1，铁磁物质的 μ_r 远大于 1；μ_0 是真空的磁导率，$\mu_0 = 4\pi \times 10^{-7} \text{H/m}$。

4. 磁场强度 H

磁场强度 H 是为了方便磁场中的数学推导所引入的一个物理量（矢量），它是描述磁场源强弱的物理量，与磁场介质无关，其定义为

$$H = \frac{B}{\mu} \tag{3-5}$$

3.1.2 基本电磁定律

1. 电生磁的基本定律——安培环路定律

安培环路定律也称为全电流定律，如图 3-2 所示。沿空间任意一条闭合回路 l，磁场强度的线积分等于该闭合回路所包围的电流的代数和。

$$\int H \cdot dl = \sum i \tag{3-6}$$

式中，H 为沿该回路上各点切线方向的磁场强度分量；i 为每根导体中的电流；磁场强度沿闭合回路的线积分与所选的路径无关。

在均匀磁场中，沿着回路 l 磁场强度 H 处处相等，则

$$Hl = Ni \tag{3-7}$$

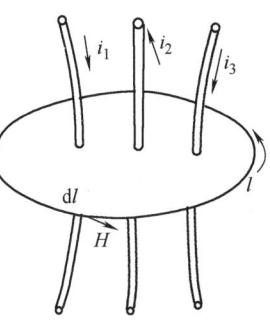

图 3-2 安培环路定律

式中，N 为导体根数。

2. 磁生电的基本定律——法拉第电磁感应定律

电磁感应现象：变化的磁场会产生电场，使导体中产生感应电动势，这就是电磁感应现象。感应电动势和磁场之间符合法拉第电磁感应定律。电磁感应现象主要表现在以下两个方面。

（1）磁场对通电直导体的作用

导体与磁场有相对运动，导体切割磁力线时，导体内产生感应电动势，称为切割电动势。

做切割磁力线运动的导体，产生感应电动势的方向可用右手定则来确定：伸出右手，拇指与四指垂直，让磁力线垂直穿过手心，拇指指向运动方向，四指所指方向就是感应电动势的方向（或是感应电流方向）。

在均匀磁场中，做切割磁力线运动的直导体，其感应电动势 e 的大小与磁感应强度 B、导体的有效长度 l、导体的运动速度 v 以及导体运动方向与磁力线方向之间夹角的正弦值成正比，即

$$e = Blv\sin\alpha \tag{3-8}$$

【**例 3-1**】 如图 3-3 所示，在一磁感应强度 $B = 1\text{T}$ 的匀强磁场中，直导体 AB 在外力的作用下以 $v = 20\text{m/s}$ 的速度做匀速直线运动。导体有效长度 $l = 0.5\text{m}$，导体电阻 $R_0 = 1\Omega$，负载电阻 $R = 9\Omega$。试求：(1) 导体 AB 中的感应电动势 e；(2) 电阻

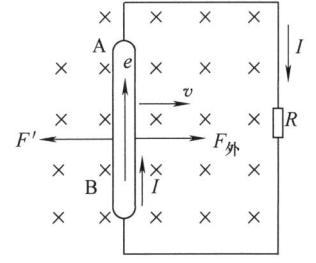

图 3-3 例 3-1 图

R 中的电流 I。

解：直导体做匀速运动，在闭合回路中，AB 部分相当于电源，用右手定则确定的电动势 e 的方向为由下指向上，其大小为

$$e = Blv\sin\alpha = 1\text{T} \times 0.5\text{m} \times 20\text{m/s} \times \sin 90° = 10\text{V}$$

电流方向与 e 相同，大小为

$$I = \frac{e}{R_0 + R} = \frac{10\text{V}}{1\Omega + 9\Omega} = 1\text{A}$$

（2）磁场对通电线圈的作用

当线圈中磁通发生变化时，线圈中产生感应电动势。感应电动势的方向由楞次定律来判定：线圈中感应电流产生的磁通总是阻碍原磁通的变化。图 3-4 所示为楞次定律实验原理图，表示了在插入线圈和拔出线圈两种情况下线圈的感应电动势的方向。

图 3-4a 中，条形磁铁自上而下插入线圈时，线圈磁通量要增加，根据楞次定律，感应电流产生的磁通自下而上，由右手螺旋定则可确定感应电流的方向自左向右流过检流计。在图 3-4b 中，可得感应电流的方向为自右向左流过检流计。

法拉第通过大量实验总结出：线圈中感应电动势的大小与线圈磁通量的变化率 $\dfrac{d\varPhi}{dt}$ 和线圈匝数 N 成正比。通常把这个规律叫法拉第电磁感应定律，其数学表达式为

$$e = -N\frac{d\varPhi}{dt} \tag{3-9}$$

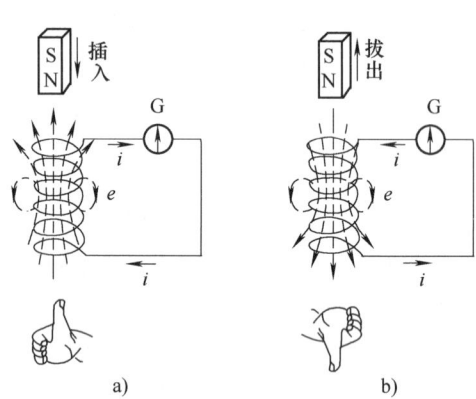

图 3-4 楞次定律实验原理图
a) 插入线圈　b) 拔出线圈

> **小经验**
>
> 当线圈中的磁通量增加时，感应电流就要产生与它方向相反的磁通去阻碍它的增加（增反）；当线圈中原来的磁通量减小时，感应电流就要产生与它方向相同的磁通去阻碍它的减小（减同）。

3. 自感现象

由通入线圈的电流变化而产生感应电动势的现象叫自感现象，由自感现象产生的感应电动势叫自感电动势。自感现象属于电磁感应现象。

自感系数是用来描述线圈产生自感磁通能力的物理量。定义线圈中的磁通量与产生该磁通的电流的比值叫自感系数，又叫电感，用符号 L 表示，单位是亨［利］（H）。即

$$L = \frac{\varPhi}{i} \tag{3-10}$$

按照法拉第电磁感应定律，回路中所产生的自感电动势可用自感系数 L 表示为

$$e = -L\frac{di}{dt} \tag{3-11}$$

式(3-11) 表明，自感电动势的大小与线圈的电感及线圈中外电流的变化率成正比。负号表示自感电动势的方向总是企图阻碍外电流的变化。

4. 互感现象

互感现象是指一个线圈中的电流变化使得另一个线圈产生感应电动势的现象，如图 3-5 所示。互感现象产生的电动势叫作互感电动势，也用符号 e 表示。

$$e_1 = -N_1 \frac{d\Phi_{11}}{dt}, \text{那么} \quad e_2 = -N_2 \frac{d\Phi_{12}}{dt} \quad (3-12)$$

正弦交流电在交流铁心中产生磁通 Φ，电源电压 $u \approx -e_1$。

设磁通 $\Phi = \Phi_m \sin\omega t$

得 $\quad u \approx N\dfrac{d\Phi}{dt} = N\dfrac{d}{dt}(\Phi_m \sin\omega t)$

$= U_m \sin\left(\omega t + \dfrac{\pi}{2}\right) \quad (3-13)$

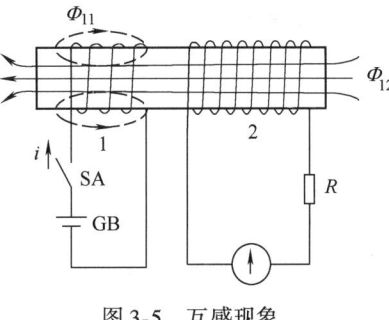

图 3-5 互感现象

则电源电压的有效值为

$$U = \frac{U_m}{\sqrt{2}} \approx \frac{2\pi f N \Phi_m}{\sqrt{2}} = 4.44 f N \Phi_m = 4.44 f N B_m S \quad (3-14)$$

此公式是交流发电机设置电压调节器的理论依据。

5. 磁路的欧姆定律

如同电路是电流所经过的路径一样，磁通所经过的路径称为磁路。磁路通常由高导磁性的磁性材料组成，通过磁路将磁通约束在特定的路径中。变压器和直流发电机的磁路如图 3-6 所示。

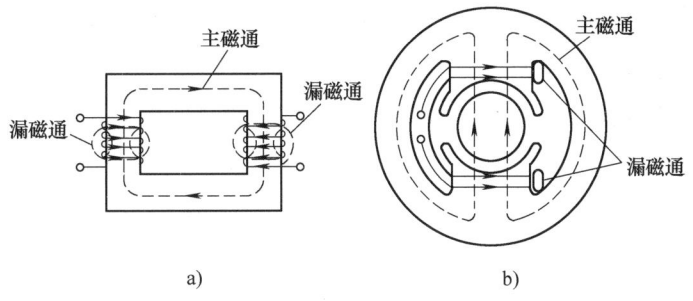

图 3-6 变压器和直流发电机的磁路
a) 变压器磁路 b) 直流发电机磁路

对于均匀磁路，由安培环路定理

$$Hl = Ni \quad (3-15)$$

因此 $\quad F = Ni = Hl = \dfrac{Bl}{\mu} = \Phi\dfrac{l}{\mu A} = \Phi R_m \quad (3-16)$

定义磁路的磁阻 $\quad R_m = \dfrac{l}{\mu A} \quad (3-17)$

与电路的欧姆定律相似，磁路也有欧姆定律。

3.1.3 铁磁性材料

为了提高材料的导磁能力，人们在寻求自然材料的同时，通过人工合成的办法也获得了各种高导磁材料。铁磁材料（包括铁、钢、镍、钴及其合金）以及铁氧体等材料，它们具有比真空大数百倍到数千倍的磁导率，因此常作为电机的磁性材料。铁磁性材料的主要特性如下。

1. 高导磁性能

对电机中常用的铁磁材料来说，μ 可达 100～10000 数量级。当线圈匝数和励磁电流相同时，铁心线圈激发的磁通量比空心线圈的大得多，从而也就可以减小电机的体积。

铁磁材料之所以有高导磁性能，从微观角度看，就在于铁磁材料内部存在着很多很小的具有确定磁极性的自发磁化区域，并且有很强的磁化强度，就相当于一个个超微型小磁铁，称之为磁畴，如图3-7a所示。磁化前这些磁畴随机排列，磁效应相互抵消，宏观上对外不显磁性。但在外界磁场作用下，这些磁畴将沿外磁场方向重新进行有规则的排列，与外磁场方向相同的磁畴不断增加，其他方向上的磁畴不断减少，当外磁场足够强时，铁磁材料被完全磁化，结果如图3-7b所示。磁化后内部磁效应不能相互抵消，宏观上对外显示磁性，也就相当于形成了一个附加磁场叠加在外磁场上，从而使实际产生的磁场要比非铁磁材料中的磁场大很多。

磁化曲线：在外磁场 H 作用下，磁感应强度 B 将发生变化，二者之间的关系曲线称为磁化曲线，记为 $B=f(H)$。铁磁材料的基本磁化曲线如图3-8所示。

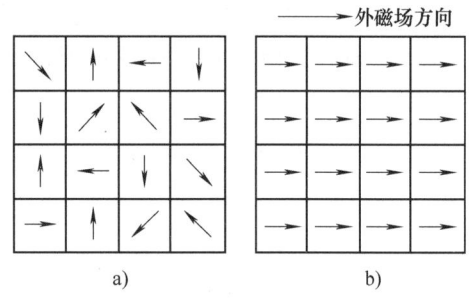

图3-7　铁磁材料中的磁畴
　　a）磁化前　b）磁化后

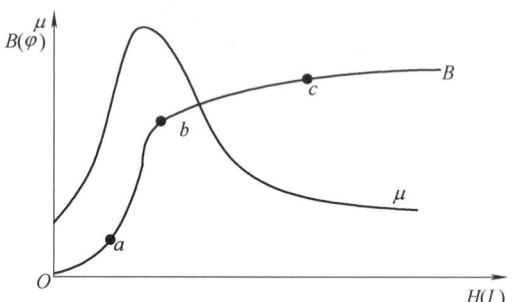

图3-8　铁磁材料的基本磁化曲线

将图3-8中的磁化曲线分为四段。

1）在 Oa 段，外磁场 H 较弱，与外磁场方向接近的磁畴发生偏转，顺着外磁场方向的磁畴缓缓增加，B 增长缓慢；

2）在 ab 段，H 较强，且不断增加，绝大部分非顺磁方向的磁畴开始转动，甚至少量逆外磁场方向的磁畴也发生倒转，B 迅速增加；

3）在 bc 段，外磁场进一步加强，非顺磁或逆磁方向磁畴的转动不断减少，B 的增加逐渐缓慢下来，开始出现了所谓磁饱和现象；

4）c 点以后，所有磁畴都转到与外磁场一致的方向，H 再增加，B 基本不变，出现了深度饱和。

2. 磁滞与磁滞损耗

磁滞性表现在铁磁性材料在交变磁场中反复磁化时，磁感应强度 B 的变化滞后于磁场强度 H 的变化特性，铁磁性材料的磁滞回线如图3-9所示。

1）H 由 0 上升至最大值 H_m，B 沿 Oa 上升至 B_m；接下来 H 由 H_m 下降至 0，但 B 不是沿 aO 下降到 0，而是沿 ab 下降到 B_r，B_r 称为剩余磁感应强度，简称剩磁密度；

2）要使 B 进一步从 B_r 下降至 0，就要求 H 继续往反方向变化，直至 $-H_c$（曲线中的 c 点），H_c 称为矫顽力，而所谓磁滞也就是 B 滞后于 H 过 0 的磁化过程；

H 继续反向增加至 $-H_m$，B 沿 cd 至 $-B_m$；尔后，H 再从 $-H_m$ 上升至 0，B 沿 de 变化至 $-B_r$，进而 H 从 0 经 H_c 到 H_m，B 沿 efa 从 $-B_r$ 经 0 到 B_m。

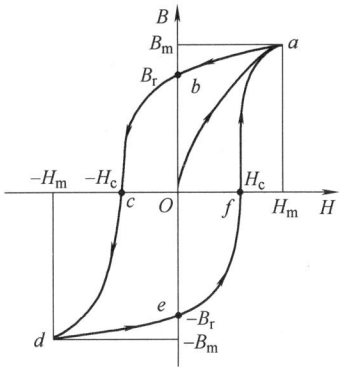

图 3-9　铁磁性材料的磁滞回线

这样经历了一个循环，就得到了闭合回线 $abcdefa$，称之为磁滞回线。铁磁材料中这种磁密 B 的变化滞后于磁场强度 H 变化的现象称为磁滞。

> **小知识**
>
> 什么是软磁材料？什么是硬磁材料？二者有什么不同？
>
> 不同铁磁材料有不同的磁滞回线，其所包围的面积也不同。磁滞回线很窄的铁磁材料叫软磁材料，它所包围的面积小，比较容易磁化，但去掉磁场后，磁性大部分消失，比如硅钢、铸铁、铸钢及铁氧体等，常用来制造变压器、交流电机等各种交流电工设备。
>
> 磁滞回线较宽的铁磁材料叫硬磁材料，特点是剩磁及矫顽力大，它所包围的面积大，需要较强的外磁场才能磁化，但去掉外磁场后，磁性不易消失。如碳钢、钴钢、铝镍钴合金等，适用于制造永久磁铁、电信仪表、永磁式扬声器及小型直流发电机中的永磁铁心等。

铁磁材料在交变磁场作用下的反复磁化过程中，磁畴会不停转动，相互之间会不断摩擦，因而就要消耗一定的能量，产生功率损耗，这种损耗称为磁滞损耗。

3. 涡流与涡流损耗

铁磁材料在交变磁场作用下的磁滞现象和磁滞损耗是铁磁材料的固有特性之一。与此同时，对于硅钢片一类具有导电能力的铁磁材料，在交变磁场作用下，还有另外一个重要的特性，那就是产生涡流及涡流损耗。图 3-10 是铁心中的一片硅钢片产生的涡流示意，铁心是导电的，当通过铁心的磁通随时间变化时，根据电磁感应定律，硅钢片中将有围绕磁通呈涡旋状的感应电动势和电流产生，称为涡流。涡流在铁心中引起的损耗，称为涡流损耗。

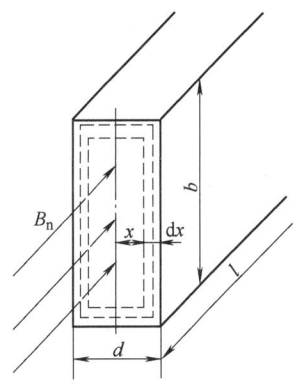

图 3-10　硅钢片中的涡流

> **小知识**
>
> 磁滞损耗和涡流损耗是铁磁材料在交变磁场作用时的固有特性，并且是同时发生的。因此，在电机和变压器的计算中，当铁心内的磁场为交变磁场时，常将磁滞损耗和涡流损耗合在一起来计算，并统称为铁心损耗，简称为铁耗。

3.2 认识变压器

变压器是利用电磁感应原理传输电能或电信号的器件,它具有变压、变流和变阻抗的作用,变压器的种类很多,应用十分广泛。变压器虽然大小悬殊,用途各异,但其基本结构和工作原理却是相同的。

> **小讨论**
> 你能列举说出变压器的应用吗?
> 比如,在电力系统中用电力变压器把发电机发出的电压升高后进行远距离输电,到达目的地后再用变压器把电压降低以便用户使用,以此减少传输过程中电能的损耗。
> 在电子设备和仪器中常用小功率电源变压器改变市电电压,再通过整流和滤波,得到电路所需要的直流电压;在放大电路中用耦合变压器传递信号或进行阻抗匹配等。

3.2.1 变压器的结构和原理

1. 变压器的结构

变压器的基本结构是由铁心、线圈、油箱、套管等组成的。变压器的结构形式如图3-11所示。

(1) 铁心

铁心是变压器的磁路部分,变压器的铁心由 0.35~0.5mm 厚的硅钢片交错叠装而成。叠装之前,硅钢片上还需涂一层绝缘漆。叠片时采用交错叠装的方式,这样可以降低磁路的磁阻,减少励磁电流。

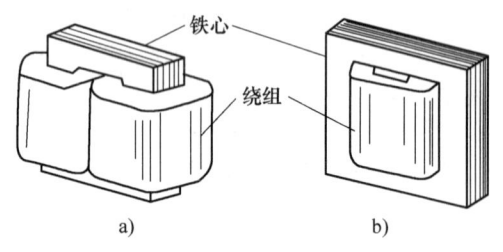

图3-11 变压器的结构形式
a) 心式 b) 壳式

> **讨论**
> 你知道变压器铁心采用硅钢片的原因是什么吗?

(2) 绕组

绕组一般采用绝缘铜线或铝线绕制,一般小容量的变压器绕组是用高强度漆包线绕成,大容量变压器可用绝缘扁铜线或铝线制成。铝线的导电性能虽比铜线略差,但其资源丰富,价格便宜,故获得广泛应用。

与电源相连的绕组称为一次[侧];与负载相连的绕组称为二次[侧]。按铁心和绕组的组合结构可分为心式变压器和壳式变压器。心式变压器的铁心被绕组包围,而壳式变压器的铁心则包围绕组。

(3) 油箱

变压器的器身都放在油箱中,箱内充满变压器油,其目的是提高绝缘强度,加强散热。

（4）套管

变压器的引线从油箱内穿过油箱盖时，必须经过绝缘套管，以使高压引线和接地的油箱绝缘。

2. 变压器的原理

（1）电压变换原理（变压器空载运行）

将变压器的一次［侧］接在交流电压 u_1 上，二次［侧］开路，这种运行状态称为变压器的空载运行，如图3-12所示。此时二次绕组中的电流 $i_2=0$，电压为开路电压 u_{20}，一次绕组通过的电流为空载电流 i_{10}，电压和电流的参考方向如图所示。图中 N_1 为一次绕组的匝数，N_2 为二次绕组的匝数。

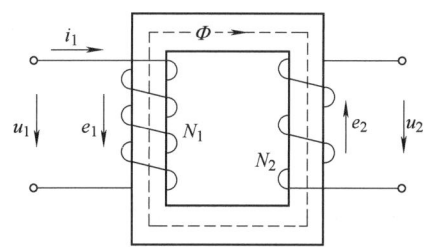

二次［侧］开路时，通过一次［侧］的空载电流 i_{10} 就是励磁电流。磁动势 $i_{10}N_1$ 在铁心中产生的主磁通 Φ 既穿过一次绕组，也穿过二次绕组，于是在一次、二次绕组中分别感应出电动势 e_1 和 e_2。且 e_1 和 e_2 与 Φ 的参考方向之间符合右手螺旋定则，由法拉第电磁感应定律可得

图3-12 变压器的空载运行

$$e_1 = -N_1 \frac{\mathrm{d}\Phi}{\mathrm{d}t} \tag{3-18}$$

$$e_2 = -N_2 \frac{\mathrm{d}\Phi}{\mathrm{d}t} \tag{3-19}$$

e_1 和 e_2 的有效值分别为

$$E_1 = 4.44fN_1\Phi_\mathrm{m} \tag{3-20}$$

$$E_2 = 4.44fN_2\Phi_\mathrm{m} \tag{3-21}$$

式中，f 为交流电源的频率，Φ_m 为主磁通的最大值。

如果忽略漏磁通的影响并且不考虑绕组上电阻的压降时，可认为一次、二次绕组上电动势的有效值近似等于一次、二次绕组上电压的有效值，即

$$U_1 \approx E_1 \tag{3-22}$$

$$U_2 \approx E_2 \tag{3-23}$$

因此

$$\frac{U_1}{U_2} \approx \frac{4.44fN_1\Phi_\mathrm{m}}{4.44fN_2\Phi_\mathrm{m}} = \frac{N_1}{N_2} = k \tag{3-24}$$

式中，k 称为变压比，简称为变比。显然，改变绕组的匝数即可实现电压的变换。且 $k>1$ 时为降压器；$k<1$ 时为升压器。

（2）电流变换原理（变压器负载运行）

变压器负载运行时，一次电流由 i_{10} 变为 i_1，二次［侧］产生负载电流，而电压 u_{20} 相应变为 u_2，如图3-13所示。

$$\frac{I_1}{I_2} \approx \frac{N_2}{N_1} \approx \frac{1}{k} \tag{3-25}$$

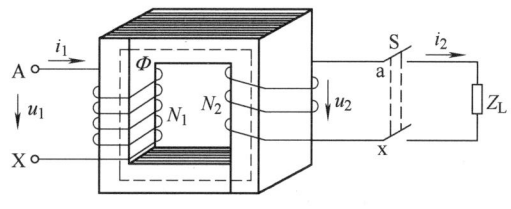

图3-13 变压器的负载运行

$$I_1 U_1 \approx I_2 U_2 \tag{3-26}$$

能量传递过程中，变压器在变换电压的同时也变换了电流。

(3) 阻抗变换原理

设变压器二次［侧］所接负载为$|Z_L|$，一次［侧］等效输入阻抗为$|Z_1|$，则有

$$|Z_L| = \frac{U_2}{I_2}, \quad |Z_1| = \frac{U_1}{I_1} \tag{3-27}$$

将变压器的变压比公式和变流比公式代入上式得

$$|Z_1| = \frac{U_1}{I_1} = \frac{kU_2}{\frac{I_2}{k}} = k^2 \frac{U_2}{I_2} = k^2 |Z_L| \tag{3-28}$$

由此式可知：只要改变变压器的匝数比，即可获得合适的二次［侧］对一次［侧］的反射阻抗$|Z_1|$。式中k^2称为负载阻抗折算到一次［侧］时的变换系数。

3.2.2 变压器在汽车电路中的应用

汽车上最常见的变压器就是点火线圈，它能将汽车电源系统提供的低压变为高达几千伏甚至上万伏的高压，用于点燃发动机内的汽油混合气。点火线圈主要由一次、二次绕组、磁极绕组和铁心组成。

图 3-14 为汽车点火电路原理图，点火电路中绕组 2 有 300 多匝，绕组 1 却有 20000 匝以上。当触点 4 断开的瞬间，由于绕组 2 中的电流变化，会在绕组 1 中产生高达 10kV 以上的互感电动势。这么高的电压加在

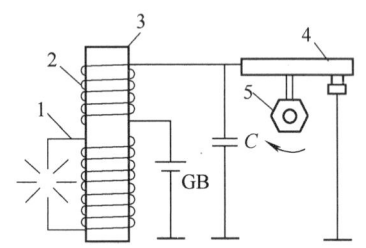

图 3-14 汽车点火电路原理图
1—二次绕组　2——次绕组
3—铁心　4—触点　5—凸轮

火花塞电极两端，会引起火花塞极间跳火，点燃缸中的可燃混合气，使发动机工作。

3.3 认识电磁阀

电磁阀是用来控制流体方向的自动化基础元件，属于执行器。它通过一个电磁线圈来控制阀芯位置，达到对阀门开关的控制，以切断或接通流体源实现改变流体流动方向的目的，从而对介质方向进行控制。简单地说，电磁阀就是一个运用电磁转换原理工作的无触点机械开关。

3.3.1 电磁阀的结构、分类与符号

1. 电磁阀的结构

电磁阀的基本结构如图 3-15 所示，主要由阀体、阀心、动铁心、线圈、弹簧等组成。当线圈通电或断电时，所产生的磁场会改变阀心的运动方向，从而使流体通过阀体或在阀体处被切断。

2. 电磁阀的分类

电磁阀从原理上可分为直动式电磁阀、分步直动式电磁阀和先导式电磁阀 3 大类；电磁阀从气路通断方式可分为常闭型和常开型；生产中常用的电磁阀有二位二通、二位三通、二位四通及二位五通等。

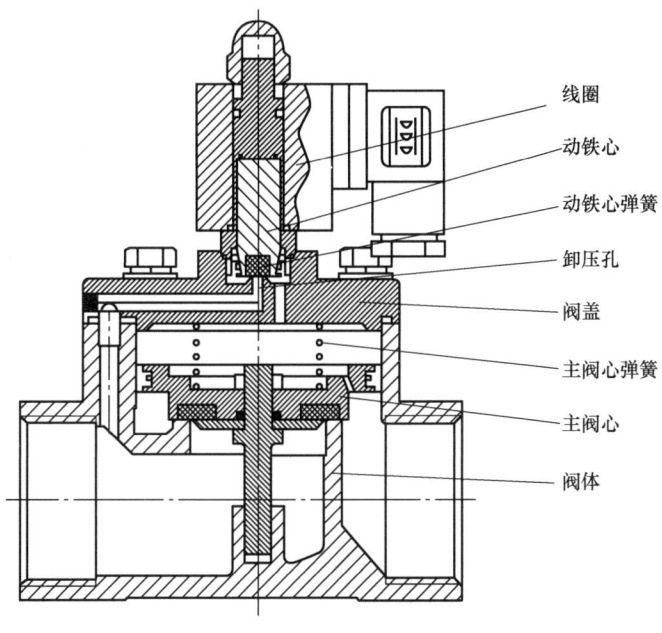

图 3-15 电磁阀的基本结构

3. 电磁阀的符号

表 3-1 和表 3-2 是常见的电磁阀图形符号,图形符号的含义如下:

1) 用方框表示阀的工作位置,有几个方框就表示有几"位"。
2) 方框内的箭头表示油路处于接通状态,但箭头方向不一定表示液流的实际方向。
3) 方框内符号"⊥"或"⊤"表示该通路不通。
4) 方框外部连接的接口数有几个,就表示有几"通"。
5) 一般,阀与系统供油路或气路连接的进油口/进气口用字母 P 表示;阀与系统回油路/气路连通的回油/回气口用 T(有时用 O)表示;而阀与执行元件连接的油口/气口用 A、B 等表示。有时在图形符号上用 l 表示泄漏油口。
6) 换向阀都有两个或两个以上的工作位置,其中一个为常态位,即阀心未受到操纵力时所处的位置。图形符号中的中位是三位阀的常态位。绘制系统图时,油路/气路一般应连接在换向阀的常态位上。

表 3-1 常见的电磁阀图形符号 1

动作原理及通路	功能	常闭型	常开型	通用型
两位两通	直动式			
	先导式			

(续)

功能 动作原理及通路		常闭型	常开型	通用型
两位三通	直动式	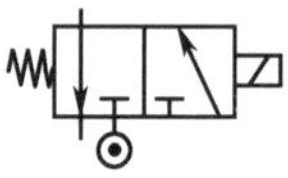	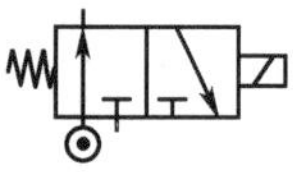	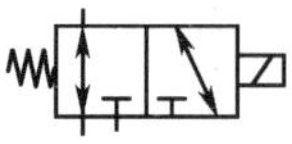
	先导式	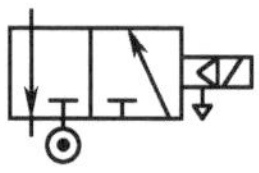	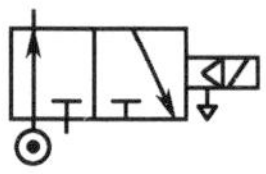	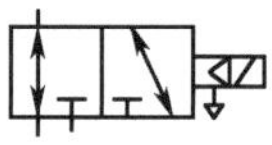

表 3-2　常见的电磁阀图形符号 2

通路 \ 动作原理	单电控先导式	双电控先导式
两位四通	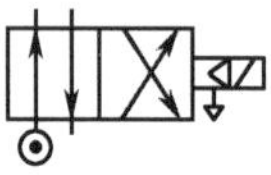	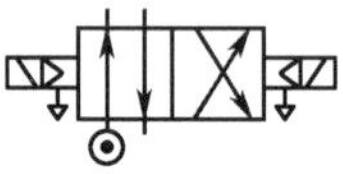
两位五通	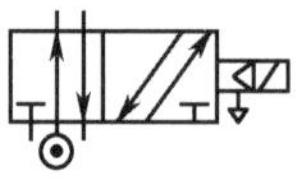	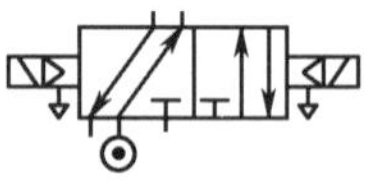

3.3.2　电磁阀的工作原理

电磁阀工作原理就是电流通过电磁线圈时利用电磁线圈产生的电磁力的作用，推动阀心移动，实现各个气路油路的通断。单电控的失电时在弹簧力的作用下回复原位，双电控的保持原位，先导式的按功能而定。

（1）直动式电磁阀

原理：通电时，电磁线圈产生电磁力把关闭件从阀座上提起，阀门打开；断电时，电磁力消失，弹簧把关闭件压在阀座上，阀门关闭。

特点：在真空、负压、零压时能正常工作，但通径一般不超过 25mm。

（2）分布直动式电磁阀

原理：它的原理是直动式和先导式相结合，当入口与出口没有压差时，通电后，电磁力直接把先导小阀和主阀关闭件依次向上提起，阀门打开。当入口与出口达到启动压差时，通电后，电磁力先导小阀，主阀下腔压力上升，上腔压力下降，从而利用压差把主阀向上推开；断电时，先导阀利用弹簧力或介质压力推动关闭件，向下移动，使阀门关闭。

特点：在零压差或真空、高压时亦能可靠动作，但功率较大，要求必须水平安装。

（3）先导式电磁阀

原理：通电时，电磁力把先导孔打开，上腔室压力迅速下降，在关闭件周围形成上低下高的压差，流体压力推动关闭件向上移动，阀门打开；断电时，弹簧力把先导孔关闭，入口压力通过旁通孔迅速在腔室关阀件周围形成下低上高的压差，流体压力推动关闭件向下移动，关闭阀门。

特点：流体压力范围上限较高，可任意安装，但必须满足流体压差条件。

3.3.3 汽车电路中的电磁阀

电磁阀在汽车上应用比较多，主要有炭罐电磁阀、电磁式喷油器、汽车 ABS 电磁阀等，下面主要介绍炭罐电磁阀的工作原理。

炭罐电磁阀的作用是当炭罐中的油气达到一定量时，它打开，让油气进入发动机燃烧再利用。炭罐净化电磁阀通过电脉冲宽度的调制来控制炭罐的净化作用，也就是说 ECU 根据发动机不同的运行条件，以一定的频率使电磁阀的搭铁电路接通或断开，ECU 通过对 1 个常闭电磁阀的操纵来控制净化炭罐的真空，炭罐电磁阀的工作原理如图 3-16 所示。当发动机熄火后，汽油蒸汽与新鲜空气在罐内混合并贮存在活性炭罐中；当发动机起动后，装在活性炭罐与进气歧管之间的电磁阀打开，活性炭罐内的汽油蒸汽在进气管的真空度作用下被洁净空气带入气缸内参加燃烧。这样不但降低了排放，而且也降低了油耗。

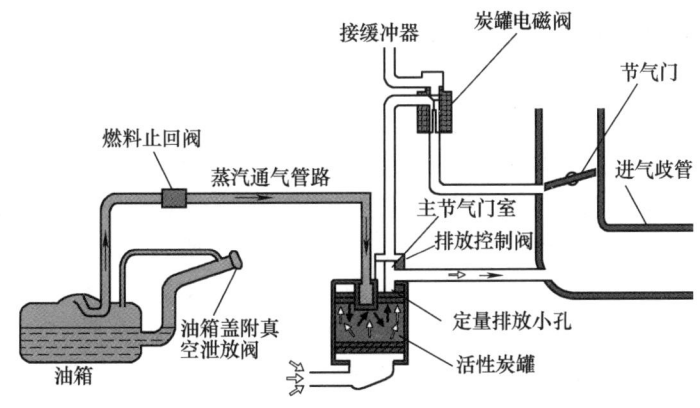

图 3-16 炭罐电磁阀的工作原理
→新鲜空气　→汽油蒸汽

3.4 认识继电器

继电器是自动控制电路中常用的一种元器件，它是用较小的电流来控制较大电流的一种自动开关，在电路中起着自动操作、自动调节、安全保护等作用。在工业控制中使用的中间继电器、热继电器等体积较大，线圈通过的电流或承受的电压较大，触点允许通过的电流较大。在汽车电气系统中所使用的继电器体积较小，触点控制的电流也较小，属于小型继电器。

3.4.1 继电器的分类与结构

汽车继电器可分为电磁式继电器和干簧式继电器。电磁式继电器成本较低，便于控制电路采用。干簧管式继电器反应灵敏，多作为信号采集使用。汽车控制电路大多采用电磁式继电器作为控制执行部件,采用干簧管式继电器作为传感器。

1. 电磁式继电器

继电器一般由电磁铁、触点、衔铁和弹簧等部分组成。触点系统包括回位弹簧和触点。电磁式继电器是以电磁系统为主体构成的,成本较低,便于控制电路采用。图 3-17 是电磁式继电器结构,电磁式继电器按其触点位置分为 3 类:常开(NO型)继电器,常闭(NC 型)继电器和常闭、混合型继电器。

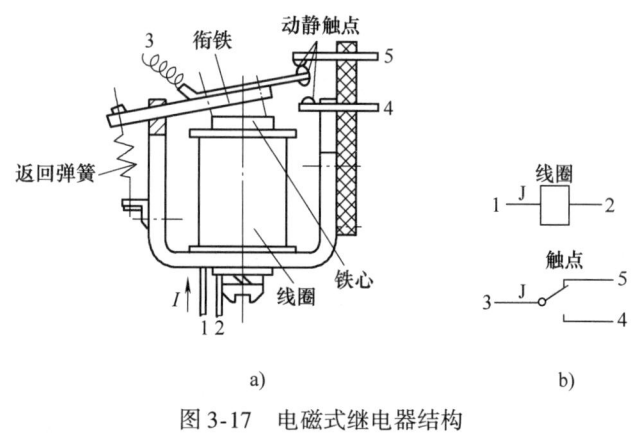

图 3-17 电磁式继电器结构
a) 结构 b) 图形符号

如图 3-17 所示,当线圈两端加上直流电压时,就会有电流流过线圈,在线圈的周围就产生磁场。当铁心的吸引力克服复位弹簧的弹力而使衔铁(动铁心)吸向静铁心时,将带动常闭触点(触点 3、5)断开,而常开触点(触点 3、4)闭合;当线圈断电后,磁力消失,衔铁(动铁心)在复位弹簧的作用下返回原来位置,使常闭触点恢复闭合,常开触点恢复打开。

2. 干簧式继电器

干簧式继电器与电磁式继电器的主要区别就是,干簧式继电器的触点是一个或几个干簧管,图 3-18 为干簧式继电器外形、图形符号及工作原理。当继电器线圈通以电流时,在线圈中心工作气隙中形成磁通回路,从而使干簧管的一对触点吸合。除了电磁式继电器和舌簧管式继电器之外,随着电子技术的不断发展,电子继电器越来越多地应用到汽车上,电子继电器相当于一个大电流的开关晶体管,其结构和原理将在晶体管中讨论。另外在有些汽车电路中还应用到一些结构和原理比较简单的双金属继电器,这里就不进行讨论了。

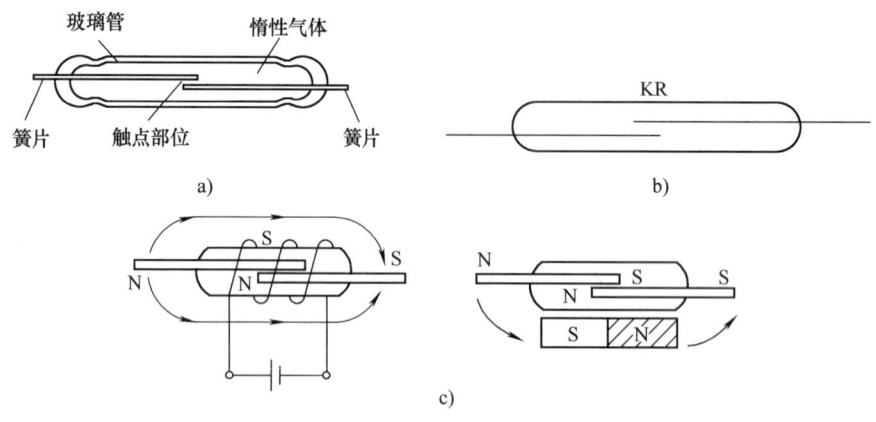

图 3-18 干簧式继电器外形、图形符号及工作原理
a) 外形 b) 图形符号 c) 工作原理

3.4.2 继电器的符号

继电器的线圈用一个长方框符号表示，同时在长方框内或框旁标上这个继电器的文字符号"K"。表3-3中列出了继电器的常用符号和三种触点符号。

表3-3 继电器的常用符号

继电器线圈	继电器触点符号	
K_1	K_{1-1}	动合触点（常开触点）
	K_{1-2}	动断触点（常闭触点）
	K_{1-3}	切换触点（转换触点）
K_2	K_{2-1}　　K_{2-2}　　K_{2-3}	
K_3	K_{3-1}　　K_{3-2}	

图3-19为汽车常用的继电器内部结构及插座插脚布置图。

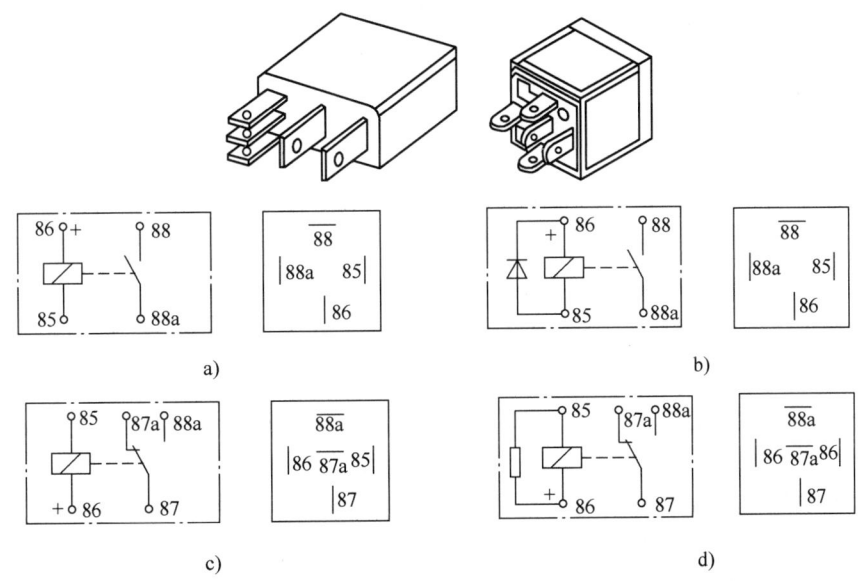

图3-19 汽车常用的继电器内部结构及插座插脚布置图
a）动合型　b）动合型（带保护二极管）　c）混合型　d）混合型（带泄放电阻）

3.4.3 继电器的检测

> **讨论**
>
> 汽车电路中为什么要用继电器?
>
> 汽车上许多电气部件需要开关进行控制。由于汽车电气系统电压较低,具有一定功率的电气部件的工作电流较大,一般在几十安以上,这样大的电流直接用开关或按键进行通断控制的话,开关或按键的触点将因无法承受大电流通过而烧毁。继电器是一种用小电流控制大电流的元器件,继电器本身的触点可以做得很大,能够承受大电流的冲击。所以在汽车上经常利用开关控制继电器的吸合与断开,而利用继电器的触点控制电气部件的通断。

在汽车上常用的继电器有:启动继电器、扬声器继电器、闪光(转向)继电器、刮水继电器等。

对于继电器的检测,一般有以下方法:

1. 电磁式继电器的检测

> **小提示**
>
> 检测电磁式继电器的好坏一般通过测阻值的方法。可用万用表 Ω 档测量继电器线圈的阻值,从而判断该线圈是否存在开路现象。继电器线圈的阻值和它的工作电压及工作电流有非常密切的关系,通过线圈的阻值可以计算出它的使用电压及工作电流。

(1)检测触点的接触电阻

用万用表 Ω 档,测量继电器常闭触点的电阻值,正常值应为 0。再将衔铁按下,同时用万用表测量常开触点的电阻值,正常值也应为 0。若测出某组触点有一定阻值或为无穷大,则说明该触点已氧化或触点已被烧蚀。

(2)检测电磁线圈的电阻值

继电器正常时,其电磁线圈的电阻值为 25Ω~2kΩ。额定电压较低的电磁式继电器,其线圈的电阻值较小;额定电压较高的继电器,线圈的电阻值相对较大。

若测得继电器电磁线圈的电阻值为无穷大,则说明该继电器的线圈已开路损坏。若测得线圈的电阻值低于正常值许多,则是线圈内部有短路故障。

(3)测量吸合电压和吸合电流

用可调稳压电源和电流表,给继电器输入一组电压,且在供电回路中串入电流表进行监测。慢慢调高电源电压,听到继电器吸合声时,记下该吸合电压和吸合电流。

测量释放电压和释放电流:也是像上述那样连接测试,当继电器发生吸合后,再逐渐降低供电电压,当听到继电器再次发生释放声音时,记下此时的电压和电流。一般情况下,继电器的释放电压约在吸合电压的 10%~50%,如果释放电压太低(小于 1/10 的吸合电压)则不能正常使用了,这样会对电路的稳定性造成威胁使工作不可靠。

2. 干簧式继电器的检测

用万用表 Ω 档,两表笔分别接于干簧式继电器的两端,若将干簧式继电器靠近永久磁铁（或万用表中心调节螺钉处）时，万用表指示阻值为0Ω；将干簧式继电器离开永久磁铁后，万用表指针返回，阻值变为无穷大，则说明干簧继电器正常，其触点在磁场的作用下能正常接通或断开。若将干簧式继电器靠近永久磁铁后，其触点不能闭合，则说明该干簧式继电器已损坏。

3.5 实训 继电器控制电动机正反转电路的设计与检测

1. 实训目的

1）掌握继电器的结构。
2）掌握继电器的控制原理。
3）能够正确检测继电器。

2. 实训仪器与设备

数字万用表、面包板、插接线、继电器、电动机。

继电器应用电路

3. 预习内容

图3-20为自动门锁电路图。驾驶员通过门锁开关接通/断开门锁继电器，从而控制电动机运转。门锁继电器包括开锁和锁止两个继电器，不同的继电器工作时，改变电动机中电流的方向，实现电动机的正反转。

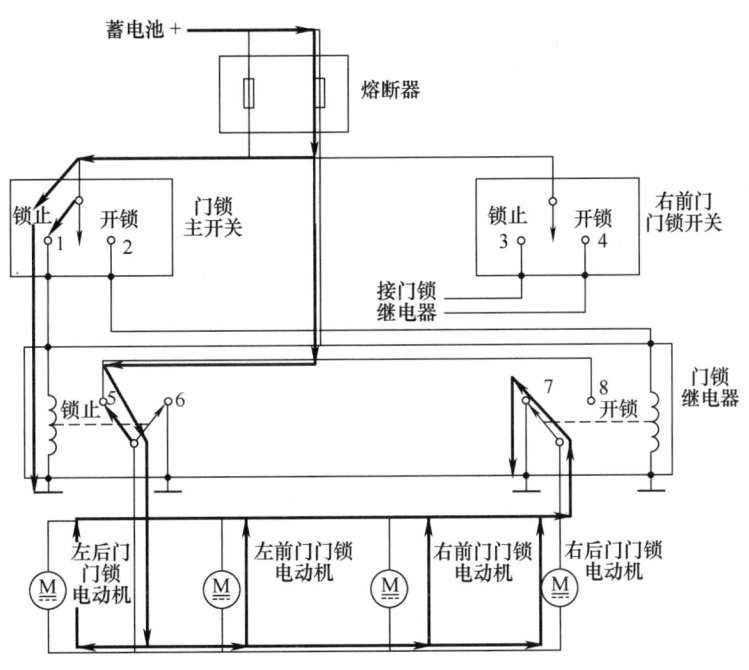

图3-20 自动门锁电路图

当开关打到开锁位置，蓄电池给开锁继电器线圈供电，继电器动作，触点闭合，形成电流回路：蓄电池→熔断器→开锁继电器触点8→电动机→锁止继电器通断触点6→搭铁。电动机转动，门锁打开。

当开关打到锁止位置，蓄电池锁止继电器的线圈供电，其触点闭合，此时电流回路为：蓄电池→熔断器→锁止继电器触点 5→电动机→开锁继电器触点 7→搭铁。电动机转动，将各车门锁住。

4. 实训内容

（1）根据电路图分析本次实训的工作原理。

（2）连接电路，检查无误后通电，观察门锁继电器触点的吸合状态，使用万用表检测电路电压，并观察电动机的运转情况。

电磁学基础知识小结

3.6 小结

1. 磁石吸铁的性质叫作磁性，具有磁性的材料被称为磁性材料，通常所说的磁铁就是一种具有磁性的材料。

2. 磁场的基本物理量：磁感应强度 B、磁通 Φ、磁场强度 H、磁导率 μ。

3. 跟导体对于电流相似，一些物质（铁磁性物质）对于磁场具有良好的传导性，磁场在这些物质内遇到较少的阻碍，能够形成像电路一样的磁路，磁阻 $R_m = \dfrac{l}{\mu A}$。

4. 铁磁材料在交变磁场作用时，会产生磁滞现象和涡流现象，以及与之相关的磁滞损耗和涡流损耗的固有特性。因此，在电机和变压器的计算中，当铁心内的磁场为交变磁场时，常将磁滞损耗和涡流损耗合在一起来计算，并统称为铁心损耗，简称为铁耗。

5. 直导体中的感应电动势：感应电动势的大小 $e = Blv\sin\alpha$，方向用右手定则判断。

6. 线圈中的感应电动势：$e = -N\dfrac{d\Phi}{dt}$。

7. 自感现象：由通入线圈的电流变化而产生感应电动势的现象称为自感现象，由自感现象产生的感应电动势称为自感电动势。

8. 互感现象：是指一个线圈中的电流变化而使另一个线圈产生感应电动势的现象，交流电源电压的有效值为 $U = \dfrac{U_m}{\sqrt{2}} \approx \dfrac{2\pi f N\Phi_m}{\sqrt{2}} = 4.44fN\Phi_m = 4.44fNB_m S$，此公式是交流发电机设置电压调节器的理论依据。

9. 变压器的主体结构是由铁心和绕组两大部分构成。用硅钢片叠压成的变压器铁心与电源相接的为一次绕组，与负载相接的为二次绕组，它具有电压交换、电流交换及阻抗交换的作用：

电压变换 $\qquad\qquad\qquad \dfrac{U_1}{U_{20}} \approx = \dfrac{N_1}{N_2} = k$

电流变换	$\dfrac{I_1}{I_2} \approx \dfrac{N_2}{N_1} \approx \dfrac{1}{k}$
阻抗变换	$|Z_1| = k^2 |Z_L|$

10. 汽车上最常见的变压器就是点火线圈，它能将汽车电源系统提供的低压变为高达几千伏甚至上万伏的高压，用于点燃发动机内的汽油混合气。

11. 电磁阀原理：通电时，电磁线圈产生电磁力把关闭件从阀座上提起，阀门打开；断电时，电磁力消失，弹簧把关闭件压在阀座上，阀门关闭。

12. 继电器是自动控制电路中常用的一种元器件，它是用较小的电流来控制较大电流的一种自动开关，在电路中起着自动操作、自动调节、安全保护等作用。

3.7　习题

一、填空题

1. 物质根据相对磁导率的大小分为_____和_____。

2. 感应电流的方向总是要使_____的变化，这就是楞次定律，即：若线圈中磁通增加，感应电流的磁场方向与原磁通方向_____。若线圈中磁通减少时，感应电流的磁场方向与原磁通方向_____。

3. 线圈中由于电流的变化而产生的感应电压，称为_____。

4. 变压器的基本结构是由_____和_____组成的，其中_____是磁路通道。

5. 变压器可以变换_____、_____、_____。

6. 变压器运行中，线圈绕组中电流的热效应所引起的损耗称为_____损耗；交变磁场在铁心中所引起的_____损耗和_____损耗合称为_____损耗。

二、判断题

1. 磁感应强度是矢量。　　　　　　　　　　　　　　　　　　　　　　　（　　）

2. 磁体两端磁性最强的区域叫磁极，任何磁体都有两个磁极，即 N 极和 S 极。（　　）

3. 感应电流的方向总是跟原磁场的方向相反。　　　　　　　　　　　　　（　　）

4. 感应电动势的大小跟穿过闭合回路的磁通的变化率成反比，这就是法拉第电磁感应定律。　　　　　　　　　　　　　　　　　　　　　　　　　　　　　（　　）

5. 变压器只能改变交流电压的大小。　　　　　　　　　　　　　　　　　（　　）

6. 传统点火系中的点火线圈就是一个变压器。　　　　　　　　　　　　　（　　）

三、选择题

1. 关于磁力线的说法，下列正确的是（　　）。

A. 磁力线是磁场中客观存在的有方向的曲线

B. 磁力线是始于磁铁北极而终止于磁铁南极

C. 磁力线上的箭头表示磁场方向

D. 磁力线上某点处小磁针静止时北极所指的方向与该点切线方向一致

2. 如图 3-21 所示，当条形磁铁由线圈插入时，流过电阻 R 的电流方向为（　　）。

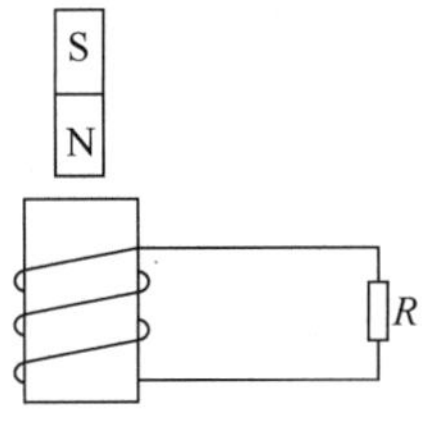

图 3-21　楞次定律实验图

A. 从上到下　　　　B. 从下到上　　　　C. 无电流　　　　D. 无法确定

3. 下列不是变压器功能的是（　　）。

A. 变换电压　　　　B. 变换电流　　　　C. 变换阻抗　　　　D. 变换绕组

4. 传统点火系统中点火线圈的作用是（　　）。

A. 按顺序向各汽缸点火

B. 将低压电转变为高压电

C. 接通或断开点火系初级电路

D. 用来减小继电器触点断开时的火花能量

5. 变压器的铁心都采用（　　）材料。

A. 硬磁　　　　B. 软磁　　　　C. 矩磁　　　　D. 半导体

6. 变压器一次绕组100匝，二次绕组200匝，在一次绕组两端接有电动势为10V的蓄电池组，则二次绕组的输出电压是（　　）。

A. 20V　　　　B. 5V　　　　C. 0V　　　　D. 2V

7. 一个理想变压器一次、二次绕组的匝数比为100∶1，它能正常地向接在二次绕组两端的一个"20V/100W"的负载供电，则变压器的输入电压和输入电流应分别是（　　）。

A. 2000V，0.05A　　　　　　　　　　B. 200V，0.5A

C. 20V，5A　　　　　　　　　　　　D. 大于2000V，大于0.05A

四、分析计算题

1. 根据楞次定律，画出图3-22中感应电流的方向。

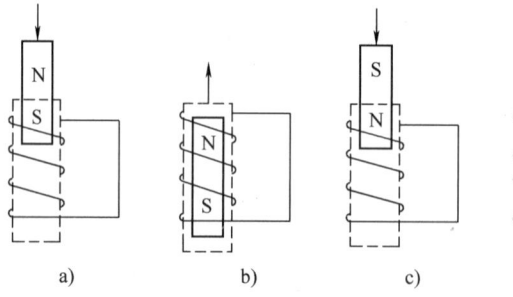

图3-22　楞次定律实验图

2. 已知某一变压器 $N_1 = 1000$，$N_2 = 100$，$U_1 = 20V$，$I_2 = 2A$，负载为纯电阻，忽略变压器的漏磁和损耗，求变压器的二次电压 U_2、一次电流 I_1 和输入、输出功率。

3. 自感线圈的横截面面积为 $20cm^2$，共1000匝，通入如图3-23所示的电流，如在前2s内产生的感应电动势为1V，则自感系数是多少？1s末线圈内部的磁感应强度是多少？第3~4s内线圈的自感电动势是多少？第5s内线圈中自感电动势是多少？

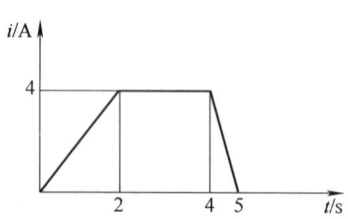

图3-23　线圈中通入的电流

第4章 发电机与电动机

本章从设计车窗升降电动机控制电路入手，首先让读者对发电机、电动机有一个基础的认识，介绍了几种常用电动机—直流电动机、交流电动机、伺服电动机、步进电动机的工作原理，并举例说明各种电动机在汽车电路中的应用及原理。

本章问题：

1）交流发电机是由哪些部分组成的？各部分的作用是什么？
2）发电机的工作原理是什么？三相交流电动势是如何产生的？
3）三相异步电动机的结构是什么？
4）定子绕组中的旋转磁场是如何产生的？旋转磁场的转速与转子的转速是否相同？
5）直流电动机的结构是什么？工作原理是什么？
6）直流电动机的自动调节转矩原理是什么？汽车上所采用的直流电动机是哪种？
7）步进电动机的工作原理是什么？伺服电动机的工作原理是什么？二者有何区别？
8）电动机在汽车上的应用有哪些？

4.1 认识交流发电机

汽车电源系统主要由蓄电池、发电机、电压调节器等组成。汽车用发电机可分为直流发电机和交流发电机，早期使用的是直流发电机，它是配合汽车上的常规铅酸蓄电池使用的。在很长的一段时间内，它能满足汽车的需要，直到20世纪70年代中期，由于交流发电机在许多方面优于直流发电机，汽车上直流发电机逐渐被淘汰，目前所有汽车均采用交流发电机。

交流发电机具有体积小、重量轻、结构简单、维护方便、使用寿命长和低速充电性能好等优点。

4.1.1 车用交流发电机的分类和结构

交流发电机的作用是在发动机正常运转时，向所用用电设备（起动机除外）供电，同时对蓄电池充电。图4-1所示为汽车电源系统电路图。

1. 交流发电机的分类

（1）按照总体结构分5类

1）普通交流发电机（使用时需要配装电压调节器的发电机），例如JF132（EQ140用）。
2）整体式交流发电机（发电机和调节器制成一个整体的发电机），例如别克轿车的发动机上装配的是CS型发电机。
3）带泵交流发电机（和汽车制动系统用真空助力泵安装在一起的发电机），例如JFZB292发电机。
4）无刷交流发电机（不需要电刷的发电机），例如JFW1913。
5）永磁交流发电机（磁极为永磁铁制成的发电机）。

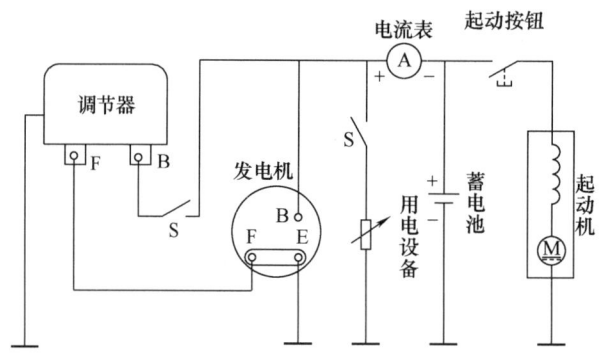

图 4-1 汽车电源系统电路图

（2）按照整流器的结构分 4 类

1）六管交流发电机，例如 JF1522（东风汽车用）。

2）八管交流发电机，例如 JFZ1542（天津夏利汽车用）。

3）九管交流发电机，例如（日本日立、三菱、马自达汽车用）。

4）十一管交流发电机，例如 JFZ1913Z（奥迪、桑塔纳汽车用）。

（3）按磁场绕组搭铁形式分两类

1）内搭铁型交流发电机，磁场绕组的一端（负极）直接接搭铁（和壳体相联）。

2）外搭铁型交流发电机，磁场绕组的一端（负极）接入调节器，通过调节器后再接搭铁。

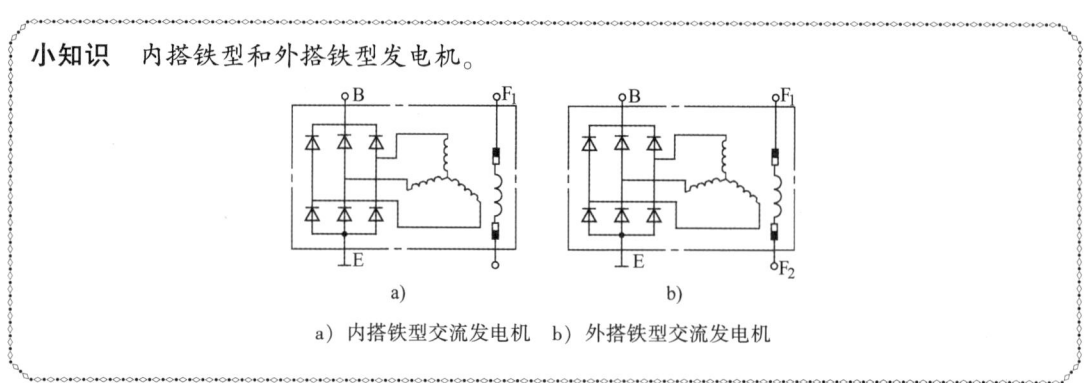

小知识 内搭铁型和外搭铁型发电机。

a）内搭铁型交流发电机 b）外搭铁型交流发电机

2. 交流发电机的型号

图 4-2 是汽车交流发电机的型号。

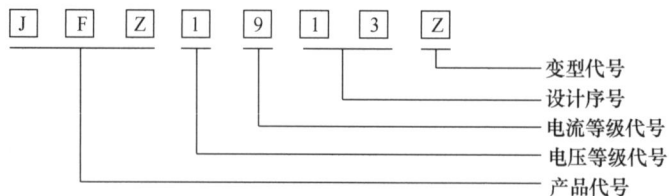

图 4-2 汽车交流发电机的型号

（1）产品代号

产品代号用中文字母表示：

JF——普通交流发电机。
JFZ——整体式（调节器内置）交流发电机。
JFB——带泵的交流发电机。
JFW——无刷交流发电机。

（2）电压等级代号

电压等级代号用1位阿拉伯数字表示：

1表示12V系统。

2表示24V系统。

6表示6V系统。

（3）电流等级代号

电流等级代号用1位阿拉伯数字表示，其含义见表4-1。

表4-1 电流等级代号

电流等级代号	1	2	3	4	5	6	7	8	9
电流/A	≤19	20~29	30~39	40~49	50~59	60~69	70~79	80~89	≥90

（4）设计序号

按产品的先后顺序，设计序号用阿拉伯数字表示。

（5）变型代号

交流发电机是以调整臂的位置作为变型代号的。从驱动端看，Y-右边；Z-左边；无-中间。

例如：桑塔纳、奥迪100型轿车所使用代号为JFZ1913Z型交流发电机，其含义为：电压等级为12V、输出电流大于90A、第13次设计、调整臂位于左边的整体式交流发电机。

3. 交流发电机的结构

交流发电机是由定子、转子、整流器、电刷、前后端盖、电风扇及带轮等组成的。转子用来建立磁场，定子中产生的交变电动势，经过二极管整流器整流后输出直流电。JF132型交流发电机的组件图如图4-3所示。

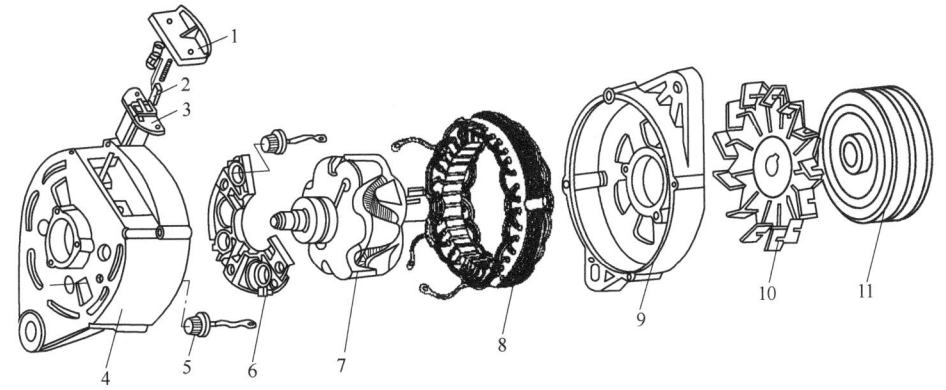

图4-3 JF132型交流发电机的组件图

1—电刷弹簧压盖 2—电刷 3—电刷架 4—后端盖 5—硅二极管 6—散热板
7—转子 8—定子总成 9—前端盖 10—风扇 11—带轮

（1）转子

转子由转子轴、励磁绕组、两块爪形磁极、滑环等组成。它的作用是当通过电刷给励磁绕组供电时，励磁绕组产生磁场。图4-4为交流发电机的转子。

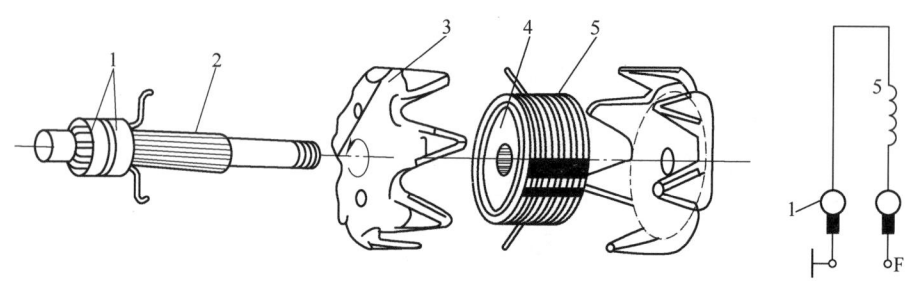

图 4-4 交流发电机的转子
1—滑环 2—转子轴 3—磁爪 4—磁轭 5—磁场绕组

国产发电机大多采用 6 对磁极，爪极凸缘的外形像鸟嘴，这种形状可以使定子感应的交流电动势近似于正弦波形。滑环由两个彼此绝缘的铜环组成，压装在转子轴上并与轴绝缘，两个滑环分别与励磁绕组的两端相连。

当两集电环通入直流电时（通过电刷），磁场绕组中就有电流通过，并产生轴向磁通，使爪极一块被磁化为 N 极，另一块被磁化为 S 极，从而形成 6 对相互交错的磁极。当转子转动时，就形成了旋转的磁场。

> **小讨论**
>
> 磁场绕组中所形成的电流通路是什么？
>
> 磁场绕组电流通路：蓄电池正极→电刷 1→滑环 1→磁场绕组→滑环 2→电刷 2→蓄电池负极。

交流发电机的磁路为：磁轭→N 极→转子与定子之间的气隙→定子→定子与转子间的气隙→S 极→磁轭。所形成的磁路如图 4-5 所示。

（2）定子

定子又称为电枢，由铁心和三相绕组组成，其作用是产生感应电动势。定子铁心由内圈带槽的硅钢片叠成，定子绕组的导线就嵌放在铁心的槽中。交流发电机定子的结构如图 4-6 所示。

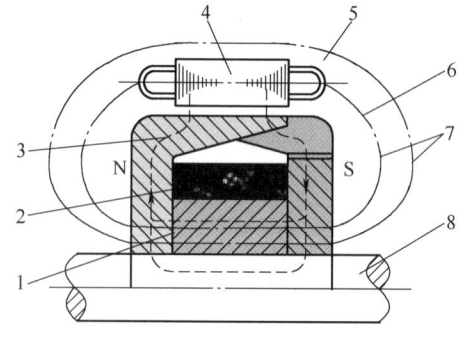

图 4-5 交流发电机的磁路
1—磁轭 2—磁场绕组 3、6—磁极 4—定子铁心
5—定子绕组 7—漏磁通 8—轴

> **想一想**
>
> 1. 定子铁心采用硅钢片是为什么？
>
> 答：为了减小涡流损耗和磁滞损耗。
>
> 2. 定子绕组有几种联结方式？
>
> 答：定子绕组有星形联结和三角形联结两种形式。在星形联结形式中，三相绕组的公共接点称为中性点，一般用"N"表示。汽车交流发电机的定子绕组多用星形接法。

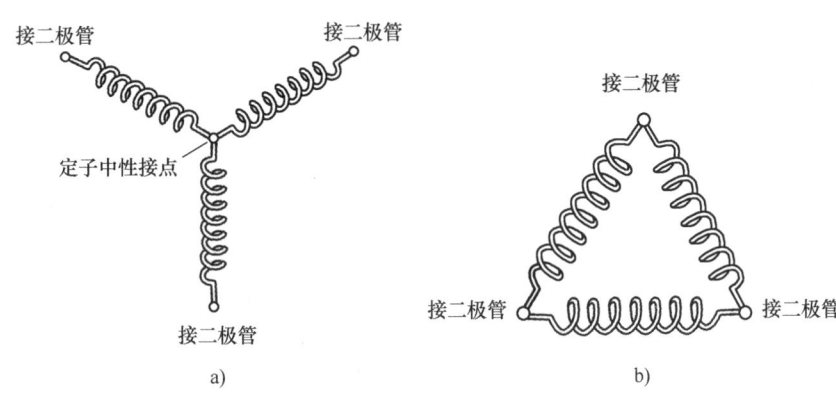

图 4-6 交流发电机定子的结构
a) 星形联结 b) 三角形联结

(3) 整流器

整流器大多由6个、9个、11个硅二极管组成。安装二极管的散热板称为整流板（也称为元件板），通常用合金制成以利散热。交流发电机整流器如图4-7所示。汽车用交流发电机都有两块整流板，安装3只正极管子的整流板（装在外侧）称为正整流板，安装3只负极管子的整流板（装在内侧）称为负整流板，两块板子绝缘地安装在一起（老式发电机只有正整流板，负整流板用发电机外壳代替，由于维修不便，已逐渐淘汰），与后端盖用尼龙或其他绝缘材料制成的垫片隔开且固定在后端盖上。

> **想一想**
> 整流器的作用是什么？

> **小经验**
> 判断正负整流器的两种方法：①看整流器外壳标记的颜色；②看中心引线的正负。外壳为正极、中心引线为负极的二极管，称为负极管，管壳底上注有黑字标记；壳体为负极、中心线为正极的二极管，称为正极管，管壳底上有红色标记。

(4) 端盖

端盖包括驱动端盖、整流端盖以及安装在其上的轴承、轴承盖等零部件。端盖由铝合金制成。因为铝合金为非导磁材料,可减少漏磁并具有轻便、散热性能良好等优点。为了提高轴承孔的机械强度,增加其耐磨性,有的发电机端盖的轴承座内镶有钢套。

(5) 电刷

电刷的作用是将直流电引入励磁绕组,两只电刷装在电刷架内,在弹簧压力作用下与滑环保持良好的接触。后端盖装有电刷架,其结构如图4-8所示。

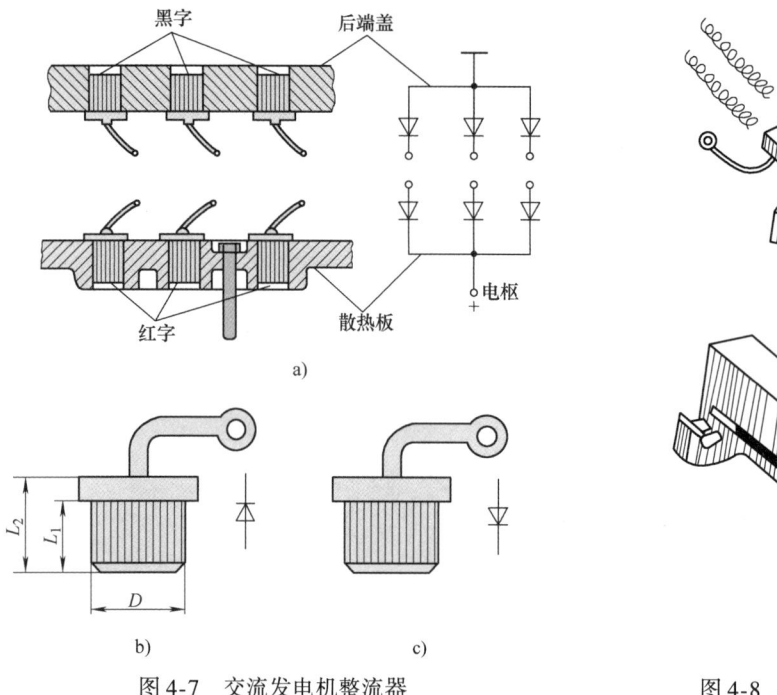

图4-7 交流发电机整流器
a) 正、负整流板 b) 负二极管 c) 正二极管

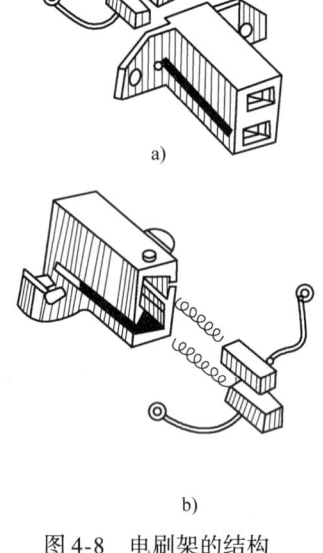

图4-8 电刷架的结构
a) 能从外部拆除 b) 不能从外拆除

> 小讨论
> 电刷的作用是什么?

4.1.2 车用交流发电机的工作原理

1. 电磁感应

交流发电机是利用电磁感应原理产生电流的,图4-9为简化的交流发电机模型。

2. 正弦交流电原理

图4-10所示为交流发电机产生正弦波形的原理。

3. 交流发电机原理

图4-11所示为交流发电机的工作原理图。

1)在发电机内部有一个由发动机带动的转子(旋转磁场)。
2)磁场外有一个定子绕组,绕组有3组线圈(3相绕组),3相绕组彼此相隔120°。

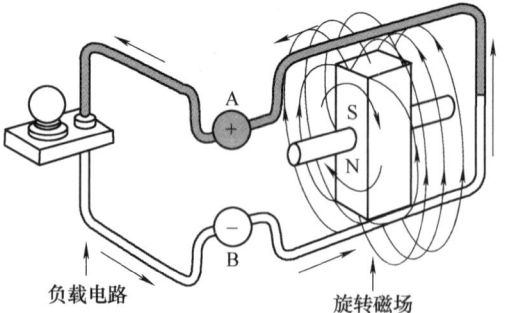

图4-9 简化的交流发电机模型

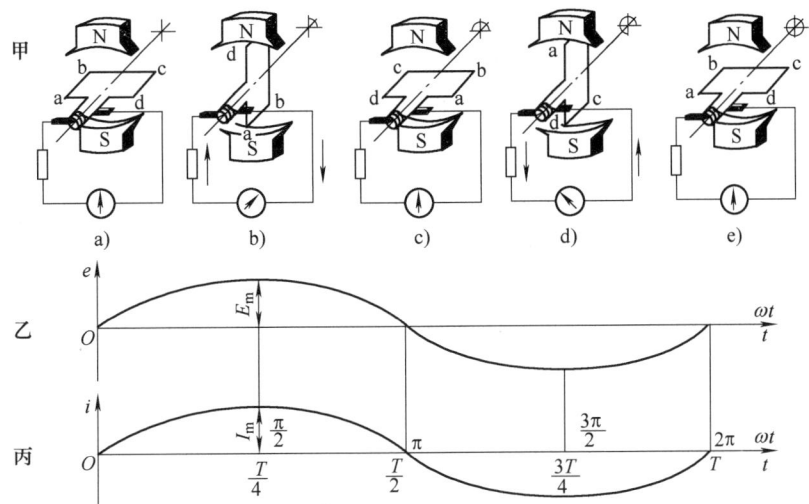

图 4-10 交流发电机产生正弦波形的原理

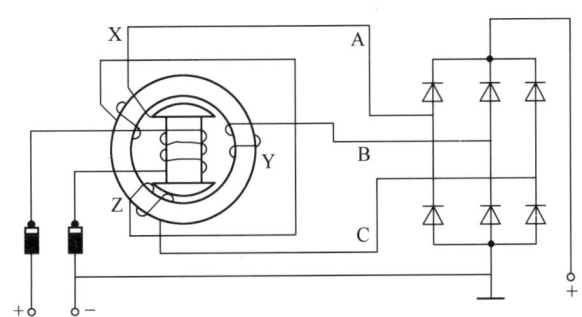

图 4-11 交流发电机的工作原理图

3）当转子旋转时，旋转的磁场使固定的电枢绕组切割磁力线（或者说使电枢绕组中通过的磁通量发生变化）而产生电动势。

发电机产生的电动势可由以下 3 个表达式表示：

$$e_U = E_m \sin\omega t = \sqrt{2} E_\varphi \sin\omega t \tag{4-1}$$

$$e_V = E_m \sin\left(\omega t - \frac{2}{3}\pi\right) = \sqrt{2} E_\varphi \sin\left(\omega t - \frac{2}{3}\pi\right) \tag{4-2}$$

$$e_W = E_m \sin\left(\omega t - \frac{4}{3}\pi\right) = \sqrt{2} E_\varphi \sin\left(\omega t - \frac{4}{3}\pi\right) \tag{4-3}$$

式中 E_m——每相电动势的最大值（V）；

E_φ——每相电动势的有效值（V）；

ω——角速度（rad/s）。

发电机每相绕组所产生的电动势的有效值为

$$E_\varphi = 4.44 K f N \Phi \tag{4-4}$$

式中 K——定子绕组系数，一般小于 1；

f——感应电动势的频率（Hz），$f = Pn/60$（P 为磁极对数，n 为转速 r/min）；

N——每相绕组的匝数；

Φ——磁极的磁通（Wb）。

上式表明，使用中的交流发电机，其交变电动势的有效值取决于转速和转子的磁通量，这一性质将直接决定着交流发电机的输出电压值。

发电机发出的是三相交流电，而汽车电气系统工作需要的是直流电，因此，汽车发电机构成部分中的硅二极管（见图4-3中5）是将交流电变换成脉动直流电的整流二极管（将在5.3.1详细讲述），脉动的直流电经电压调节器调整后成为14V左右的直流电，给汽车蓄电池充电并给整车电气系统供电。

4.2 认识电动机

电动机是一种将电能转换为机械能的动力设备，应用十分广泛。它具有结构简单、价格低廉、坚固耐用、使用维护方便等优点。电动机可分为交流电动机、直流电动机、步进电动机等。

> **小讨论**
> 电动机的工作原理是什么？
> 答：通电导体在磁场中受到力的作用而发生偏转，所受力方向的判断用左手定则。

4.2.1 三相异步电动机

异步电动机可分为三相异步电动机和单相异步电动机，单相电动机功率小，多用于小型机械设备或家用电器；三相电动机功率大，多用于工矿企业中。

1. 三相异步电动机的结构

三相异步电动机主要由定子和转子两部分组成的，此外还有端盖、风扇等部分，图4-12为三相异步电动机的结构图。

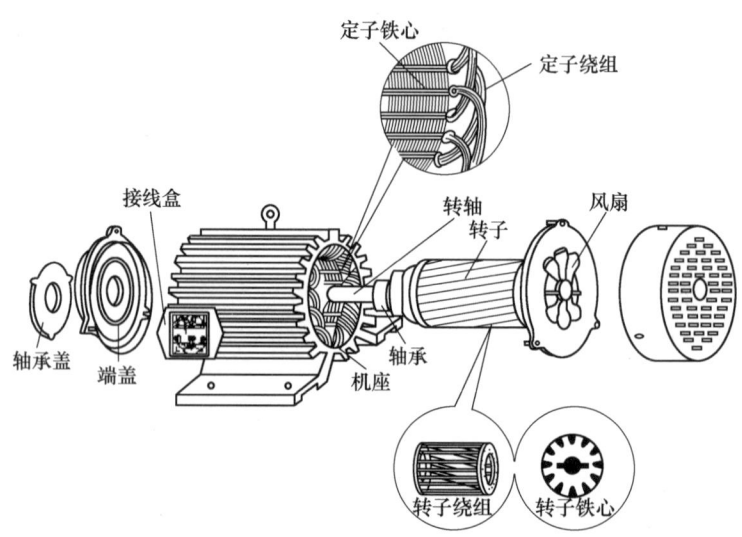

图4-12 三相异步电动机的结构图

(1) 定子

电动机中静止的部分称为定子，主要包括定子铁心、定子绕组、机座、端盖、风罩等部件。

1) 定子铁心。定子铁心是电动机磁路的一部分，并放置定子绕组。为了减小定子铁心的损耗，铁心一般用 0.35~0.5mm 相互绝缘的硅钢片叠装而成，在铁心内圈冲有均匀分布的槽，如图 4-13 所示，用来嵌放定子绕组。

2) 定子绕组。定子绕组的作用是通入三相对称交流电，产生旋转磁场。它是由嵌放在定子铁心槽内的线按一定规律连接而成的。

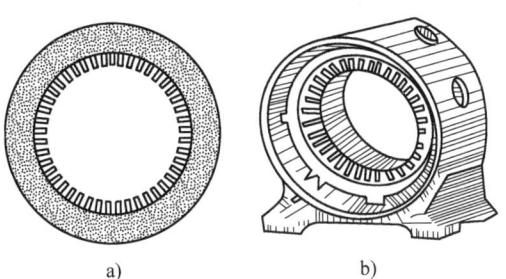

图 4-13 定子铁心
a) 定子硅钢片 b) 未装绕组的定子

定子绕组的结构完全对称，一般有 6 个出线端，置于电动机机座的接线盒内，可以接成星形（Y）或三角形（△）。具体采用哪种接法，取决于电动机每相绕组的额定电压和额定电流。定子绕组的接法如图 4-14 所示。

3) 机座。机座用铸铁或铸钢制成，它的作用是固定定子铁心和定子绕组，并通过两侧的端盖和轴承来支撑转子，同时保护整台电动机的电磁部分和散发电动机运行中产生的热量。

(2) 转子

转子是电动机的旋转部分，由转子铁心、转子绕组、转轴和风叶等组成。

1) 转子铁心。转子铁心也是电动机磁路的一部分，一般用 0.5mm 厚、相互绝缘的硅钢片叠压而成，硅钢片外圈冲有均匀分布的槽，用来安置转子绕组。转子铁心固定在转轴或转子支架上。

2) 转子绕组。转子绕组的作用是产生感应电动势和电流，并在旋转磁场

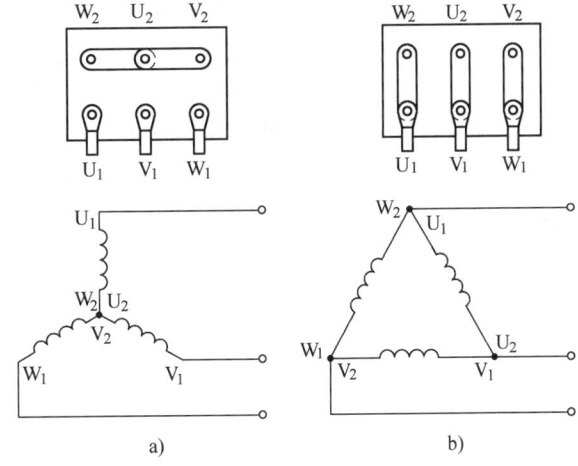

图 4-14 定子绕组的接法
a) 星形接法 b) 三角形接法

的作用下产生电磁力矩而使转子转动。转子绕组根据结构不同分为笼型和绕线型。

小知识

(1) 笼型转子

一种结构为铜条转子，即在转子铁心槽内放置没有绝缘的铜条，铜条的两端用短路环焊接起来，形成一个笼型的形状，如图 4-15a 所示。另一种结构为中小型异步电动机的笼型转子，一般为铸铝式转子，将熔化了的铝浇铸在转子铁心槽内成为一个整体，连两端的短路环和电风扇叶片一起铸成，图 4-15b 为铸铝转子结构。

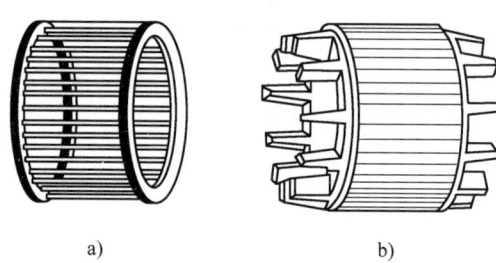

图 4-15 笼型转子
a) 铜条转子绕组 b) 铸铝转子

（2）绕线型转子

绕线型转子（见图 4-16）的绕组与定子绕组相似，也是三相对称绕组。通常接成星形，三根端线分别与三个铜制滑环连接。环与环以及环与轴之间都彼此绝缘。

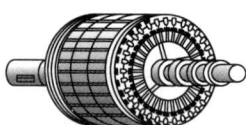

图 4-16 绕线型转子

2. 三相异步电动机的工作原理

旋转磁场带动笼型转子旋转如图 4-17 所示。

三相异步电动机内，旋转磁场是由定子铁心中放置的三相绕组产生的。旋转磁场的方向与三相电流的顺序有关，也称为相序。改变相序可以改变三相异步电动机的转向。旋转磁场的转速称为同步转速 n_0，n_0 与定子的磁极数有关，当旋转磁场有 p 对磁极时，其旋转磁场的转速为

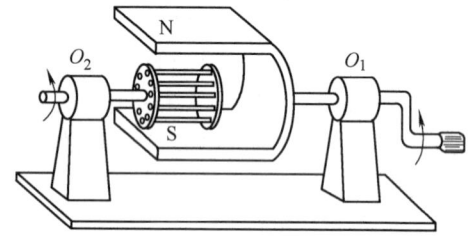

图 4-17 旋转磁场带动笼型转子旋转

$$n_c = \frac{60f}{p} \tag{4-5}$$

小经验

给三相绕组通入三相交流电，便会得到一个旋转磁场。

当旋转磁场按顺时针方向旋转时，其转子导条将切割磁力线（此时转子由于惯性不能马上随旋转磁场一起转动），导条中就产生电动势。图 4-18 为三相异步电动机的工作原理示意图。在电动势的作用下，闭合的导条中就有电流，这个电流又受旋转磁场作用而产生电磁力 F，电磁力 F 产生电磁转矩而使转子转动起来。当旋转磁场反转时，三相异步电动机也反转。电动机转子的转向与旋转磁场相同。

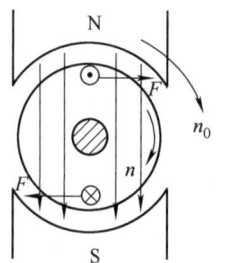 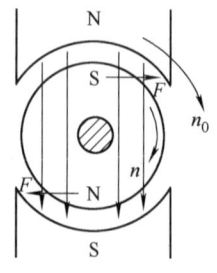

图 4-18 三相异步电动机工作原理示意图

> **想一想**
> 转子的转速能不能和旋转磁场的转速相同?

转子的转速 n 不能与旋转磁场的转速相同,而是 $n<n_0$,因为如果两者相等,则转子与旋转磁场之间就没有相对运动了,因而转子导条就不会切割磁力线,转子电动势和转子电流及电磁力和电磁转矩就不存在了。因此转子转速与旋转磁场转速之间必须要有差值,这就是异步电动机名称的由来。

用转速差($\Delta n = n_0 - n$)来表示转子转速 n 与同步转速 n_0 之间的转速差值,则转差率 s 为转速差与同步转速之比,即

$$s = \frac{\Delta n}{n_0} = \frac{n_0 - n}{n_0} \tag{4-6}$$

转差率是异步电动机的一个重要物理量,转子转速 n 越接近同步转速 n_0,转差率越小,跟随性越好。一般异步电动机的转差率很小,通常用百分数表示,一般为 1%~9%。

4.2.2 直流电动机

与异步电动机相比,直流电动机调速性能好,起动、制动转矩大,可以满足生产过程自动化控制系统的各种特殊要求,在汽车行业中很多采用直流电动机。

1. 直流电动机的结构

直流电动机主要由定子、转子和机座等部分构成。图 4-19 为直流电动机的外形和结构图。

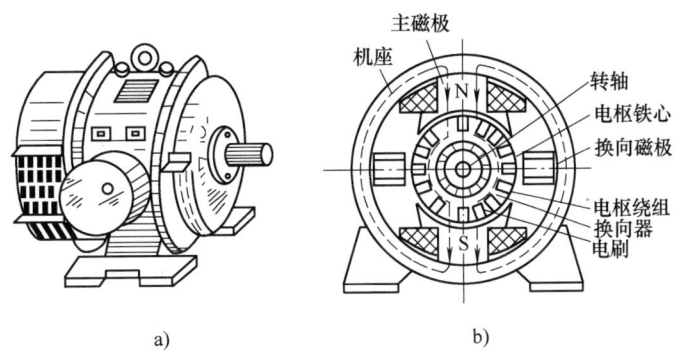

图 4-19 直流电动机的外形和结构图
a) 外形 b) 结构

(1) 转子

转子又称为电枢,包括电枢铁心、电枢绕组和换向器。电枢铁心是由硅钢片叠压而成的,其表面有许多均匀分布的槽,用来嵌入电枢绕组;电枢绕组由许多相同的线圈组成,按一定规律嵌入电枢铁心的槽内,并与两片换向器相连。图 4-20 所示为电动机的电枢,通以电流时在主磁场的作用下产生电磁转矩。换向器是由许多互相绝缘的楔形铜片组成的,外表呈圆柱形,装在转轴上,在换向器表面压着电刷,使旋转的电枢绕组与静止的外电路一直相通,以引入直流电。

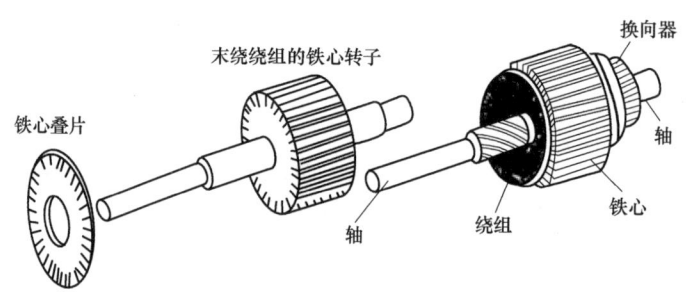

图 4-20 电动机的电枢

（2）定子

定子主要由铁心、绕组、机座、端盖及电刷等部分组成。定子可分为永磁式和励磁式。永磁式是由永久磁铁做成的，励磁式是在铁心上绕线圈，给线圈通直流电产生磁通，称为励磁，它可以是一对、两对或多对磁极。图 4-21 为直流电动机的定子部分，机座由铸钢或厚钢板制成，用以安装主磁极和换向器等部件，并保护电动机，它既是电动机的外壳又是电动机磁路的一部分。在机座两端各有一个端盖，端盖中心处装有轴承，用来支撑转子和转轴，端盖上还固定有电刷架，用以安装电刷。

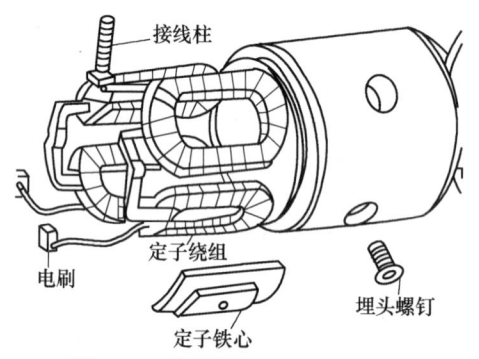

图 4-21 直流电动机的定子部分

根据励磁线圈和转子绕组的联结关系，励磁式直流电动机又可分为四种：他励电动机、并励电动机、串励电动机和复励电动机，四种直流电动机结构原理如图 4-22 所示。

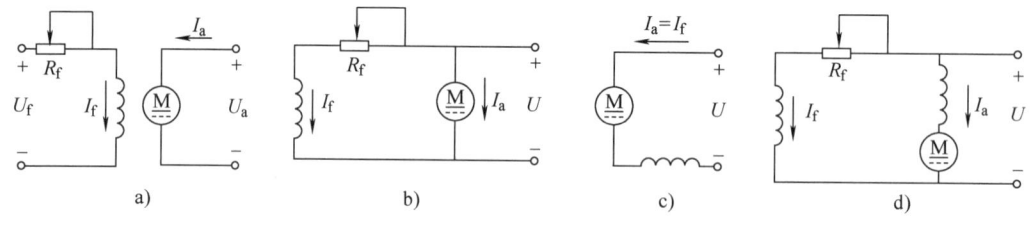

图 4-22 四种直流电动机结构原理图
a）他励电动机 b）并励电动机 c）串励电动机 d）复励电动机

> **小经验**
> 汽车用直流电动机多为串励电动机，即励磁绕组与转子绕组串联，它的特点是起动转矩大，机械特性软。

2. 直流电动机的工作原理

（1）电磁转矩的产生

图 4-23 为直流电动机的工作原理示意图。在磁场中放置一个线圈，线圈的两端分别与两片换向片连接，两只电刷分别与两片换向片接触，并与蓄电池的正极或负极接通。当电枢线圈通入电流后，通电导体受到磁场力的作用，产生电磁转矩，使电动机在磁场中转动起来。

直流电动机正反转控制

> **小提示**
> 电枢绕组中电流方向为：蓄电池正极→磁场绕组→正电刷→换向片→电枢绕组→负电刷→蓄电池负极。

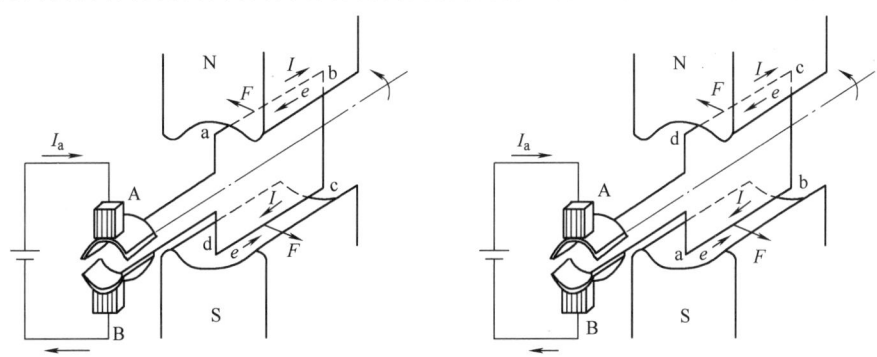

图 4-23 直流电动机的工作原理示意图

> **小提示**
> 由此可见，直流电动机的换向器可将电源提供的直流电转换成电枢绕组所需的交流电，以保证电枢所产生的电磁力矩的方向保持不变，使其产生定向转动，确保了电枢朝确定的方向连续旋转，这就是直流电动机的基本工作原理。

直流电动机通电后所产生的电磁转矩 M 与磁极的磁通量 $\varPhi$ 及电枢电流 I_s 之间的关系为

$$M = C_m \varPhi I_s \tag{4-7}$$

式中 C_m——电动机的结构常数，它与电动机磁极对数 p、电枢绕组导线总根数 Z 及电枢绕组电路的支路对数 a 有关。

（2）转矩自动调节原理

电枢在电磁力矩 M 的作用下开始转动，由于绕组在转动的同时还切割磁力线，产生感应电动势，并根据右手定则判定其方向与电枢电流 I_s 的方向相反，故称反电动势 E_r。反电动势 E_r 与磁极的磁通量 $\varPhi$ 和电枢的转速 n 成正比，即

$$E_r = C_e \varPhi n \tag{4-8}$$

式中 C_e——电动机的结构常数（电动势常数）。

由此可推出电枢回路的电压平衡方程式，即

$$U = E_r + I_s R_s \tag{4-9}$$

式中 R_s——电枢回路电阻，包括电枢绕组的电阻和电刷与换向器的接触电阻（Ω）。

在直流电动机刚接通电源的瞬间，电枢转速 n 为 0，电枢反电动势也为 0，此时，电枢绕组中的电流达到最大值，即 $I_{sm} = U/R_s$，将相应产生最大电磁转矩，即 M_{max}，若此时的电磁转矩大于电动机的阻力矩 M_z，电枢就开始加速转动起来。随着电枢转速的上升，E_r 增大，I_s 下降，电磁转矩 M 也就随之下降。当 M 下降至与 M_z 相平衡（$M = M_z$）时，电枢就以此转速运转。如果直流电动机在工作过程中负载增大，就会出现如下变化：

$M < M_z \rightarrow n \downarrow \rightarrow E_r \downarrow \rightarrow I_s \uparrow \rightarrow M \uparrow \rightarrow M = M_z$，达到新的稳定；

若直流电动机的工作负载减小，则出现如下变化：

$M > M_z \rightarrow n\uparrow \rightarrow E_r\uparrow \rightarrow I_s\downarrow \rightarrow M\downarrow \rightarrow M = M_z$,达到新的稳定。

可见,当负载变化时,电动机能通过转速、电流和转矩的自动变化来满足负载的需要,使之能在新的转速下稳定工作。因此直流电动机具有自动调节转矩的功能。

3. 直流电动机的工作特性

直流电动机的转矩、转速、功率与电流的关系称为电动机的工作特性曲线。直流电动机多为串励直流电动机,因为串励直流电动机的特点是起动转矩大,机械特性软。

(1) 转矩特性

对于串励直流电动机其磁场电流 I_f 与电枢电流 I_s 相同,并且磁极未饱和时,磁通 Φ 与电枢电流成正比,即 $\Phi = C_1 I_s$,所以,串励直流电动机的转矩可表示为

$$M = C_m I_s \Phi = C_1 C_m I_f I_s = C_1 C_m I_s^2 \qquad (4-10)$$

可见,在磁极未饱和的情况下,串励直流电动机的电磁转矩 M 与电枢电流 I_s 的平方成正比。图 4-24 为直流电动机的转矩特性。

(2) 转速特性(机械特性)

机械特性指的是电动机的电磁转矩与转速间的关系。串励直流电动机转速 n 与电枢电流 I_s 的关系式为

$$n = [U - I_s(R_s + R_s)]/C_1\Phi \qquad (4-11)$$

图 4-25 为直流电动机的机械特性,串励直流电动机在磁极未饱和时,电枢转速 n 随 I_s 的增大而下降较快,故具有较软的机械特性。

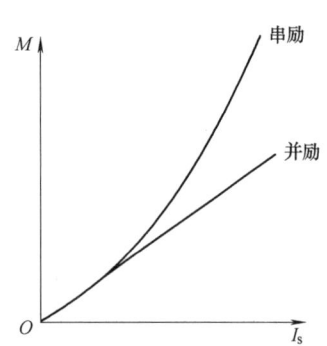

图 4-24 直流电动机的转矩特性

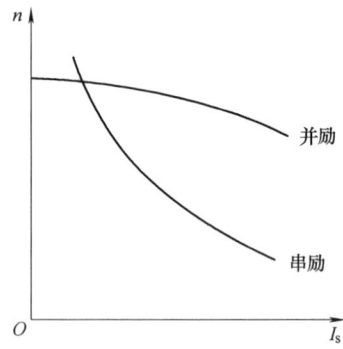

图 4-25 直流电动机的机械特性

(3) 功率特性

串励电动机的功率 P 可用下式表示:

$$P = Mn/9550 \qquad (4-12)$$

式中 M——电枢轴上的转矩(N·m);

n——电枢转速(r/min)。

汽车起动机常使用串励直流电动机。在完全制动状态($n=0$)和空载($M=0$)时,起动机的功率等于零,电枢电流接近制动电流的一半时,电动机输出功率最大。由于起动机起动时间很短,起动机可以最大功率运转,因此将其最大功率作为额定功率。直流电动机的功率特性如图 4-26 所示。

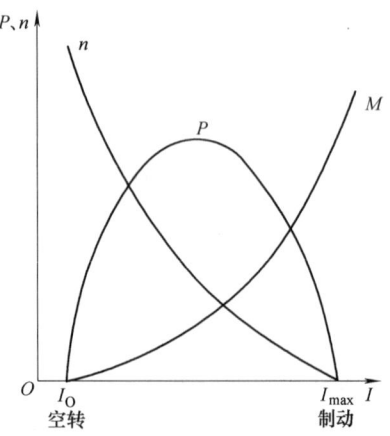

图 4-26 直流电动机的功率特性

4.2.3 步进电动机

步进电动机是一种将电脉冲信号转换为线位移或角位移的执行元件,它是利用电磁感应原理来工作的。每来一个电脉冲,电动机转动一个角度,带动机械移动一小段距离。

1. 步进电动机的结构

步进电动机根据励磁式方式的不同分为:反应式、永磁式和混合式(又称为感应子式)3种,其中反应式步进电动机的应用较多。步进电动机主要由两部分构成:定子和转子,它们均由磁性材料构成。定子内圆周均匀分布着6个磁极,磁极上有励磁绕组,每两个相对的绕组组成一相。转子若为永久磁铁,是

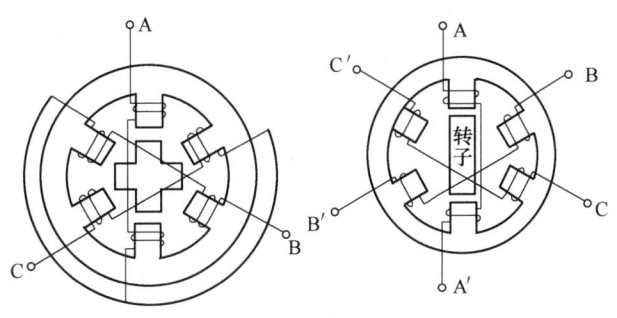

图4-27 反应式步进电动机的结构图

永磁式;若为硅钢片叠式,是反应式转子。图4-27为反应式步进电动机的结构图。

2. 步进电动机的工作原理

步进电动机工作时,定子各相绕组要轮流输入脉冲电压通电,从一次通电到另一次通电称为一拍,每一拍转子转过的角度称为步距角,步距角的大小与通电方式有关。下面介绍三相单三拍和三相双三拍两种方式。

(1) 三相单三拍

设A相首先通电(B、C两相不通电),产生A-A'轴线方向的磁通,并通过转子形成闭合回路。这时A、A'极就成为电磁铁的N、S极。在磁场的作用下,转子总是力图转到磁阻最小的位置,也就是要转到与转子的1、3齿对齐的A、A'位置,如图4-28a所示。接着B相通电(A、C两相不通电),转子便转过30°,转子2、4齿和B相轴线对齐,如4-28b所示。最后,C相通电,转子1、3齿和C相轴线对齐,与B相通电比较,转子再次转动30°,见图4-28c。

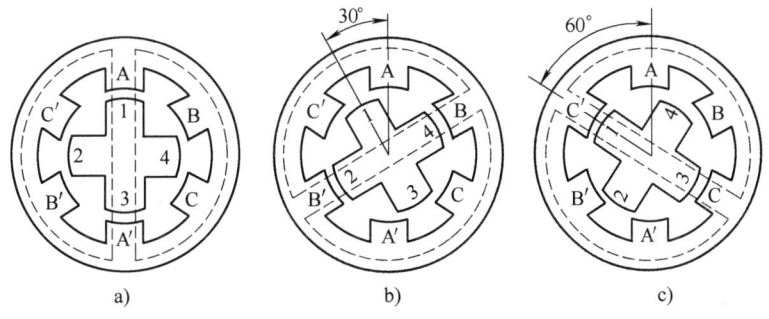

图4-28 反应式步进电动机工作原理

这种工作方式,因三相绕组中每次只有一相通电,而且一个循环周期共包括3个脉冲,所以称为三相单三拍。

三相单三拍的特点:

1) 每来一个电脉冲,转子转过30°,此角称为步距角。
2) 转子的旋转方向取决于三相线圈通电的顺序,改变通电顺序即可改变转向。

　　A→B→C→A　顺时针方向旋转
　　A→C→B→A　逆时针方向旋转

(2) 三相双三拍

三相绕组通电的顺序是:AB→BC→CA→AB……,每个循环有3种通电状态,故也称为三拍。改变三相绕组通电顺序AC→CB→BA,步进电动机反向旋转。工作方式为三相双三拍时,每通入一个电脉冲,转子也是转30°。三相双三拍比三相单三拍稳定,较常采用。三相双三拍步进电动机工作原理如图4-29所示。

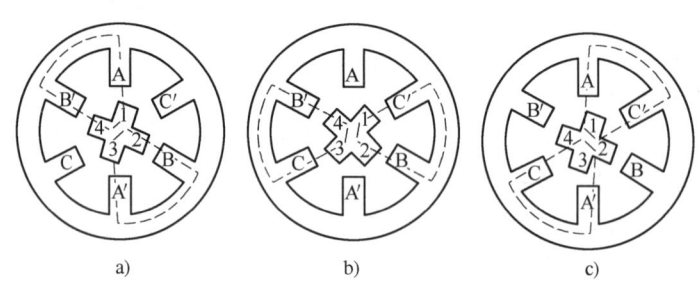

图4-29　三相双三拍步进电动机工作原理
a) AB 相通电　b) BC 相通电　c) CA 相通电

4.2.4　伺服电动机

伺服电动机,也叫作执行电动机,在控制系统中,常被用作执行元件,把接收到的电信号转换为电动机转轴的角位移或角速度,驱动控制对象。按照电流种类的不同,伺服电动机可分为直流和交流两大类。

1. 交流伺服电动机

交流伺服电动机通过伺服驱动器的矢量控制理论加上编码器构成的闭环回路精准地控制电动机的扭矩、速度、位置等,把交流电通过等换计算的方式去控制电动机,所以在制造技术和伺服驱动器软件方面比较复杂。

交流伺服电动机是由定子、转子和编码器组成。定子结构与单相异步电动机相似,在定子上装有两个相差90°的绕组,一个是励磁绕组 R_f,接交流电压 U_f,一个是控制绕组 L,连接控制信号电压 U_c。若在两相绕组上加幅值相等、相位差90°的对称电压,则在电动机的气隙中产生圆形的旋转磁场。若两个电压的幅值不等或相位差不是90°,则产生的磁场将是一个椭圆形旋转磁场。加在控制绕组上的信号不同,产生的磁场椭圆度也不同。例如,负载转矩一定,改变控制信号,就可以改变磁场的椭圆度,从而控制伺服电动机的转速。

交流伺服电动机结构如图4-30所示。交流伺服电动机的转子是一个永磁体,在定子产生的旋转磁场作用下,转子磁场同步旋转。转子一般做成笼形,为

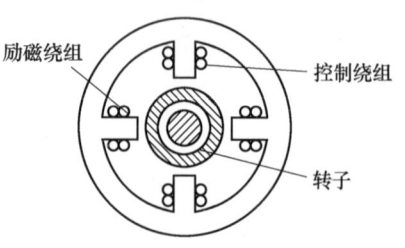

图4-30　交流伺服电动机结构

了使电动机具有较宽的调速范围、线性的机械特性,无"自转"现象和快速响应的性能,它具有转子电阻较大、转动惯量较小这两个特点。目前应用较多的转子主要有两种:一种是采用高电阻率的导电材料做成的导条笼型转子,为了减小其转动惯量,转子做得细长;另一种是采用铝合金做成的空心杯形转子,杯壁薄,为了减小磁路的磁阻,在转子内放置固定的内定子。由于空心杯形转子的转动惯量很小,反应迅速,运转平稳,因此应用广泛。

交流伺服电动机在没有控制电压时,定子内只有励磁绕组产生的脉动磁场,转子静止不动;当有控制电压时,定子内会产生一个旋转磁场,转子沿旋转磁场方向旋转,在负载恒定的情况下,电动机的转速随控制电压的增减而变化,控制电压的相位相反时,伺服电动机将反转。

2. 直流伺服电动机

直流伺服电动机和交流伺服电动机相比,它具有机械特性硬、输出功率大、易控制、起动转矩大等优点。

直流伺服电动机和一般直流电动机结构相同,只是它的容积和体积较小,是一种微型永磁式直流电动机。为了减小转动惯量,电动机要做的细长些。图4-31为直流伺服电动机的结构和工作原理。

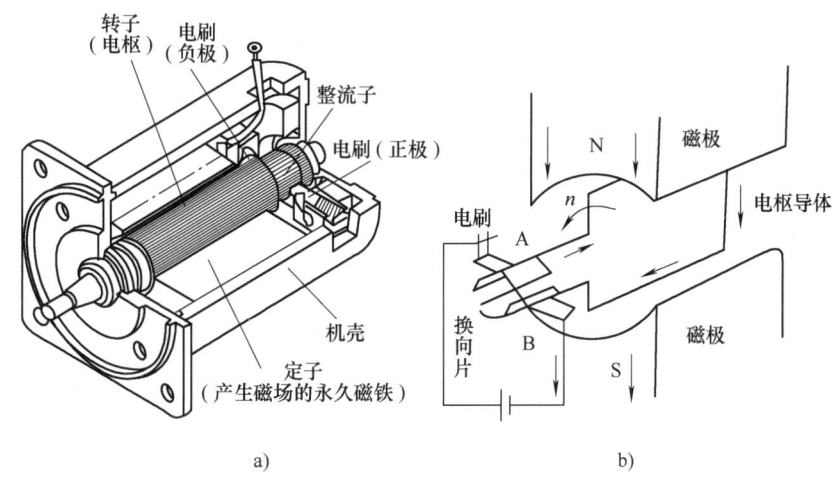

图4-31 直流伺服电动机的结构和工作原理
a) 结构 b) 工作原理

直流伺服电动机就是把直流电动机加上编码器形成闭环控制,电动机的控制方法基本就是改变电流的大小来改变电动机的扭矩、速度等参数。直流伺服电动机的工作原理与直流电动机相同。通过改变电枢电压的极性,电动机实现反转。

交流伺服电动机结构简单、成本低廉、转动惯量小。它的输出功率一般为0.1~100W,电源频率分50Hz、400Hz等多种。应用很广泛,可用在各种自动控制、自动记录系统中。

而直流伺服电动机结构复杂(电刷、换向器)、成本高,它的输出功率一般为1~600W。直流伺服电动机的特性较交流伺服电动机硬,通常应用于功率稍大的系统中,如随动系统中的位置控制等。

4.2.5 汽车中的电动机

> **想一想**
> 你知道电动机在汽车电路中的应用吗？

1. 刮水器电动机

图 4-32 为电动刮水器的结构。刮水器的作用是用来清除风窗玻璃上的雨水、雪或尘土，以确保驾驶人良好的能见度。

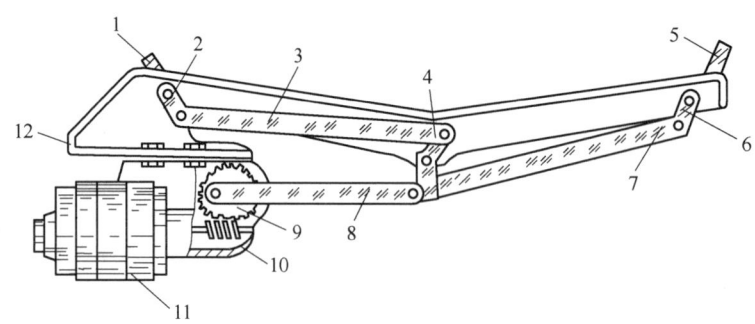

图 4-32 电动刮水器的结构

1、5—刷架　2、4、6—摆杆　3、7、8—拉杆　9—蜗轮　10—蜗杆　11—电动机　12—底板

电动刮水器的变速原理，刮水器的变速是利用直流电动机变速原理来实现的，由直流电动机电压平衡方程式可得转速公式为

$$n = (U - IR)/KZ\Phi \qquad (4\text{-}13)$$

式中　U——电动机端电压（V）；

　　　I——通过电枢绕组中的电流（I）；

　　　R——电枢绕组的电阻（Ω）；

　　　K——常数；

　　　Z——正、负电刷间串联的导体数；

　　　Φ——磁极磁通（Wb）。

在电压 U 和直流电动机定型的情况下，两电刷之间的电枢绕组数 Z 增多时，转速 n 会下降，反之则上升，当磁极磁通 Φ 增大时，转速 n 下降，反之则转速上升。所以，刮水器变速是在直流电动机变速的理论基础上，采取改变电动机磁极磁通的强弱，或者改变两电刷之间的导体数（绕组数）来实现的。下面介绍通过改变电刷间导体数的方式实现变速原理。

永磁式刮水器电动机的工作原理如图 4-33 所示，改变电刷间导体数变速的方法只能通过永磁电动机（三刷永磁式直流电动机）来实现，它的磁极为铁氧体永久磁铁，具有不易退磁的优点。能够实现高、低转速，B_1 为低速运转电刷，B_2 为高速运转电刷，B_3 为公共电刷。B_1、B_2 安装位置相差 60°。

如图 4-33b 所示，当开关拨向"L"时，电源电压 U 加在 B_1 和 B_3 之间，由于①、⑥、⑤和②、③、④组成两条并联支路，支路中串联的线圈（导体）均为有效线圈，串

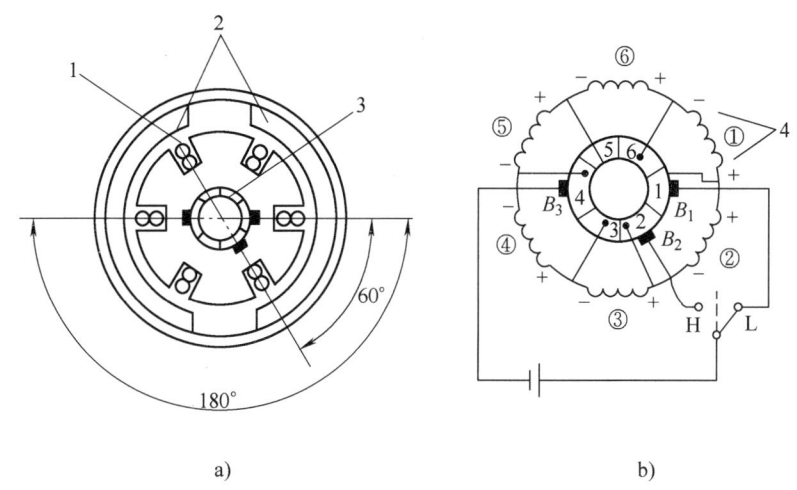

图 4-33 永磁式刮水器电动机的工作原理
a) 结构原理图 b) 电路原理图
1—电枢绕组 2—永久磁铁 3—换向器 4—反电动势

联线圈（导体）数相对较多（每条支路串联 3 组绕组），故反电动势较大，电动机以较低转速运转。

当开关拨向"H"时，电源电压 U 加在 B_2 和 B_3 之间，由于线圈①和线圈②产生方向相反的电动势，互相抵消，故组成两条并联支路中串联线圈（导体）数相对较少（每条支路串联 2 组绕组），故反电动势较小，电动机以较高转速运转。

2. 鼓风电动机

鼓风电动机是汽车空调专用的电动机，其作用是促进空调内外气体交换，达到制冷、供暖、除霜和通风的目的。采用永磁式三速电动机，多数安装在暖风机总成内，与其安装在一起的还有调速电阻总成。汽车空调鼓风机结构如图 4-34 所示。

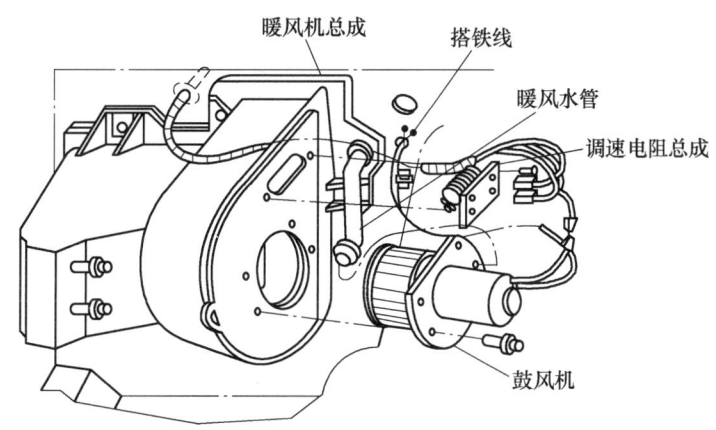

图 4-34 汽车空调鼓风机结构

鼓风电动机的控制开关安装在仪表板上，开关通过控制调速电阻来控制电动机的转速。鼓风机的工作原理如图 4-35 所示。

（1）开关置低速档

电动机中串入 3 个电阻，其电枢电压最低，电动机以低速运转。

（2）开关置中速 1 或中速 2 档

电动机中串入的电阻数减少，电枢电压升高，以中速运转。

（3）开关置高速档

蓄电池电压全部加在电动机上，电动机高速运转。

可见，是通过调节串入鼓风电动机电阻数来达到调速目的的。

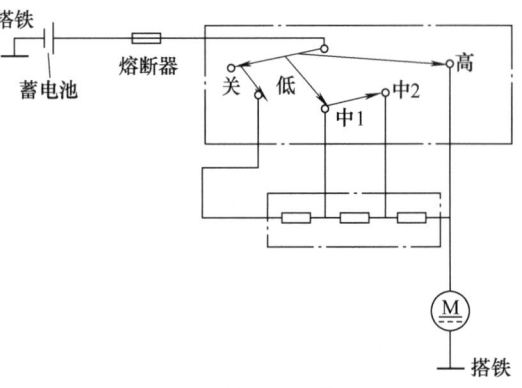

图 4-35　鼓风机工作原理

3. 电动门锁电动机

电动门锁电动机是永磁式双向电动机，用于车门的控制。通过改变电动机的电流方向，使其旋转方向改变，控制车门打开或关闭。下面以锁车为例说明控制过程。

图 4-36 是电动门锁电动机的工作原理图，当门锁主开关转到锁止位置时，触点 1 闭合，门锁继电器的锁止线圈通电，触点 5 闭合。各门锁电动机通电，方向见下图，电动机旋转将门锁上。

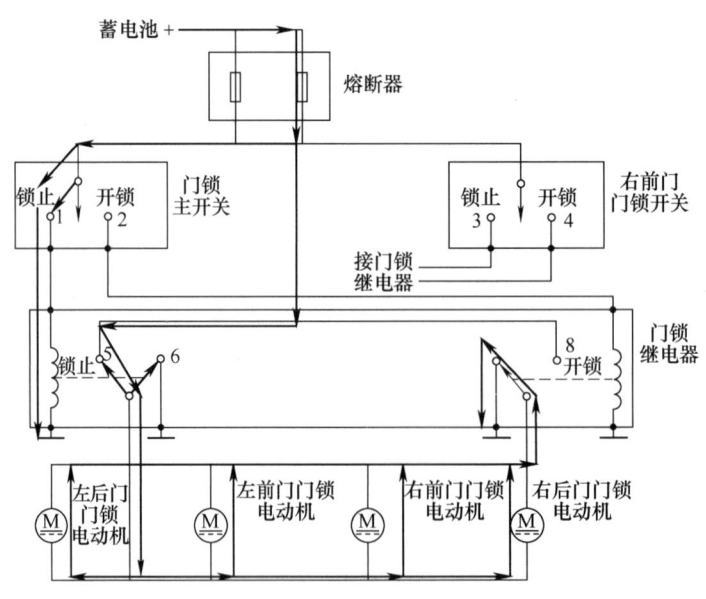

图 4-36　电动门锁电动机的工作原理图

4. 步进电动机在汽车上的应用

当发动机怠速运转时，由于空调压缩机、动力转向助力泵、发电机等负载的变化会引起怠速转速发生波动，因此需要对发动机怠速转速进行调整。燃油喷射系统的怠速控制阀分为步进电动机式、脉冲电磁阀式和真空阀式 3 种。目前大多采用步进电动机式怠速控制阀，怠速控制阀安装在发动机节气门体上或节气门体附近，怠速空气量的控制方式如图 4-37 所示。

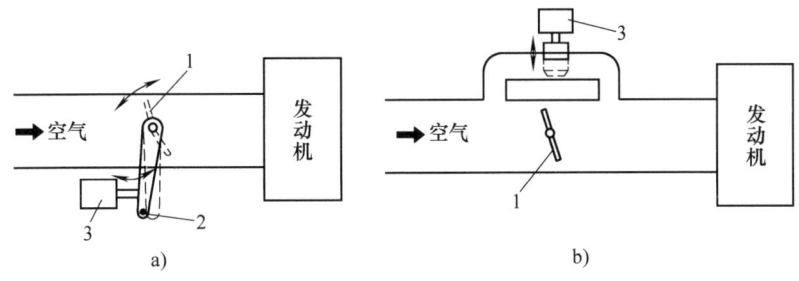

图 4-37 怠速空气量的控制方式
a) 节气门直动式 b) 旁通空气式
1—节气门 2—节气门操纵臂 3—怠速控制阀

4.3 实训 车窗升降电动机控制电路的设计

1. 实训目的

1) 掌握电动机的结构和工作原理。
2) 掌握电动机正反转的原理。
3) 了解电动机的应用电路分析。

2. 实训仪器与设备

电路实验板、车窗开关、电动机。

车窗升降电动机
控制电路

3. 预习内容

电动车窗主要由控制电路、车窗升降器等组成。车窗升降电动机可实现点动、连续动控制，电动车窗工作电路如图 4-38 所示。

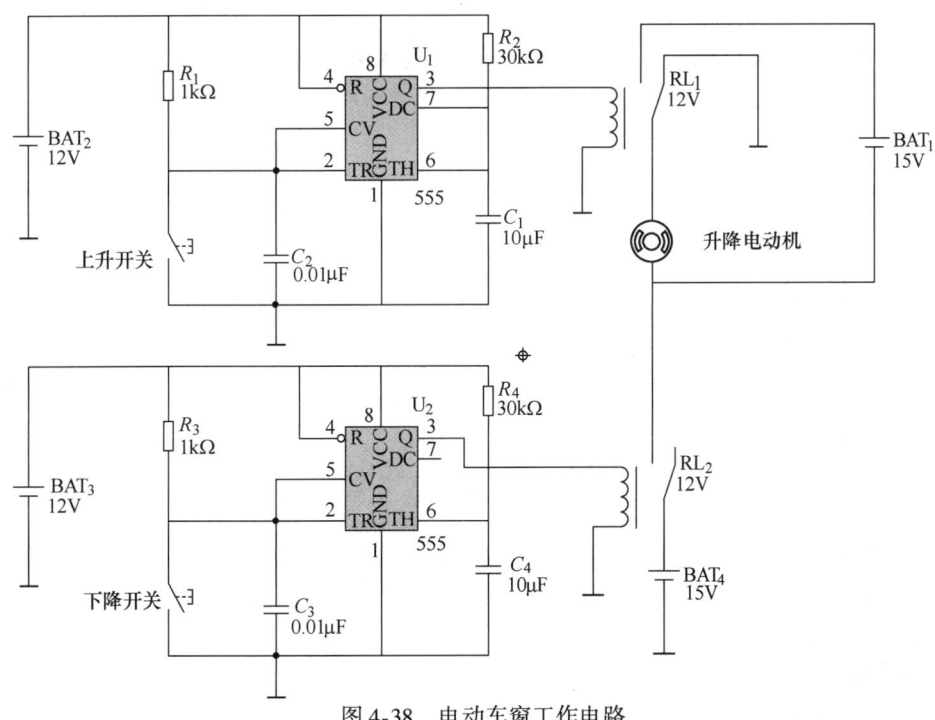

图 4-38 电动车窗工作电路

4. 实训内容

1）根据电路图分析本次实训电路的工作原理。

2）连接电路，确认无误后通电。观察电动机的旋转方向、旋转状态是否正常。

4.4 小结

发电机与电动机小结

1. 交流发电机的主要部件有：转子、电刷、定子、整流器、外壳、冷却风扇。

2. 发电机每相绕组所产生的电动势的有效值为：$E_\phi = 4.44 K f N \Phi$。

3. 三相异步电动机主要由定子（固定部分）和转子（转动部分）两部分组成。

4. 三相异步电动机的工作原理：在三相异步电动机内，旋转磁场是由定子铁心中放置的三相绕组产生的。旋转磁场的转速称为同步转速 n_0，n_0 与定子的磁极数有关，当旋转磁场有 p 对磁极时，其旋转磁场的转速为

$$n_0 = \frac{60f}{p}$$

5. 三相异步电动机内旋转磁场的方向与三相电流的通电顺序有关，也称相序。改变相序可以改变三相异步电动机的转向。

6. 直流电动机的结构主要由电枢铁心、电枢绕组、换向器转轴和风扇等部件组成。

7. 汽车中的直流电动机多采用串励式。而串励直流电动机的特点是起动转矩大、机械特性软。

8. 直流电动机具有自动调节转矩功能，其中电压平衡方程式为 $U = E_r + I_s R_s$。

9. 步进电动机可以将电脉冲信号转换为线位移或角位移，其步距角和转速不受电压波动、负载变化、温度变化等因素的影响。

4.5 习题

一、填空题

1. 汽车用有刷交流发电机转子有_____个电刷。

2. 交流发电机主要是由_____、_____和_____组成的。其中转子的作用是_____，定子的作用是_____。

3. 在汽车发动机刚刚起动时，交流发电机的励磁电流由_____提供，发电机处于他励阶段。

4. 汽车起动机是由_____、_____和_____组成的。

5. 直流电动机的励磁绕组中励磁电流的产生方有_____、_____、_____、_____4 种。

二、判断题

1. 交流发电机转子轴上两个滑环间电阻应为无穷大。（   ）

2. 发电机的作用是向车上所有用电设备供电。（　　）

3. 异步电动机的基本结构是由定子和转子两部分组成，它是利用电磁感应原理进行能量转换的设备，将电能转换成机械能。（　　）

三、简答题

1. 汽车的电源有几种？他们是什么关系？

2. 串励直流电动机主要结构包括哪些？简要说明各部分结构功能是什么并概括其工作过程。

3. 根据三相异步电动机结构叙述其工作过程。

四、计算题

有一台三相异步电动机，电源频率 50Hz，其额定转速为 975r/min，试求电动机的磁极对数 p 和额定负载时的转差率 s。

第5章　模拟电子电路基础

本章介绍模拟电子电路方面的基础知识，主要介绍二极管、晶体管、场效应晶体管及晶闸管等电子器件的结构与工作原理，并给出上述器件在汽车电路中的应用实例。

本章问题：

1）为什么采用半导体材料制作电子器件？

2）什么是N型半导体？什么是P型半导体？当两种半导体制作在一起时会产生什么现象？

3）PN结所加端电压与电流符合欧姆定律吗？在PN结加反向电压时果真没有电流吗？

4）晶体管是通过什么方式来控制集电极电流的？场效应晶体管是通过什么方式来控制漏极电流的？为什么它们都可以用于放大？

5）晶闸管的结构是怎样的？在电路中有什么具体的应用？

5.1　半导体基础知识

半导体器件是构成电子电路的基本元器件，它们所用的是经过特殊加工且性能可控的半导体材料。

5.1.1　本征半导体

纯净的具有晶体结构的半导体称为本征半导体。

物质的导电性能决定于原子结构，原子最外层电子极易挣脱原子核的束缚成为自由电子，在外电场的作用下产生定向移动，形成电流。常用的半导体材料硅（Si）和锗（Ge）均为四价元素，它们的最外层电子既不像导体那么容易挣脱原子核的束缚，也不像绝缘体那样被原子核束缚得那么紧，因而其导电性能介于导体与绝缘体之间。

在本征半导体中，人为地掺入特定的杂质元素，其导电性能具有可控性；并且，在光照和热辐射条件下，其导电性能还有明显的变化。这些特殊的性质决定了半导体可以制成各种电子器件。

5.1.2　本征半导体中的载流子

本征半导体晶体中的原子在空间上形成排列整齐的点阵，由于相邻原子间的距离很小，相邻的两个原子的一对最外层电子会形成共价键。这样，原子的最外层电子不仅受到原子核的束缚，还受到共价键的束缚。因此，在常温下，仅有极少数的电子由于热运动获得足够的能量，从而挣脱束缚成为自由电子。与此同时，在共价键中留下一个空位置，称为空穴。由于电子带负电，原子因失掉一个电子而带正电，或者说空穴带正电。本征半导体中的载流子如图5-1所示。

如果在本征半导体两端外加一个电场，一方面自由电子会产生定向移动形成电子流，另一方面由于空穴带正电,电子受到空穴的吸引会按一定的方向依次填补空穴,电子填补一个空穴后,会在原来位置再次形成一个空穴,这样相当于空穴也产生定向移动,形成空穴流。如图5-1所示,电子移动的方向是D→C→A→B,空穴移动的方向是A→C→D。这样,本征半导体中的电流是由电子流和空穴流共同构成的,形成电流的粒子称为载流子,因此,本征半导体中的载流子是自由电子和空穴,也可以说半导体有自由电子和空穴两种粒子参与导电。

通过扩散工艺,在本征半导体中掺入少量合适的杂质元素,便可得到杂质半导体。按掺入的杂质元素不同,可形成N型半导体和P型半导体。控制掺入杂质元素的浓度,就可控制杂质半导体的导电性能。

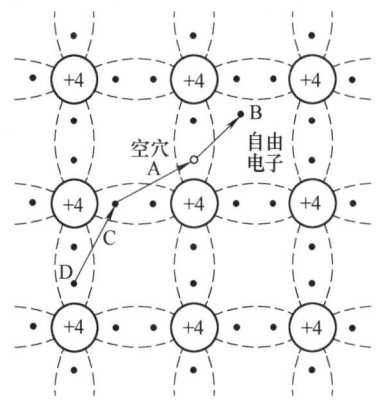

图 5-1 本征半导体中的载流子

> **注意**
> 本征半导体的导电性能很差,且与环境温度密切相关。半导体材料性能对温度的这种敏感性,既可以用来制作热敏和光敏器件,又是造成半导体器件温度稳定性差的原因。

N型半导体如图5-2所示。在硅晶体中掺入微量的五价元素(如磷),磷原子持有的5个价电子中4个和硅(Si)原子一样,通过共价键与邻接原子紧密结合。剩下1个价电子不发生共价键,而是根据室温高低成为自由电子。这个自由电子将旁边的价电子赶出,取代它的位置,而原有价电子变为自由电子,再将旁边的其他价电子赶出。这样,晶体中自由电子数目要比空穴数目多,故称自由电子为多数载流子(简称为多子),而空穴为少数载流子(简称为少子)。称这种杂质半导体为电子型半导体,简称为N型半导体。

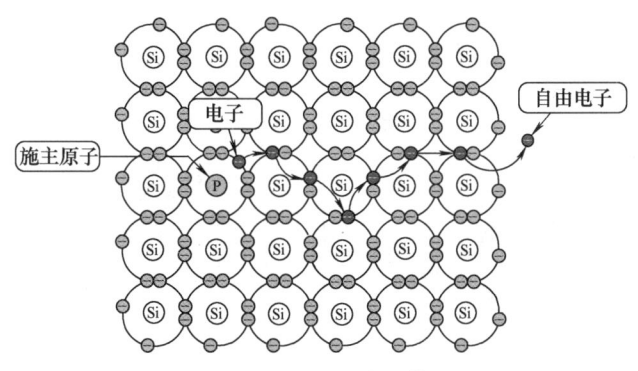

图 5-2 N型半导体

P型半导体如图5-3所示。在硅晶体中掺入微量的三价元素(如硼),硼元素具有3个价电子,与硅相比少1个价电子。邻接硅原子中的价电子通过微量热能变为自由电子,被受主原子吸收。被吸收的价电子的原有位置成为空穴,进一步吸收邻接硅原子中的价电子。这样,空穴数目将显著增多,自由电子数目相对则很少。这时,空穴为多子,自由电子为少子。故称这种杂质半导体为空穴型半导体,简称为P型半导体。

95

虽然，N型半导体和P型半导体两种载流子的数目不相同，但整个半导体对外不显电性，呈电中性。因为，在半导体掺杂的过程中，杂质半导体既未从外界得到电荷，也未丢失电荷，没有破坏整个半导体内正负电荷的平衡状态。

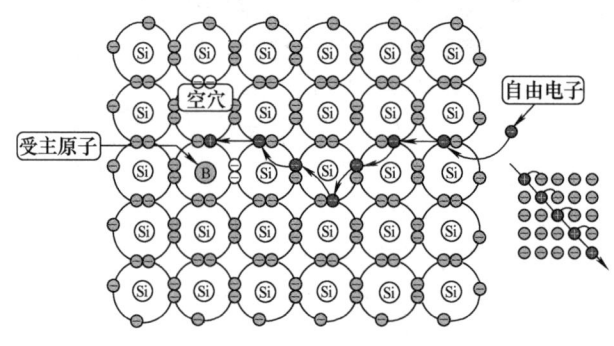

图5-3 P型半导体

5.1.3 PN结的形成

通过掺杂工艺在硅晶体的一边掺入磷形成N型半导体，称为N区；另一边掺入硼形成P型半导体，称为P区，则在这两种半导体的交界处将形成一个具有特殊物理性质的区域，叫作PN结。

由于两个区载流子浓度存在差异，彼此会相互扩散，即P区的空穴向N区扩散，同时N区的自由电子也向P区扩散，在交界面处自由电子与空穴复合后同时消失，在交界面的N区侧留下带正电的离子，在交界面的P区侧因失去空穴而留下带负电的离子，如图5-4a所示。这些不能移动的带电离子在交界面两侧形成了异号的空间电荷区，这个空间电荷区就是PN结。空间电荷区两边的正负电荷产生一个电场，其方向由正电荷区指向负电荷区，即由半导体的N区指向P区。因为它是由内部电荷产生的，故称为内电场，如图5-4b所示。

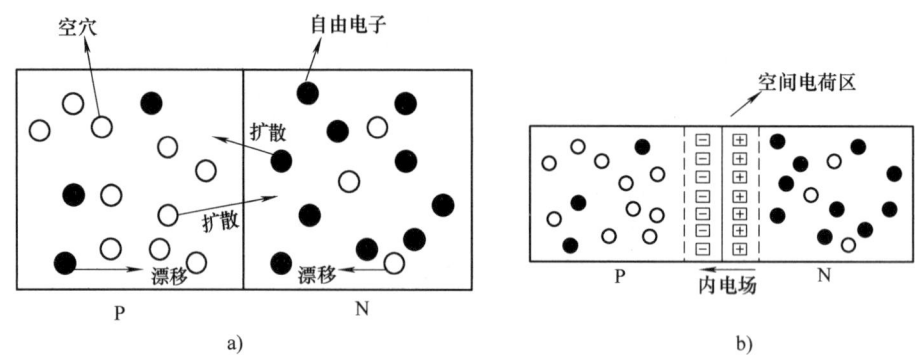

图5-4 PN结
a) P区和N区载流子运动　b) PN结形成

内电场会阻碍多数载流子的扩散运动，但会推动少数载流子越过空间电荷区，即把P区的自由电子推向N区，把N区的空穴推向P区。由于少数载流子数目较少，故把少数载流子在内电场作用下的运动称为漂移运动。

扩散运动产生空间电荷区与内电场，内电场又削弱扩散运动，产生漂移运动。最后，扩散运动与漂移运动达到动态平衡，即从P区扩散到N区的空穴数与从N区漂移到P区的空穴数相等；从N区扩散到P区的自由电子数与从P区漂移到N区的自由电子数相等。此时，空间电荷区的宽度及内电场的强度处于相对稳定状态。

5.1.4 PN结单向导电性

如果在PN结的两端外加电压，将会破坏原来的平衡状态。此时，扩散电流不再等于漂移电流，因而PN结将有电流流过。当外加电压极性不同时，PN结表现成截然不同的导电性能，即呈现单向导电性。

如果在PN结上加正向电压，即P区接高电位，N区接低电位，如图5-5a所示，称为正向偏置（简称为正偏）。这时外加电场与内电场的方向相反。一些复合的自由电子和空穴会被外电场的吸引力拆开，使得空间电荷区变薄，内电场被削弱，PN结内部多数载流子的扩散运动增强，少数载流子的漂移运动减弱。多数载流子从P区通过PN结流向N区形成较大的正向电流I，此时的PN结处于导通状态。在一定范围内，外加电压越大，外电场越强，正向电流I也越大。

如果在PN结外加反向电压，即N区接高电位，P区接低电位，如图5-5b所示，称为反向偏置（简称正偏）。这时外加电场与内电场的方向相同，内电场被增强，使得空间电荷区变厚，PN结内部多数载流子的扩散运动难以进行，少数载流子的漂移运动增强。少数载流子的漂移运动形成从N区通过PN结流向P区的很小的反向电流I_R，由于常温下少数载流子的数目很少，故反向电流也很小，近似为零，此时的PN结处于截止状态。

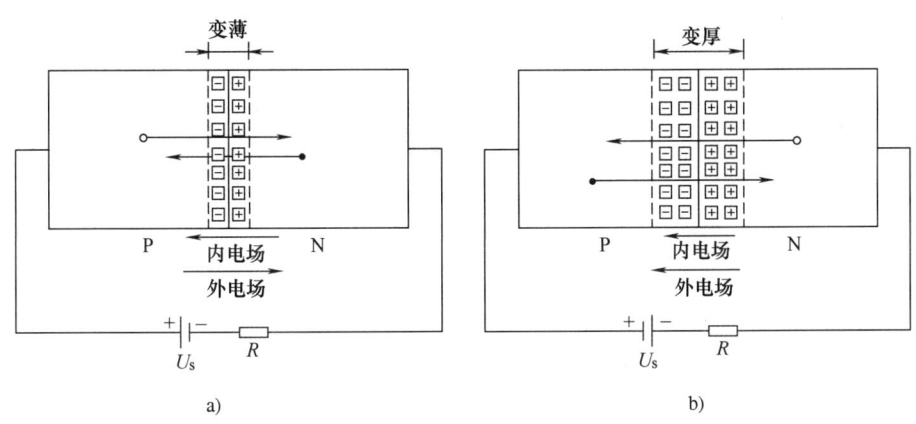

图5-5 PN结单向导电性
a) PN结加正向电压 b) PN结加反向电压

上述情况表明：给PN结加正向电压时，PN结导通；给PN结加反向电压时，PN结截止，即PN结具有单向导电性。

> **小提示**
>
> PN结反偏截止时，是近似断开状态，反向电流的大小随温度变化而改变，温度升高反向电流增大，反之减小。

5.2 半导体二极管

将 PN 结用外壳封装起来,并加上电极引线就构成了半导体二极管,简称为二极管。由 P 区引出的电极称为阳极,由 N 区引出的电极称为阴极。图 5-6a 所示是二极管结构示意图,图 5-6b 是二极管的符号,二极管的文字符号是大写字母 V 或 VD。

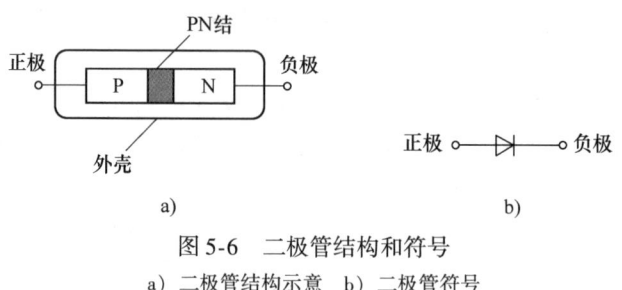

图 5-6 二极管结构和符号
a) 二极管结构示意 b) 二极管符号

5.2.1 二极管的结构与分类

二极管的种类很多,按材料分,主要有硅二极管和锗二极管;按结构分,有点接触型、面接触型和平面型,如图 5-7 所示;按用途分,有整流二极管、检波二极管、稳压二极管、开关二极管、光电二极管和发光二极管等。常见二极管外形如图 5-8 所示。

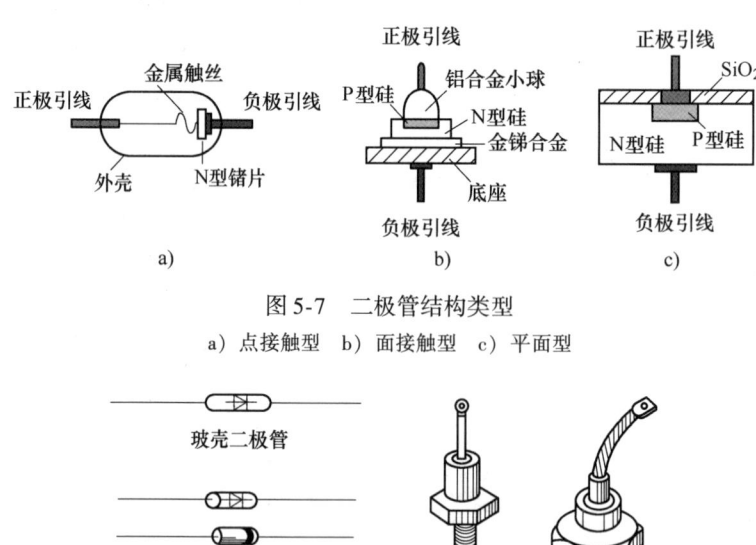

图 5-7 二极管结构类型
a) 点接触型 b) 面接触型 c) 平面型

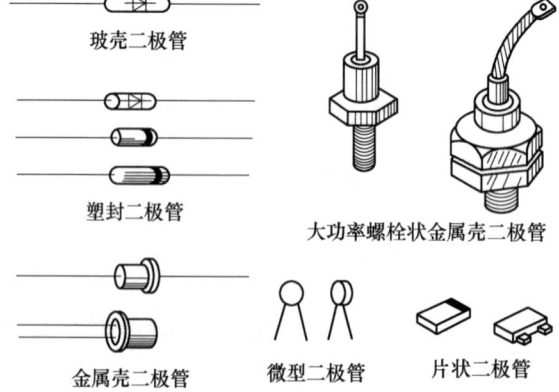

图 5-8 常见二极管外形

锗管一般为点接触型，允许通过的电流较小。但因其结电容小，故高频性能好，一般应用于高频检波及小功率整流电路中，也用作数字电路中的开关器件，如 2AP、2AK 系列。硅管一般为面接触型，结电容大，可通过较大的电流，但工作频率低，常用于低频整流，如 2CP、2CZ 系列。

> **小经验**
> 普通二极管外壳上印有型号和标记，小功率二极管的负极大多采用一道色环来表示，也有采用符号标志"P"、"N"来表示的；发光二极管的正、负极可从引脚长短来识别，长脚为正，短脚为负。

5.2.2 二极管的伏安特性

二极管的伏安特性是指加在二极管两端的电压 U 和在此电压作用下通过二极管的电流 I 之间的关系曲线，即 $I=f(U)$。图 5-9 为硅管和锗管的伏安特性曲线对比情况，可看出二极管是非线性元件。

二极管正向伏安特性检测

由图可知，二极管的伏安特性有如下的特点：

1）当二极管两端电压 U 为零时，通过二极管的电流 I 也为零。

2）当外加正向电压很小时，外加电压不足以克服内电场对多数载流子扩散运动的阻力，正向电流很小，近似为零。当外加正向电压超过某一数值后，内电场被大为削弱，多数载流子的扩散运动增强，电流 I 随电压增加而迅速上升，二极管才真正导通。这个电压值称为死区电压，其大小与管子材料及环境温度有关。在室温下，硅管的死区电压约为 0.5V，锗管约为 0.1V。

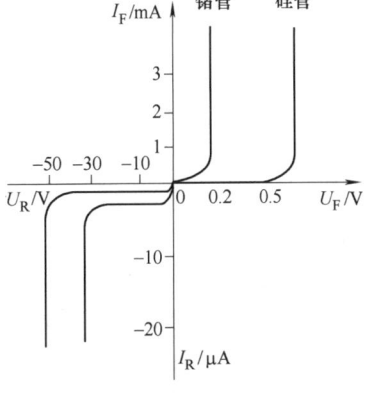

图 5-9 二极管伏安特性曲线

3）二极管正向导通后，当正向电流在一定范围内变化时，二极管的正向压降基本不变，硅管为 0.6~0.8V，锗管为 0.2~0.3V。这是因为外电场极大地削弱了内电场后，正向电流的大小仅仅取决于半导体材料的电阻。

4）当外加反向电压不是很大时，由于少数载流子的漂移运动形成很小的反向电流。温度一定时，少数载流子的数目也基本恒定，反向电流不随外加反向电压的大小变化而变化，故称它为反向饱和电流，常用 I_{Rm} 表示。温度升高，I_{Rm} 按指数规律增大。

二极管反向伏安特性检测

5）当外加反向电压超过某一定值时，反向电流急剧增大，这种现象称为反向击穿，对应的反向电压值称为二极管的反向击穿电压。二极管的反向击穿电压通常为几十到几百伏，最高可达千伏以上。

综上所述，二极管具有单向导电性。

5.2.3 二极管的主要参数

为描述二极管的性能，必须对以下主要参数有所了解。

1）最大整流电流 I_F：是二极管长期运行时允许通过的最大正向平均电流，其值与 PN 结面积及外部散热条件等有关。在规定散热条件下，二极管正向平均电流若超过此值，则将因结温过高而烧坏。

2）最高反向工作电压 U_{RM}：是二极管工作时允许外加的最大反向电压，超过此值时，二极管有可能因反向击穿而损坏。通常 U_{RM} 为击穿电压的 $\frac{1}{2} \sim \frac{2}{3}$。

3）最大反向电流 I_{RM}：是指二极管在一定的环境温度下，加最高反向工作电压 U_{RM} 时所测得的反向电流值（又称为反向饱和电流）。I_{RM} 越小，说明二极管的单向导电性越好，其对温度很敏感。常温下，硅管的 I_{RM} 一般为几微安以下，锗管的 I_{RM} 较大，为几十到几百微安。

二极管的参数很多，除上述外还有结电容、最高工作频率及正向压降等，实际应用时，可查阅半导体器件手册。

5.2.4 二极管的应用

二极管是电子电路中最常用的半导体器件。利用其单向导电性及导通时正向压降很小的特点，可用来进行整流、检波、钳位、限幅、开关以及元器件保护等各项工作。现列举几个二极管应用电路。

（1）钳位

利用二极管正向导通时压降很小的特性，可组成二极管钳位电路，如图 5-10 所示。图中若 A 点电位 $V_A = 0$，因二极管 VD 正向导通，其压降很小，故 F 点的电位也被钳制在零伏左右，即 $V_F \approx 0V$。

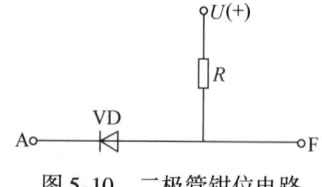

图 5-10 二极管钳位电路

（2）限幅

利用二极管正向导通后其两端电压很小且基本不变的特点，可以组成各种限幅电路，即使输出电压的幅值不超过某一数值。图 5-11a 中两只二极管反向并联，设输入电压 u_i 为正弦波，其幅值大于 0.7V，当 $u_i \geq 0.7V$ 时，二极管 VD_1 导通；当 $u_i \leq -0.7V$ 时，二极管 VD_2 导通。输出电压 u_o 的值被限制在 $+0.7 \sim -0.7V$ 之间，二极管双向限幅电路输入和输出波形如图 5-11b 所示。

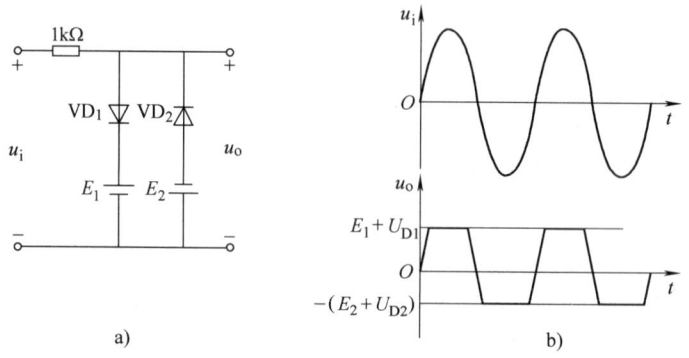

图 5-11 二极管双向限幅电路
a）电路图 b）输入和输出波形图

（3）元器件保护

在电子电路中，常用二极管来保护其他元器件免受过高电压的损害。图 5-12 中，开关

S 接通时，电源 E 给线圈供电，L 中有电流流过，储存了磁场能量。在开关 S 由接通到断开的瞬间，电流突然中断，L 中将产生一个高于电源电压许多倍的自感电动势 e_L。自感电动势 e_L 与电源电动势 E 叠加后作用在开关 S 的端子上，可能在 S 的两端子间产生电弧，电火花放电，它将严重干扰设备的正常工作，甚至将开关 S 烧坏。接入二极管 VD 后，e_L 将通过 VD 产生放电电流 i，使 L 中储存的磁场能量得到释放，线圈两端的电压被抑制在 0.7V 左右，从而保护了开关 S。

在实际电路中，经常用二极管与线圈并联，起到保护电路元器件的作用，如继电器在电路中经常用二极管与其线圈并联，为线圈提供放电回路。图 5-13 为汽车发电机的 JFT106 型晶体管电压调节器电路，其中二极管 VD_5 即起到元器件保护作用，当励磁绕组因晶体管 VT_8 截止而产生自感电动势时，VD_5 为其提供了放电回路，保护其他电路元器件不被励磁绕组的放电电流烧坏。

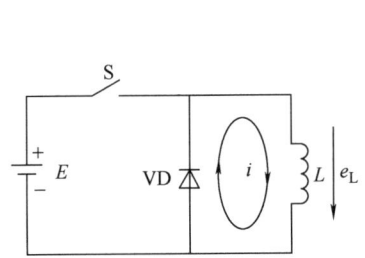

图 5-12 二极管保护作用电路

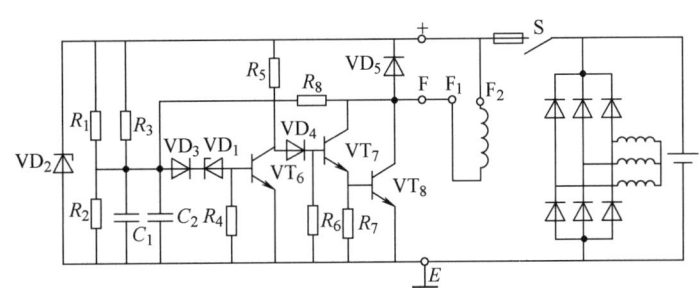

图 5-13 汽车发电机的 JFT106 型晶体管电压调节器电路

除了上述各项用途外，还有许多特殊结构的二极管，如光电二极管、热敏二极管、整流二极管、稳压二极管及发光二极管等。二极管的应用也从一般的整流、检波发展到自动检测、自动控制等技术领域。

5.3 特殊二极管

5.3.1 整流二极管

电力网络供给用户的电能是频率为 50Hz 的交流电，但在实际应用中，有许多用电设备需要直流电源供电，如直流电动机、手机充电器及电子产品等，这就需要将交流电变成直流电。变交流电为直流电一般包括整流、滤波、稳压等几个环节。其中整流是将交流电变成脉动的直流电，如图 5-14 所示。整流电路有单相、三相和半波、全波之分。为简化分析，以下整流电路中的二极管均认为是理想二极管（死区电压为零，正向导通压降为零）。

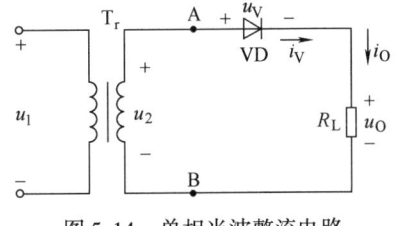

图 5-14 单相半波整流电路

1. 单相半波整流电路

单相半波整流电路如图 5-14 所示，电路由变压器 T_r、整流二极管 VD、负载电阻 R_L 组成。

设变压器二次电压为 $u_2 = \sqrt{2}U_2\sin\omega t$，在 u_2 的正半周，其极性为上正下负，二极管正偏导通。由于理想二极管导通压降为零，负载电阻 R_L 两端的电压 u_O 即为电源电压 u_2。在 u_2 的负半周，极性为上负下正，二极管反偏截止，负载电阻 R_L 两端的电压为零。图 5-15 为单相半波整流电路的电压、电流波形图，由图可见，在输入交流电压的一个周期中，由于二极管的整流作用，输出电压 u_O 即为方向始终不变而大小随时间变化的脉动波形，而且只有半个正弦波形，故称为半波整流。

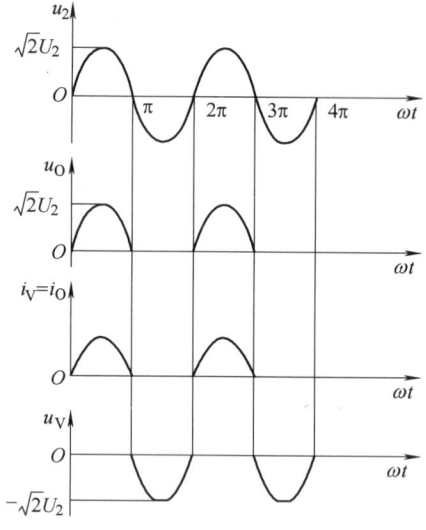

图 5-15 单相半波整流电路的电压、电流波形图

负载 R_L 上的电压 u_O 可用它在一个周期内的平均值来表示，用 U_O 表示。

$$U_O = \frac{1}{2\pi}\int_0^\pi u_O \mathrm{d}(\omega t)$$

$$= \frac{1}{2\pi}\int_0^\pi \sqrt{2}U_2\sin\omega t\, \mathrm{d}(\omega t) \quad (5\text{-}1)$$

$$= \frac{\sqrt{2}}{\pi}U_2 = 0.45U_2$$

式(5-1) 说明负载电阻 R_L 上的整流电压平均值等于整流变压器二次电压有效值的 45%。单相半波整流电路结构简单，但输出电压的平均值低、脉动大、电路损失大。

2. 全波整流电路

（1）单相桥式全波整流电路

单相桥式全波整流电路是一种应用广泛的整流电路，它由 4 个二极管接成电桥，其电路如图 5-16a 所示。图 5-16b、c 是电路的其他几种习惯画法。

整流滤波电路

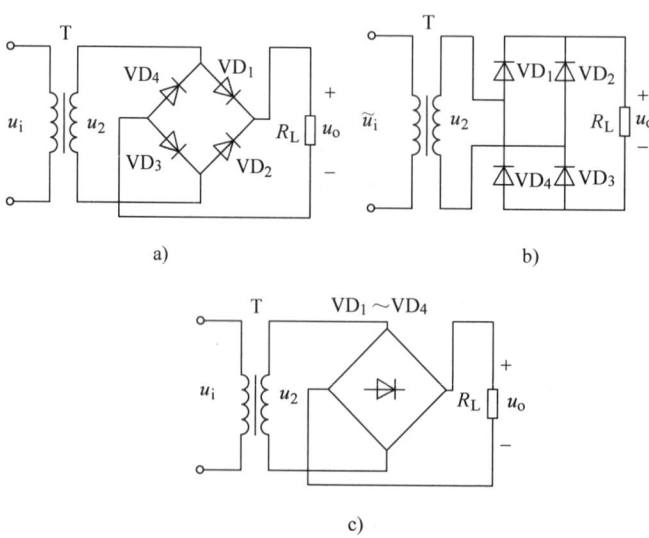

图 5-16 单相桥式全波整流电路

在图 5-16a 中，交流电压 u_i 经变压器变换成 u_2，设其表达式为

$$u_2 = \sqrt{2}\,U_2 \sin\omega t$$

在 u_2 的正半周，其极性为上正下负时，二极管 VD_1 和 VD_3 导通，VD_2 和 VD_4 截止，电流 i_1 的通路为 A→VD_1→R_L→VD_3→B 这时负载电阻 R_L 上得到一个正弦半波电压如图 5-17 中（0~π）段所示。当变压器二次侧电压 u_2 为上负下正时，二极管 VD_1 和 VD_3 反向截止，VD_2 和 VD_4 导通，电流 i_2 的通路为 B→VD_2→R_L→VD_4→A，同样，在负载电阻上得到一个正弦半波电压，如图 5-17 中（π~2π）段所示。

由以上分析可知，桥式整流电路的整流电压平均值 U_o 比半波整流时增加一倍，即

$$U_o = 2 \times 0.45 U_2 = 0.9 U_2 \quad (5\text{-}2)$$

单相桥式全波整流电路中，在变压器二次电压相同的情况下，输出电压平均值高、脉动小，管子承受的反向电压和半波整流电路一样。虽然用了 4 只二极管，但小功率二极管体积小，价格低廉，因此桥式全波整流电路得到了广泛的应用。

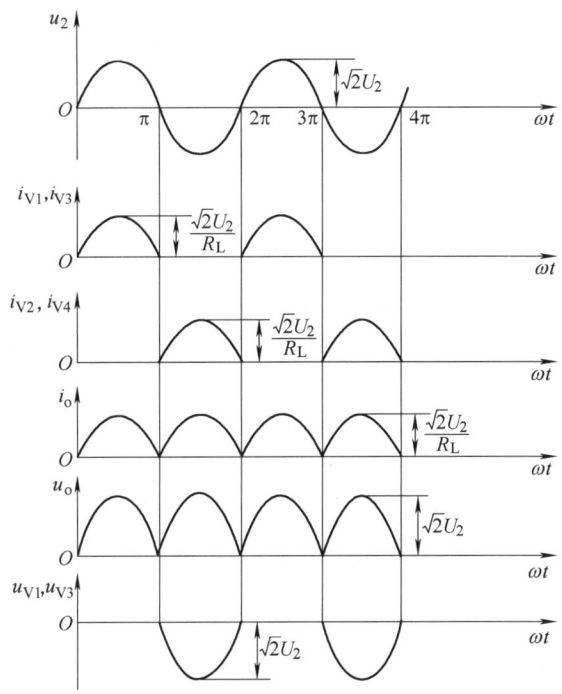

图 5-17 单相全波整流波形

（2）三相桥式全波整流电路

在实际应用中，供电系统常采用三相电源，这就需要采用三相整流电路。三相整流电路的组成原则和方法与单相桥式整流电路相同，变压器二次的 3 个端均接两只二极管，且一只接阴极，另一只接阳极。三相桥式全波整流电路如图 5-18 所示。用前面所述方法分析电路，可以得到其波形，三相全波整流波形图如图 5-19 所示。

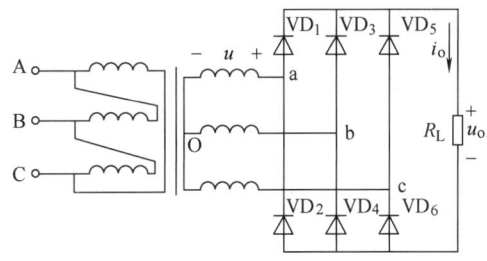

图 5-18 三相桥式全波整流电路

由数学推导可知，负载 R_L 上电压 u_o 与三相变压器二次电压有效值 U_2 的关系为

$$u_o = 2.34 U_2 \quad (5\text{-}3)$$

汽车发电机输出的是三相交流电压，其向车上的直流用电设备供电时，先要经过三相桥式全波整流电路整成单相脉动的直流电。图 5-20 所示为汽车六管整流电路。

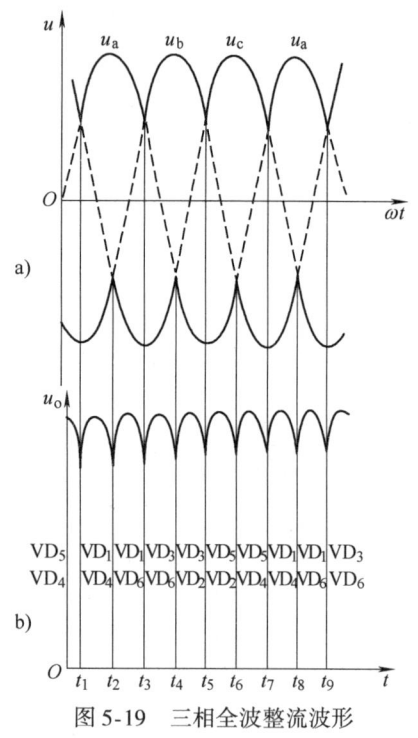

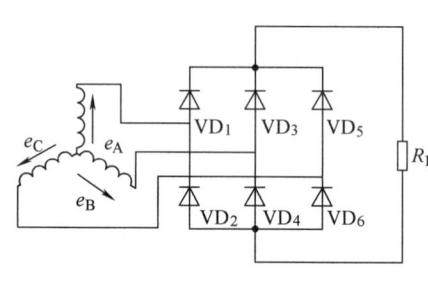

图 5-19 三相全波整流波形

图 5-20 汽车六管整流电路

3. 滤波电路

整流电路的输出电压虽然是单一方向的,但是其脉动程度较大,含有较多的谐波成分,不能满足大多数电子电路及设备的需要。解决该问题的办法是在整流电路后加上滤波电路,将脉动的直流电压变为平滑的直流电压。

电容具有通交流隔直流的作用,电感具有通直流阻交流的特点。因此,将电容、电感和电阻适当的组合起来,可得到各种形式的滤波电路。

(1) 电容滤波电路

电容滤波电路是最常见也是最简单的滤波电路,在整流电路的输出端并联一个电容即构成电容滤波电路。桥式整流电容滤波电路如图 5-21a 所示。

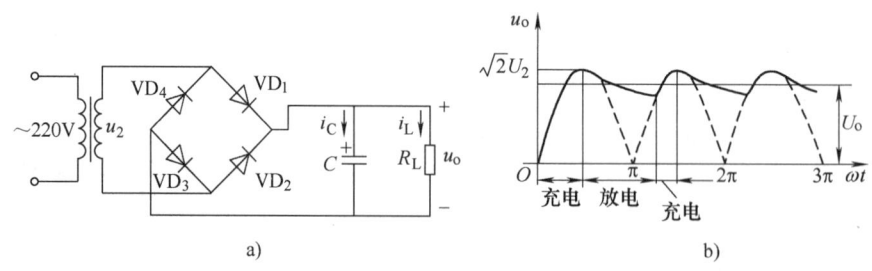

图 5-21 桥式整流电容滤波电路
a) 电路 b) 波形

1) 滤波原理。

设初始时刻电容 C 两端的电压 u_C 为零,当变压器二次电压 u_2 处于正半周时,二极

管 VD_1、VD_3 导通，电流一路流经负载电阻 R_L，另一路对电容 C 充电。因为在理想情况下，变压器二次无损耗，二极管导通电压为零，所以电容两端电压 u_C 与 u_2 相等，由于电容与负载并联，因此 $u_C = u_o$，当 u_2 上升到峰值后开始下降，电容通过负载电阻 R_L 放电，其电压 u_C 也开始下降，趋势与 u_2 基本相同。但是由于电容按指数规律放电，所以当 u_2 下降到一定数值后，u_C 的下降速度小于 u_2 的下降速度，使 u_C 大于 u_2，从而导致 VD_1、VD_3 反向偏置而变为截止。此后，电容 C 继续通过 R_L 放电，u_C 按指数规律缓慢下降。

当 u_2 的负半周幅值变化到恰好大于 u_C 时，VD_2、VD_4 因加正向电压变为导通，u_2 再次对 C 充电，u_C 上升到 u_2 的峰值后又开始下降；下降到一定数值时，VD_2、VD_4 变为截止，C 对 R_L 放电，u_C 按指数规律下降；放电到一定数值时 VD_1、VD_3 变为导通，重复上述过程。

2）输出电压平均值。

从以上分析可知，电容充电时，回路电阻为整流电路的内阻，即变压器内阻和二极管的导通电阻，其数值很小，因而时间常数很小。电容放电时，回路电阻为 R_L，放电时间常数为 $R_L C$，通常远大于充电的时间常数。因此，滤波效果取决于放电时间，即电容越大，负载电阻越大，滤波后输出电压越平滑，并且其平均值越大。

估算输出电压平均值可得

$$U_O = U_2 \quad (半波整流) \tag{5-4}$$

$$U_O = 1.2 U_2 \quad (全波整流) \tag{5-5}$$

（2）电感滤波电路

在大电流负载情况下，由于负载电阻 R_L 很小，若采用电容滤波电路，则电容容量势必很大，而且整流二极管的冲击电流也非常大，这就使得整流管和电容的选择变得很困难，甚至不太可能，在此情况下应当采用电感滤波。在整流电路与负载电阻之间串联一个电感线圈就构成电感滤波电路。桥式整流电感滤波电路如图5-22所示，负载 R_L 两端电压的平均值为

$$U_O = 0.9 U_2 \tag{5-6}$$

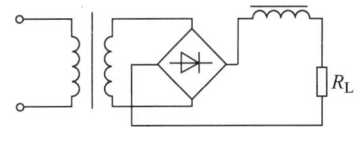

图 5-22 桥式整流电感滤波电路

电感线圈的电感 L 为几到几十亨，一般来说 L 越大滤波效果越好。但 L 越大，线圈的体积和重量越大，而且也不经济。电感滤波适用于负载电流越大其变化也越大但对输出电压脉动程度要求不高的场合。

（3）复式滤波电路

当单独使用电容或电感进行滤波，效果仍不理想时，可采用复式滤波电路。图 5-23 所示为几种常见的复式滤波电路。表 5-1 列出了各种滤波电路性能的比较。

表 5-1 各种滤波电路性能的比较

性能＼类型	电容滤波	电感滤波	LC 滤波	RC 或 $LC\pi$ 型滤波
U_O/U_2	1.2	0.9	0.9	1.2
适用场合	小电流负载	大电流负载	适应性较强	小电流负载

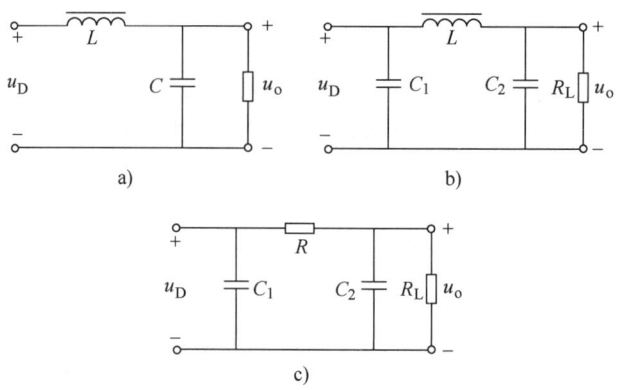

图 5-23 几种常见的复式滤波电路
a) LC 滤波电路　b) $LC\pi$ 型滤波电路　c) $RC\pi$ 型滤波电路

5.3.2　稳压二极管

交流电经过整流和滤波电路后，波形波动比较小了，但是有可能距离要求的直流电还有一定的差距，为了得到更加平直的直流电，在滤波电路和负载之间还应接入稳压电路，以保证输出稳定的电压。由稳压二极管和限流电阻组成的稳压电路是最简单的稳压电路，如图 5-24 所示。

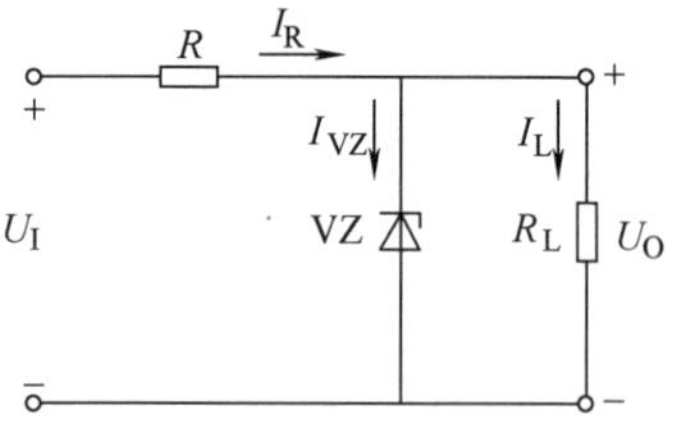

1. 稳压二极管

稳压二极管是一种硅材料制成的面接触型晶体二极管，简称为稳压管。稳压管被反向击穿时，在一定的电流范围内（或者说在一定的功率损耗范围内），端电压几乎不变，表现出稳压特性，因而广泛用于稳压电源与限幅电路中。

图 5-25 为稳压管的符号、外形和伏安特性曲线。从特性曲线可以看出，稳压管的正向特性和普通二极管相近，当反向电压达到反向击穿电压时，稳压管两端电压基本恒定在击穿电压左右，而流过稳压管的反向电流可在很大范围内变化。

图 5-24　稳压二极管构成的稳压电路

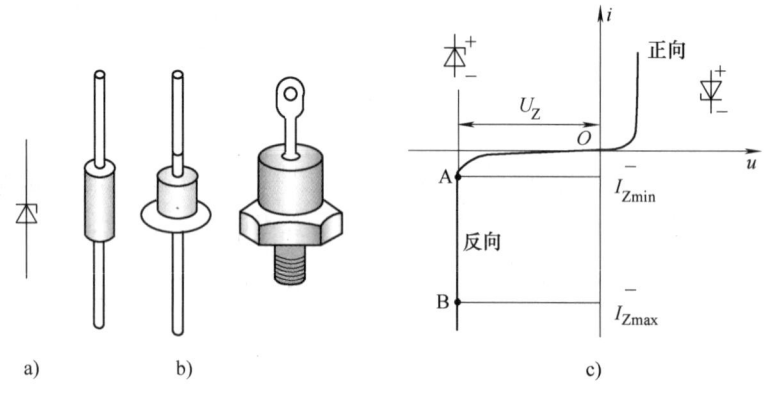

图 5-25　稳压二极管符号、外形和伏安特性曲线
a) 符号　b) 外形　c) 伏安特性曲线

2. 稳压二极管主要参数

1）稳定电压 U_Z

U_Z 是在规定电流下稳压管的反向击穿电压。

2）稳定电流 I_Z

稳定电流是指工作电压等于 U_Z 时的工作电流，常常将 I_Z 记作 I_{Zmin}，电流低于此值时稳压效果不好。

3）最大稳定电流 I_{Zmax}

稳压管的最大允许工作电流，在使用时实际电流不能超过此值。

4）额定功率 P_{ZM}

P_{ZM} 等于稳压管的稳定电压 U_Z 与最大稳定电流 I_{Zmax} 之乘积。稳压管的功耗超过此值时，会因结温升高而损坏。

3. 稳压管稳压电路的工作原理

图 5-24 所示稳压电路中，整流滤波后输出电流 I_R 经 R 分别流过 VZ 和 R_L，即 $I_R = I_{VZ} + I_L$。当 U_I 增大时，输出电压 U_O 也随之增大；但是，由于 $U_O = U_{VZ}$，因而根据稳压管的伏安特性，U_{VZ} 的增大将使 I_Z 急剧增大，U_R 会同时随着 I_R 而急剧增大；由图可知，$U_I = U_R + U_O$，则 U_R 的增大必将使输出电压 U_O 减小，从而使 U_O 基本不变。

当 U_I 减小时，各电量的变化与上述过程相反，以保证 U_O 基本不变。

当负载 R_L 减小而使负载电流 I_L 增大时，根据 $I_R = I_{VZ} + I_L$，使得 I_R 增大，U_R 也随之增大；根据 $U_I = U_R + U_O$，U_O 必然下降，即 U_{VZ} 下降；根据稳压管的伏安特性，U_{VZ} 的下降使 I_{VZ} 急剧减小，从而 I_R 随之减小，从而使 U_O 基本不变。当 R_L 增大时，I_L 减小，则 I_{VZ} 增大，同样使 I_R 基本不变，从而保证 U_O 基本不变。

综上所述，在稳压二极管构成的稳压电路中，利用稳压管所起的电流调节作用，通过限流电阻 R 上电压或电流的变化进行补偿，来达到稳压的目的。

> **想一想**
>
> 如何将民用交流电 220V 变成 5V 直流电输出？

5.3.3 发光二极管

发光二极管（Light-Emitting Diode，LED）由含镓（Ga）、砷（As）、磷（P）及氮（N）等的化合物制成。

发光二极管与普通二极管一样是由一个 PN 结组成，也具有单向导电性。当给发光二极管加上正向电压后，从 P 区注入 N 区的空穴和由 N 区注入 P 区的电子复合，产生自发辐射的荧光。不同的半导体材料中电子和空穴所处的能量状态不同，发光颜色也不同，砷化镓二极管发红光，磷化镓二极管发绿光，碳化硅二极管发黄光，氮化镓二极管发蓝光。发光二极管能发出从紫外到红外不同颜色的光线，光的强弱与通过二极管的电流有关。图 5-26 为常见发光二极管的外形图、结构和符号。

发光二极管的反向击穿电压大于 5V。它的正向伏安特性曲线很陡，使用时必须串联限流电阻以控制通过二极管的电流。

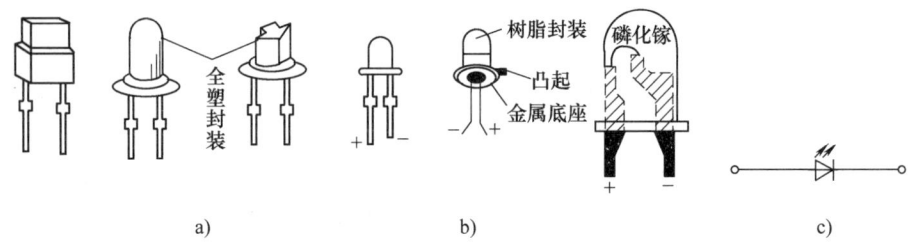

图 5-26 常见发光二极管外形图、结构和符号
a) 外形 b) 结构 c) 符号

发光二极管在汽车电路中主要应用在仪表板上的状态指示灯、警告灯和信号灯,现代汽车上已有使用发光二极管做近光灯等照明灯了。

> **小经验**
> LED 优点:电光转化效率高(接近 60%)、绿色环保、寿命长(可达 10 万小时)、工作电压低(3V 左右)、反复开关无损寿命、体积小、发热少、亮度高、坚固耐用、易于调光、色彩多样、光束集中稳定及启动无延时等。
> LED 缺点:起始成本高、显色性差、大功率 LED 效率低、恒流驱动(需专用驱动电路)。

5.3.4 光电二极管

普通二极管在反向电压作用时处于截止状态,只能流过微弱的反向电流,光电二极管在设计和制作时尽量使 PN 结的面积相对较大,以便接收入射光。光电二极管是在反向电压作用下工作的,没有光照时,反向电流极其微弱,叫暗电流;有光照时,反向电流迅速增大到几十微安,称为光电流。光的强度越大,反向电流也越大。光的变化引起光电二极管电流变化,这就可以把光信号转换成电信号,成为光电传感器件。图 5-27 为常见的光电二极管外形及符号。

光电二极管在汽车电路中主要应用在光电传感器上,例如自动空调系统的日照传感器,它可将车辆不同部位受到的日照情况转换成电信号送给 ECU,使之自动调节车内的温度。图 5-28 为凌志自动空调系统日照传感器的结构及电路图。

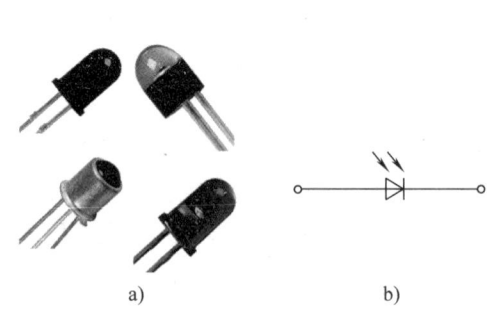

图 5-27 常见的光电二极管外形图及符号
a) 外形 b) 符号

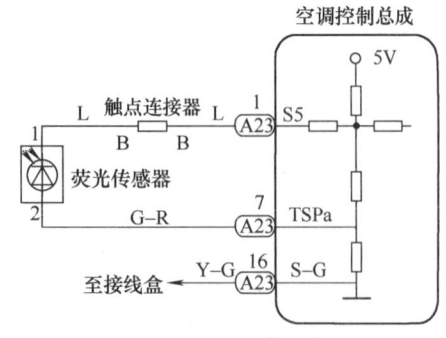

图 5-28 凌志自动空调系统日照传感器的结构及电路图

自动前照灯的光照传感器，可以感知车辆周围光线的明暗程度，使控制单元自动控制前大灯的开启和关闭。自动刮水器的红外雨量传感器，利用光电二极管接收经挡风玻璃反射后的光线（由两组特制的发光二极管发射的），由于雨滴的存在，两组反射光投射到光电二极管的角度不同，使得光电二极管产生的电流强度不同，根据电流强度偏差的大小，可判断雨量的大小，图5-29为红外雨量传感器的结构示意图。图5-30为光电式曲轴与凸轮轴位置传感器，由发光二极管和光电二极管配合，测量发动机转速信号。

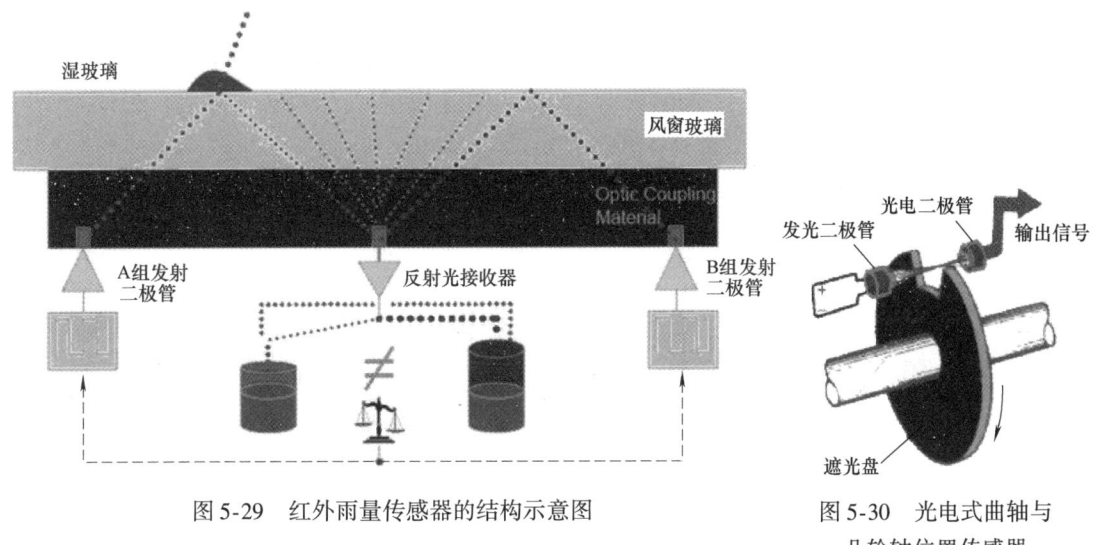

图5-29 红外雨量传感器的结构示意图　　图5-30 光电式曲轴与凸轮轴位置传感器

光电二极管还可应用于光纤传输中作为信号接收器，如汽车MOST总线的控制单元就是利用雪崩光电二极管（一种在受到光照时能产生等同于普通光电二极管30～100倍的电流信号的光电二极管）来接收光纤导线传来的光信号，将光信号转换成电信号送给微处理器。

> 小讨论
>
> 生活中和汽车电路中，还有哪里用到了二极管？

5.4 认识晶体管

晶体管分为双极型和单极型两种，双极型晶体管（Bipolar Junction Transistor，BJT）因其内部有两种载流子导电而得名，又称为晶体晶体管、半导体晶体管等，简称为晶体管。单极型晶体管（Field Effect Transistor，FET）因其内部仅靠多数载流子导电而得名，又称为场效应晶体管。图5-31为晶体管的几种常见外形。

晶体管可以用来组成各种功能的电子电路。本节重点讲述双极型晶体管的相关内容。

图5-31 常见晶体管外形

5.4.1 双极型晶体管的结构及类型

根据不同的掺杂方式在同一个硅片上制造出3个掺杂区域，并形成两个PN结，就构成晶体管。图5-32a为NPN型硅材料晶体管的结构示意图，位于中间的P区称为基区，它很薄且杂质浓度很低，用于控制载流子通过；位于上层的N区称为发射区，掺杂浓度很高，用于发射载流子；位于下层的N区称为集电区，集电区面积很大，用于收集发射区发射的载流子。晶体管还可以制成上P、中N、下P的结构，称为PNP型晶体管。PNP型晶体管3个区的名称和特点与NPN相同，晶体管的特性与3个区的上述特点紧密相关。各区所引出的引线分别称为基极B（Base）、发射极E（Emit）和集电极C（Collection）。发射区与基区间的PN结称为发射结，基区与集电区间的PN结称为集电结。

图5-32b为PNP型晶体管的结构示意图，图5-32c为NPN型管和PNP型管的符号。

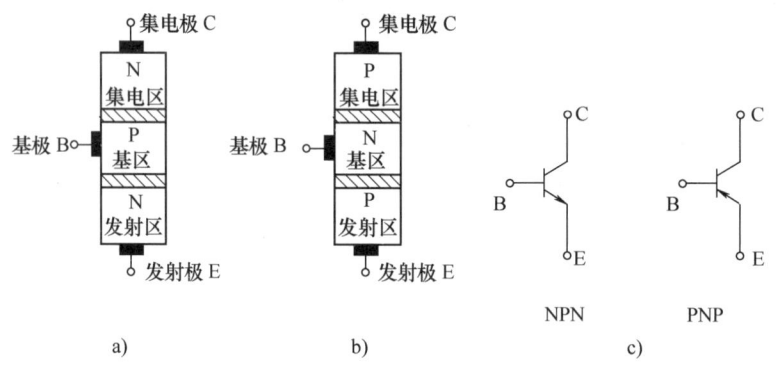

图5-32　晶体管结构与符号
a）NPN型硅材料晶体管的结构　b）PNP型晶体管的结构　c）NPN型管和PNP型管的符号

5.4.2 双极型晶体管的电流放大作用

放大是对模拟信号最基本的处理。在实际电路和科学实验中，从传感器获得的电信号都很微弱，需要经过放大后才能进一步处理，使之具有足够的能量来驱动执行机构工作。晶体管是放大电路的核心元器件，它能够将输入的微小变化不失真地放大输出，放大的对象是变化的量。下面以NPN型晶体管为例讲述晶体管的放大作用、特性曲线和主要参数。

晶体管要实现电流放大作用，需要给晶体管的两个PN结加上合适的偏压，图5-33为基本共发射极放大电路。图中NPN型晶体管的发射极接地，E_B和E_C分别为基极和集电极提供了高电位，且集电极电位高于基极电位，从而为内部载流子的运动提供了条件。

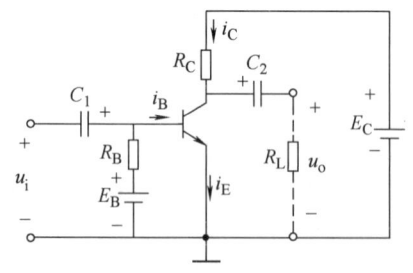

图5-33　基本共发射极放大电路

1. 晶体管内部载流子的运动

如图5-34所示为晶体管内部载流子运动示意图。

（1）发射结正偏，扩散运动形成发射极电流

因为发射结加正向电压，且发射区掺杂浓度高，所以大量自由电子因扩散运动由发射区

到达基区，形成了发射极电流 I_E。同时，基区的空穴也向发射区扩散，但由于基区掺杂浓度很低，形成的电流非常小，可忽略不计。

（2）扩散到基区的自由电子与空穴的复合运动形成基极电流

由于基区很薄，掺杂浓度很低，所以扩散到基区的电子中只有极少部分与空穴复合，又由于电源 E_B 的作用，电子与空穴的复合运动可以源源不断地进行，形成基极电流 I_B，基极电流很小。

（3）集电结加反向电压，形成集电极电流

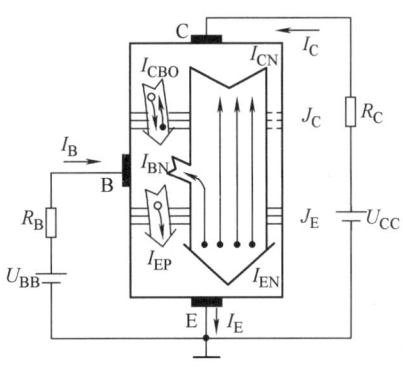

图 5-34　晶体管内部载流子运动示意图

由于集电结加反向电压且其面积较大，发射区发射的经由基区的自由电子绝大部分在外电场的作用下到达集电区，形成集电极电流 I_C。同时，由于集电结反偏的作用，其中的少数载流子飘移运动形成了电流 I_{CBO}，称为反向饱和电流。

2. 晶体管的电流分配关系

从图 5-34 可看出，晶体管内部载流子运动形成的电流存在如下关系：

$$I_E = I_C + I_B \tag{5-7}$$

晶体管对电流的放大作用体现在当晶体管外加如图 5-33 所示的偏压时，即晶体管发射结正偏、集电结反偏时，形成的集电极电流和基极电流的大小成倍数关系：

$$I_C = \beta I_B \tag{5-8}$$

β 称为晶体管的电流放大倍数，当有交流信号输入图 5-33 所示电路时，晶体管各极将产生交流电流，此时集电极电流与基极电流仍然存在倍数关系

$$i_C = h_{fe} i_B \tag{5-9}$$

h_{fe} 称为晶体管的电流增益，$\beta \approx h_{fe}$，一般情况下选取 h_{fe} 为几十至一百多，h_{fe} 太小则放大能力不强，太大则性能不稳定。

上述分析表明，基极电流很小的变化会引起集电极电流较大的变化，可见基极电流对集电极电流有控制作用，因此说晶体管是电流控制器件。

5.4.3 双极型晶体管的工作特性曲线

1. 输入特性曲线

输入特性曲线描述了在 u_{CE} 一定的情况下，基极电流 i_B 与发射结压降 u_{BE} 之间的关系曲线，函数关系式为

$$i_B = f(u_{BE}) \big|_{u_{CE} = 常数} \tag{5-10}$$

当 $u_{CE} = 0$ 时，集电极与发射极短路，即发射结与集电结并联，输入特性曲线与 PN 结的伏安特性类似，呈指数关系。晶体管输入特性曲线如图 5-35 所示。当 u_{CE} 增大时，曲线将右移。实际上对于确定的 u_{BE}，当 u_{CE} 增大到特定值（如 1V）以后，集电结的电场已足够强，可以将发射区注入基区的绝大多数载流子收集到集电区，因而再增大 u_{CE}，i_C 也不可能明显增大，也就是说 i_B 基本不变。因此，u_{CE} 超过一定数值后，曲线不再明显右移，而是基本重合。对于小功率管，可以近似地用 u_{CE} 大于 1V 的任何一条曲线来代表 u_{CE} 大于 1V 的所有曲线。

2. 输出特性曲线

输出特性曲线描述的是基极电流 i_B 为一常量时,集电极电流 i_C 与管压降 u_{CE} 之间的关系曲线,函数关系式为

$$i_C = f(u_{CE})\big|_{i_B = 常数} \tag{5-11}$$

对于任意一个确定的 i_B,都有一条曲线,所以输出特性是一簇曲线,如图 5-36 所示。对于某一条曲线,当 u_{CE} 从零逐渐增大时,集电结电场随之增强,收集发射区发射的多数载流子的能力逐渐增强,因而 i_C 也逐渐增大。而当 u_{CE} 增大一定值后,如前所述,集电结电场已足够强把发射区注入基区的多数载流子收集到集电区,u_{CE} 再增大,收集载流子的能力已不再明显提高,表现为曲线几乎与横轴平行,即 i_C 几乎仅仅取决于 i_B 值(β 倍的关系)。

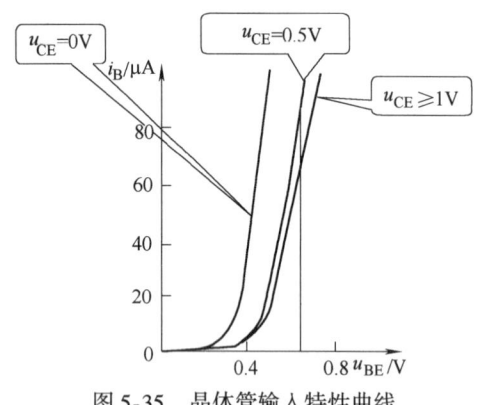

图 5-35 晶体管输入特性曲线

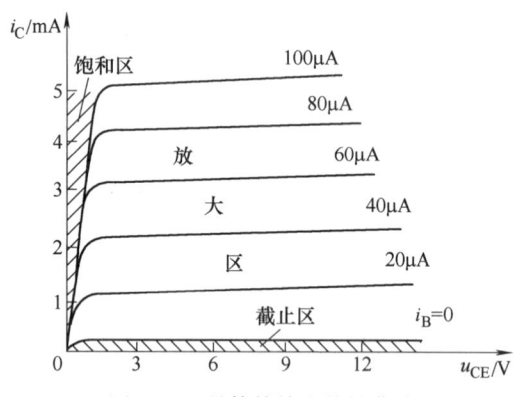

图 5-36 晶体管输出特性曲线

晶体管输出特性曲线如图 5-36 所示,晶体管可工作在 3 个区域:

1)截止区:其特征是发射结电压小于死区电压,且集电结反向偏置。此时 $i_B = 0$,i_C 也近似为零。

2)放大区:其特征是发射结正向偏置且集电结反向偏置,此时,i_C 几乎仅仅取决于 i_B,而与 u_{CE} 无关,表现为 i_B 对 i_C 的控制作用。

3)饱和区:其特征是发射结与集电结均处于正向偏置,此时 i_C 不仅与 i_B 有关,而且明显随 u_{CE} 增大而增大,i_C 小于 βi_B。

5.4.4 双极型晶体管构成的放大电路

晶体管可构成 3 种基本放大电路:共发射极放大电路、共基极放大电路及共集电极放大电路。

晶体管放大电路

1. 共发射极放大电路

(1) 基本共发射极放大电路的组成

共发射极放大电路简称为共射放大电路,图 5-37 为基本共射放大电路,为保证晶体管工作在放大状态,电路中 E_B 和 R_B 为发射结提供了正偏电压,E_C 和 R_C 为集电结提供了反偏电压,被放大信号 u_i 为正弦交流电压。输入信号 u_i 从基极和地两端输入,输出信号 u_o 从集电极和地两端输出。由于信号输入回路和输出回路以发射极为公共端,故称之为共射放大

电路。一般为方便起见，将 E_B 和 E_C 合并成一个电源 U_{CC}。单电源共射放大电路如图 5-38 所示。

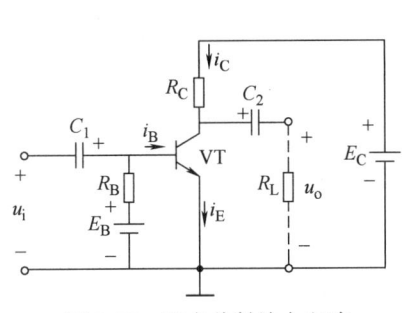

图 5-37 基本共射放大电路

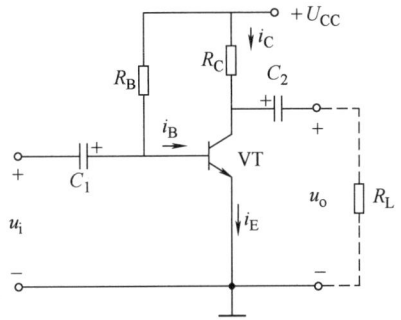

图 5-38 单电源共射放大电路

在 $u_i = 0$ 时，放大电路中只有直流量，称放大电路处于静态。如上所述，晶体管工作在放大状态，则 $I_C = \beta I_B$，电阻 R_C 上的电流等于集电极电流 I_C，因而 R_C 上的电压为 $I_C R_C$，从而确定了 C - E 间电压 $U_{CE} = U_{CC} - I_C R_C$。

（2）静态工作点的作用

由以上分析可知，在放大电路中，当有信号输入时，交流量与直流量共存。当输入信号为零时，即静态时，可画出图 5-39 所示的共射放大电路直流通路。分析直流通路，可得到式（5-12）所示的表达式，进而估算出基极电流、集电极电流 I_C 和管压降 U_{CE} 的值。由于 I_C 和 U_{CE} 是晶体管输出特性曲线的横、纵坐标，于是可根据估算得到 I_B、I_C 和 U_{CE} 的值，在输出特性曲线上确定一点 Q（Quiesecnt），如图 5-40 所示。Q 点体现了放大电路静态时的工作情况，因此将 I_{BQ}、I_{CQ} 和 U_{CEQ} 称为静态工作点。

$$I_B = \frac{U_{CC} - U_{BE}}{R_B}$$
$$I_C = \beta I_B$$
$$U_{CE} = U_{CC} - I_C R_C \tag{5-12}$$

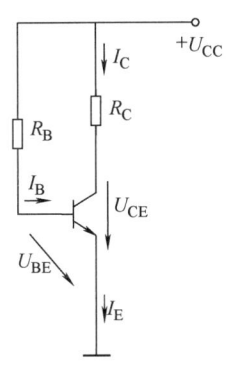

图 5-39 共射放大电路直流通路

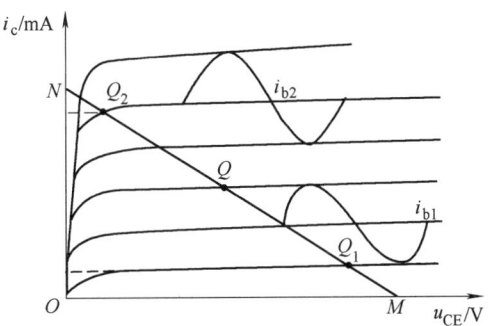

图 5-40 静态工作点

小提示

式（5-12）中，U_{BE} 视为已知量，对于硅管 $U_{BE} = 0.7V$，对于锗管 $U_{BE} = 0.2V$。

为了说明静态工作点的作用，让 R_B 脱离电源 U_{CC}，如图 5-41 所示为基极开路直流通路。这样由式(5-12) 可得 $I_{BQ}=0$，$I_{CQ}=0$，$U_{CEQ}=U_{CC}$。当有输入信号 u_i 时，基极开路失真波形如图 5-42 所示。若 u_i 的峰值小于 $b-e$ 间的死区电压，则在信号的整个周期内晶体管始终工作在截止状态，因而没有输出电压；若 u_i 的峰值大于 $b-e$ 间的死区电压，晶体管只能在信号正半周大于死区电压的时间间隔内导通，输出电压必然失真。共射放大电路饱和失真与截止失真波形如图 5-43 所示，Q 点只有位于晶体管输出特性曲线的放大区内，输出电压才不会失真，当 Q 点位于放大区的中间位置时，可得到最大不失真波形；而当 Q 点接近饱和区或截止区时，输出电压会产生饱和失真或截止失真。

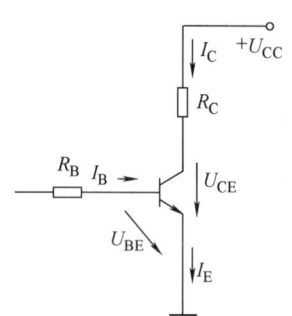

图 5-41 基极开路直流通路

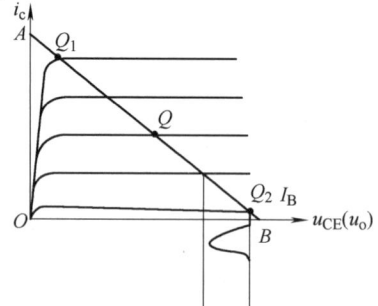

图 5-42 基极开路失真波形

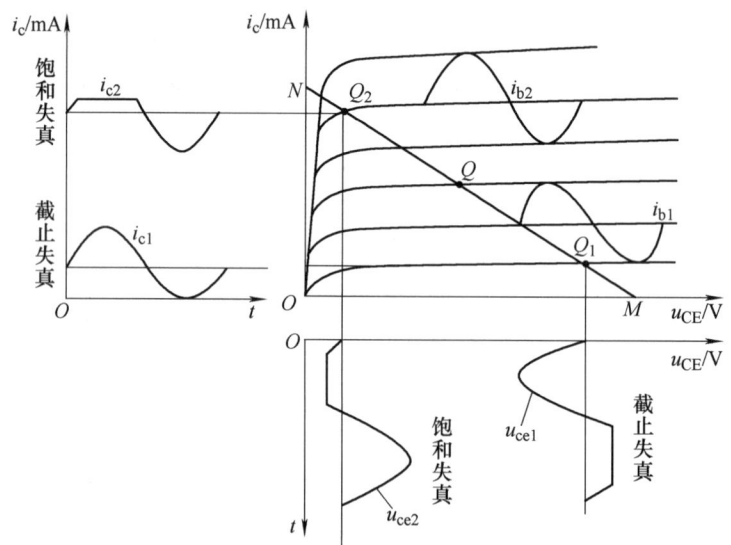

图 5-43 共射放大电路饱和失真与截止失真波形

（3）共射放大电路工作原理

在图 5-38 中，当有输入电压时，基极电流是在原来直流分量 I_{BQ} 的基础上叠加一个正弦交流电流 i_b，因而基极总电流 $i_B=I_{BQ}+i_b$，如图 5-44b 所示。根据晶体管基极电流对集电极电流的控制作用，集电极电流也会在直流分量 I_{CQ} 的基础上产生一个正弦交流电流 i_c，并且 $i_c=\beta i_b$，集电总电流 $i_C=I_{CQ}+\beta i_b$。此时，集电结的动态电流 i_c 必将在集电极电阻 R_C 上产生一个正弦交流电压。R_C 上的电压增大时，管压降必然减小；而当 R_C 上的电压减小时，

u_{CE} 必然增大，所以管压降是在直流分量 U_{CEQ} 的基础上叠加上一个与 i_c 变化方向相反的交流电压 u_{ce}，$u_{CE} = U_{CEQ} + u_{ce}$，波形如图 5-44c 所示。将管压降中的直流分量 U_{CEQ} 去掉，就得到一个与输入电压 u_i 相位相反且放大了的交流电压 u_o，如图 5-44d 所示。

由以上分析可知，在共射放大电路中，交流信号只是加载在直流分量之上，输出只有交流信号，因而共射放大电路放大的是交流信号，直流量的作用是提供合适的静态工作点，保证输出信号不失真。

> **讨论一下**
> 能否用共发射极放大电路放大民用 220V 交流电？

2. 共集电极放大电路

图 5-45a 为共集电极放大电路，简称为共集放大电路。图 5-45b 为共集放大电路的交流通路，即不加直流电源时的等效电路，从图 5-45b 中可以看出输入回路和输出回路的公共端。由于输出电压是发射极的对地电压，即从发射极输出，因此又称共集放大电路为射极输出器。

共集放大电路的特点：电压放大倍数略小于 1，输出电压与输入电压同相，故又称其为电压跟随器；输入电阻大，输出电阻小；有功率放大作用。

输入电阻是指从放大电路输入端看进去的等效电阻，其值越大从信号源索取的电流越小，即可减小信号源内阻上的损耗。将放大电路输出回路等效成一个有内阻的电压源，输出电阻即为等效的内阻，可见输出电阻越小负载上获得的电压越大，即放大电路的带负载能力越强。故共集放大电路可作为多级电路的输入级和输出级，还可以连接两电路，减小电路间直接连接所带来的影响，起缓冲作用。

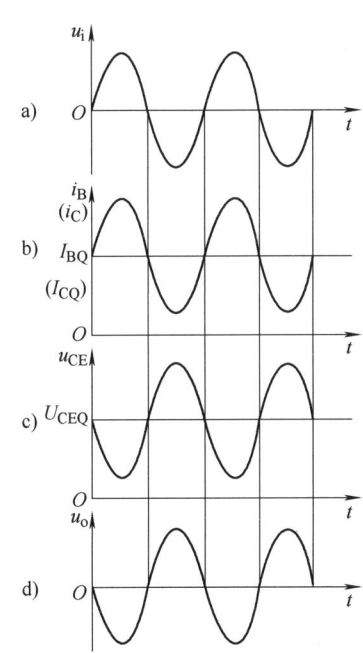

图 5-44 共射放大电路波形分析

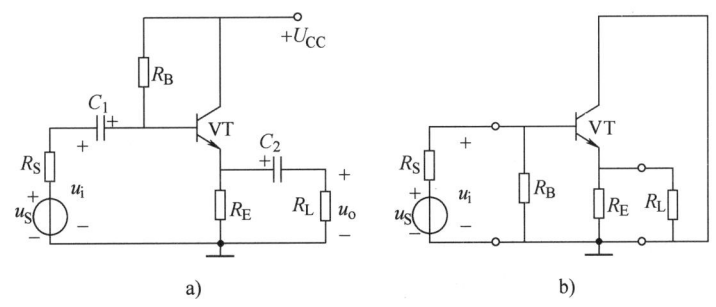

图 5-45 共集电极放大电路
a) 电路组成 b) 交流通路

> **小知识**
>
> 晶体管放大电路3种基本接法的特点对比。
>
> 1) 共射电路既能放大电流又能放大电压，输入电阻在3种电路中居中，输出电阻较大，常作为低频电压放大电路的单元电路。
>
> 2) 共集电路只能放大电流不能放大电压，是3种接法中输入电阻最大、输出电阻最小的电路，常用于电压放大电路的输入级和输出级。
>
> 3) 共基电路只能放大电压不能放大电流，输入电阻小，电压放大倍数和输出电阻与共射电路相当，频率特性是3种接法中最好的电路，常用于宽频带放大电路。

5.4.5 场效应晶体管

场效应晶体管是利用输入回路的电场效应来控制输出回路电流的半导体器件，并因此得名。场效应晶体管不但具备双极型晶体管体积小、重量轻、寿命长等优点，而且输入回路的内阻高达 $10^7 \sim 10^{12}\Omega$，噪声低，热稳定性好，抗辐射能力强，更省电。场效应晶体管常用于放大电路、振荡电路和开关电路，特别是用于输入阻抗要求较高的电路。

1. 场效应晶体管的结构与外形

场效应晶体管是只有一种载流子参与导电的半导体器件，又称为单极型晶体管。按照结构划分，场效应晶体管分为结型和绝缘栅型两种；按照参与导电的载流子划分，可分为电子作为载流子的 N 沟道器件和空穴作为载流子的 P 沟道器件。图 5-46 所示为常见场效应晶体管实物。

场效应晶体管也有3个极，分别为栅极 G (Gate)、源极 S (Source) 和漏极 D (Drain)。场效应晶体管的工作原理是栅源电压 U_{GS} 控制漏极

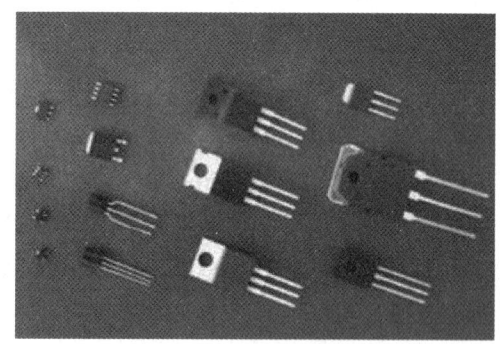

图 5-46 常见场效应晶体管实物

电流 I_D，无论 U_{GS} 是正、是负还是零均可以控制漏极电流，因此场效应晶体管是电压控制器件。

2. 结型场效应晶体管

结型场效应晶体管的符号和结构如图 5-47 所示，它是在 N(P) 型半导体硅片的两侧各制造一个 PN 结，形成两个 PN 结夹着一个 N(P) 型沟道的结构。两个 P(N) 区即为栅极，

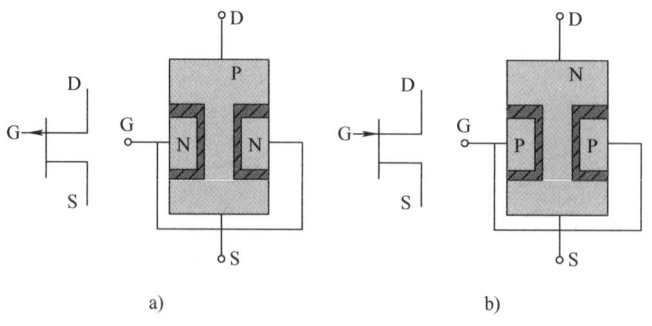

图 5-47 结型场效应晶体管符号和结构
a) P 沟道 b) N 沟道

N(P)型硅的一端是漏极，另一端是源极。

N沟道和P沟道场效应晶体管工作原理完全相同，现以N沟道场效应晶体管为例介绍其工作原理。N沟道场效应晶体管工作时，必须在栅极和源极之间加一个负电压即 $u_{GS} < 0$，在D-S间加一个正电压即 $u_{DS} > 0$。当 $u_{GS} = 0$ 时，在漏、源极间加有一定电压时，在两者间将形成多子的漂移运动，产生漏极电流。当 $u_{GS} < 0$ 时，PN结反偏，形成耗尽层，漏、源极间的沟道将变窄，i_D 将减小，u_{GS} 继续减小，沟道继续变窄，i_D 继续减小直至为0。当漏极电流为零时所对应的栅源电压 u_{GS} 称为夹断电压 $U_{GS(off)}$。

i_D 的大小主要受 u_{GS} 的控制，同时受到 u_{DS} 的影响，因此讨论场效应晶体管的工作原理就是讨论 u_{GS} 对 i_D 的控制作用及 u_{DS} 对 i_D 的影响。结型场效应晶体管的伏安特性可用两条特性曲线描述，一是输出特性曲线（$i_D = f(u_{DS})|u_{GS}$ = 常数），二是转移特性曲线（$i_D = f(u_{GS})|u_{DS}$ = 常数）。如图5-48所示为N沟道场效应晶体管的伏安特性曲线，P沟道场效应晶体管的伏安特性曲线如图5-49所示。

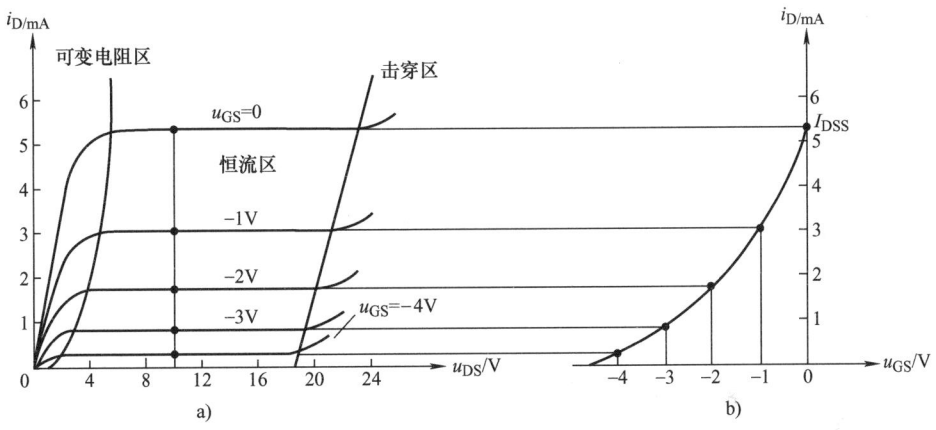

图5-48 N沟道场效应晶体管伏安特性曲线

a）输出特性曲线 b）转移特性曲线

注：I_{DSS} 为漏极饱和电流。

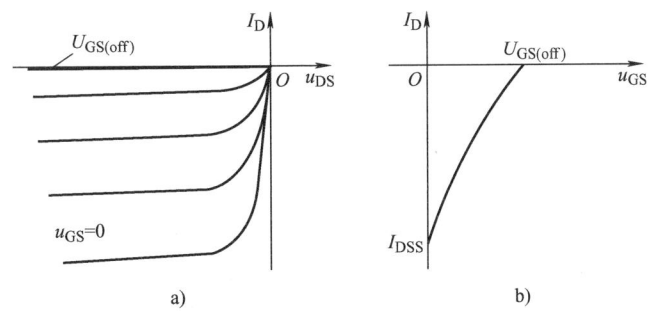

图5-49 P沟道场效应晶体管伏安特性曲线

a）输出特性曲线 b）转移特性曲线

3. 绝缘栅场效应晶体管

绝缘栅型场效应晶体管是一种利用半导体表面的电场效应，由感应电荷的多少改变导电沟道来控制漏极电流的器件，它的栅极与半导体之间是绝缘的，其电阻大于 $10^{10}\Omega$。由于栅极与漏、源极之间是 SiO$_2$ 作为绝缘层,而栅极是金属,因此绝缘栅场效应晶体管又名金属-氧化物-半导体(Metal Oxide Semiconductor)晶体管,简称 MOS 晶体管。还因为它比结型场效应晶体管温度稳定性好、集成化时温度简单,而广泛应用于大规模和超大规模集成电路中。由 MOS 管构成的集成电路称为 MOS 集成电路,而 PMOS 管和 NMOS 管共同构成的互补型 MOS 集成电路即为 CMOS 集成电路。

与结型场效应晶体管相同,MOS 管也有 N 沟道和 P 沟道两类,每一类又分为增强型和耗尽型两种,因此 MOS 管的 4 种类型为:N 沟道增强型管、N 沟道耗尽型管、P 沟道增强型管、P 沟道耗尽型管。图 5-50 所示为各类型 MOS 管符号,图 5-51 所示为各类型 MOS 管特性曲线。

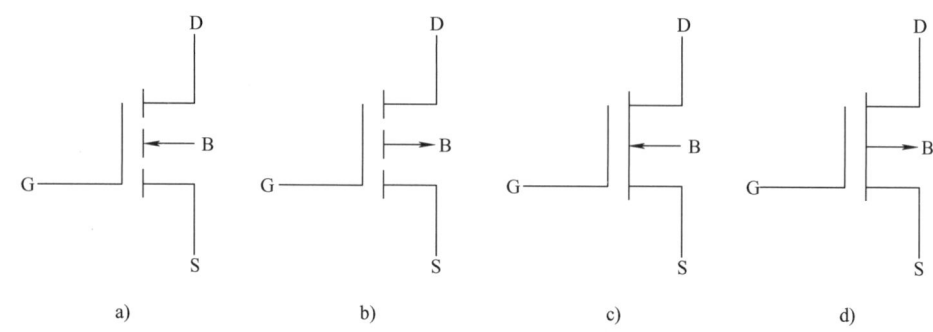

图 5-50 绝缘型场效应晶体管类型
a)增强型 NMOS b)增强型 PMOS c)耗尽型 NMOS d)耗尽型 PMOS

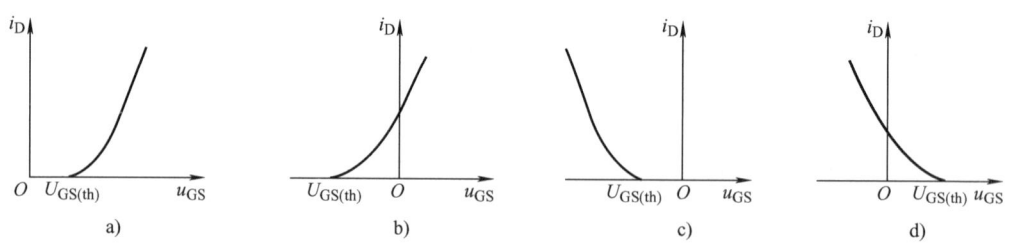

图 5-51 绝缘栅型场效应晶体管转移特性曲线
a)N 沟道增强型 MOS 管 b)N 沟道耗尽型 MOS 管 c)P 沟道增强型 MOS 管 d)P 沟道耗尽型 MOS 管
注:$U_{GS(th)}$ 为开启电压。

5.4.6 场效应晶体管的应用

与晶体管类似,场效应晶体管在电路中可以起到信号放大、开关等作用。场效应晶体管可构成共源、共栅、共漏 3 种组态放大电路,与晶体管的共射、共基、共集 3 种组态放大电路相对应。图 5-52 所示为结型场效应晶体管构成的分压式自偏压场效应晶体管共源极放大电路,由于场效应晶体管是电压控制器件,所以给栅源极间提供合适的电压,就可以建立合适的静态工作点,使其工作在放大状态。

图 5-53 所示为 MOS 管作为开关使用的实例——温控加热器电路,R_T 是负温度系数(Negative Temperature Coefficient,NTC)电阻,当温度降低时其阻值增大,当温度达到设定值时,R_T 上的分压使得场效应晶体管 VF 导通,与其串联的加热电阻 $R_1 \sim R_9$ 通电开始加热,随着温度的下降,栅源极间电压增大,流过发热电阻的电流也随着增大。

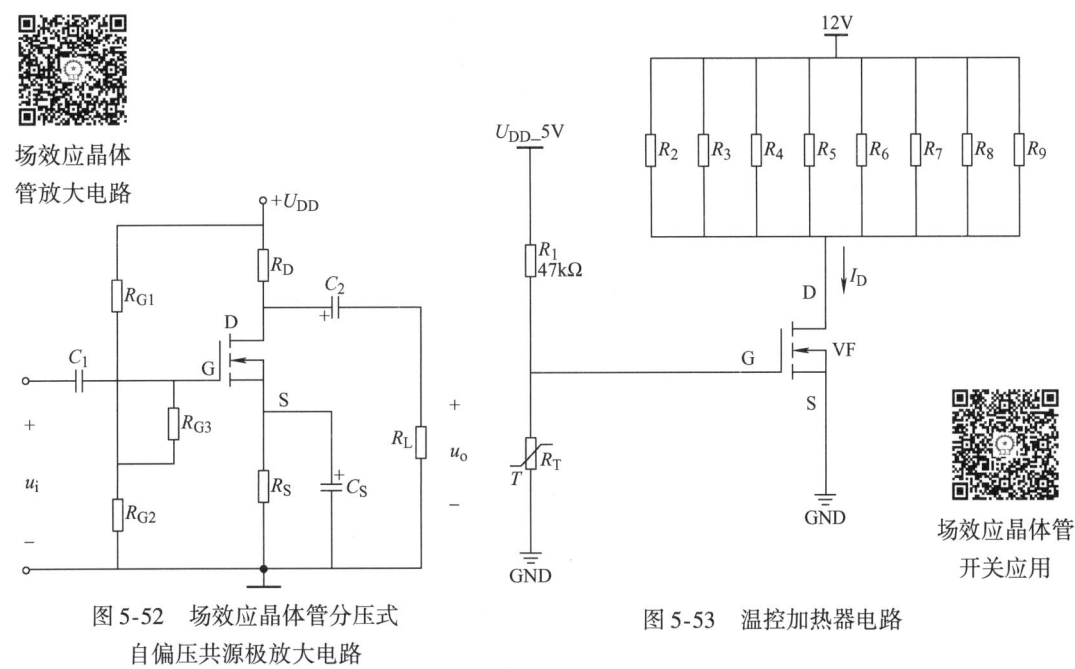

图 5-52　场效应晶体管分压式
自偏压共源极放大电路

图 5-53　温控加热器电路

场效应晶体管还可以做限流电阻使用，图 5-54 所示为结型场效应晶体管取代电阻起限流作用的应用电路。图 5-54a 是电阻限流稳压管稳压电路，图 5-54b 用一只结型场效应晶体管代替限流电阻。如图 b 所示，它是零栅压工作，由场效应晶体管的输出特性曲线可知，当 u_{DS} 在一定范围内变化时 i_D 变化很小，因此，仍能保证稳压管的工作电流不变，所以稳压精度提高，另外，采用场效应晶体管后，它允许电源变动范围也比采用限流电阻的稳压电路大得多。

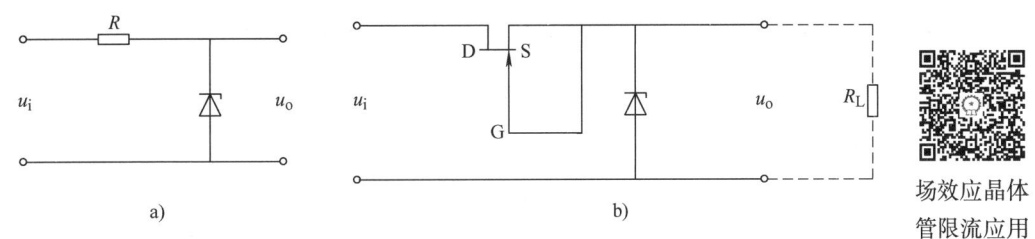

图 5-54　场效应晶体管做限流电阻稳压电路
a）限流电阻电路　b）场效应晶体管代替限流电阻电路

5.4.7　晶体管与场效应晶体管的区别

如上所述，晶体管和场效应晶体管都可以放大信号和做开关使用，那么两者在实际应用中是否可以互换呢？这需要了解两者相区别的地方，以便在实际中合理选择器件。在晶体管中，空穴和自由电子都参与导电；而场效应晶体管中只有多子导电，由于多子浓度不受外界温度、光照、辐射的影响，因此在环境变化剧烈的条件下，选用场效应晶体管比较合适。这也就是通常所说的场效应晶体管比较稳定的原因。

在放大状态工作时，晶体管发射结正偏，有基极电流，为电流控制器件，相应的输入电阻较小；场效应晶体管在放大状态工作时无栅极电流，为电压控制器件，输入电阻很大。

场效应晶体管的源极和漏极在结构上对称，可以互换使用（但应注意，有时厂家已将 MOS 管的源极与衬底在管内已经短接，使用时就不能互换）。对耗尽型 MOS 管的 U_{GS} 可正、可负、可为零，使用时比较灵活。晶体管的集电极和发射极一般不能互换使用。

MOS 管工艺简单，功耗小，适合于大规模集成。晶体的增益高，非线性失真小，性能稳定。在分立元器件电路和中、小规模集成电路中，晶体管仍占优势。

5.4.8 晶闸管

晶体闸流管简称为晶闸管（Thyrisot），是由 3 个 PN 结构成的一种大功率半导体器件，多用于可控整流、逆变及调压等电路，也可作为无触点开关。

单向晶闸管的内部结构示意图如图 5-55a 所示，它由 4 层半导体材料组成，4 层材料由 P 型半导体和 N 型半导体交替组成，分别为 P_1、N_1、P_2 和 N_2，它们的接触面形成 3 个 PN 结，P_1 区的引出线为阳极 A，N_2 区的引出线为阴极 K，P_2 区的引出线为控制极 G。

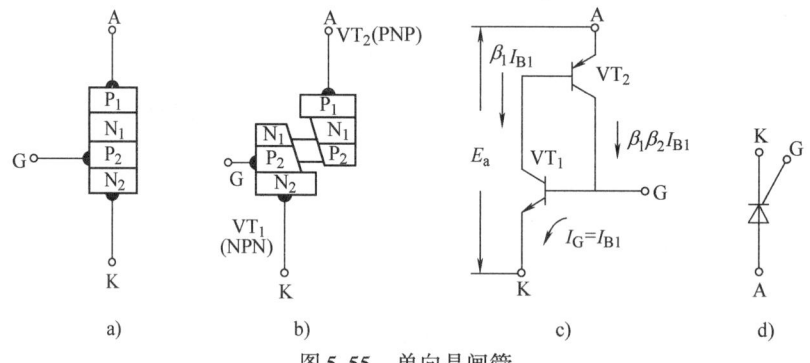

图 5-55　单向晶闸管
a）结构示意图　b）结构分解图　c）等效电路图　d）符号

为了更好地理解晶闸管的工作原理，可将 N_1 和 P_2 两个区分成两部分，使其构成一个 NPN 型管和一个 PNP 型管，如图 5-55b 所示，等效电路如图 5-55c 所示，晶闸管的符号如图 5-55d 所示。

图 5-56 为双向晶闸管的结构与符号，双向晶闸管是由 N-P-N-P-N 共 5 层半导体材料制成的，对外也引出 3 个电极。双向晶闸管相当于两个单向晶闸管的反向并联，但只有一个控制极。图 5-57 所示为晶闸管的外形与实物图。

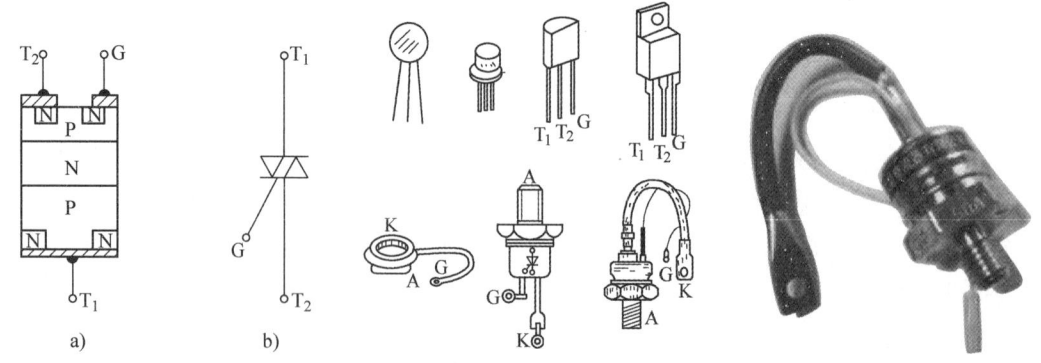

图 5-56　双向晶闸管的结构与符号　　图 5-57　晶闸管外形与实物图
　　a）结构　b）符号

图 5-58 为晶闸管控制的延时灯电路，当按下开关 SB 时，220V 交流电经二极管 IN4007 半波整流，再经电阻 R_1、R_2 直接加到晶闸管 VT 的控制极，使 VT 触发导通，电灯点亮。同时，电容 C 储存的电荷通过开关 SB 向 R_2 释放。松开 SB 后，电源经 VD、R_1 向电容 C 充电，其充电电

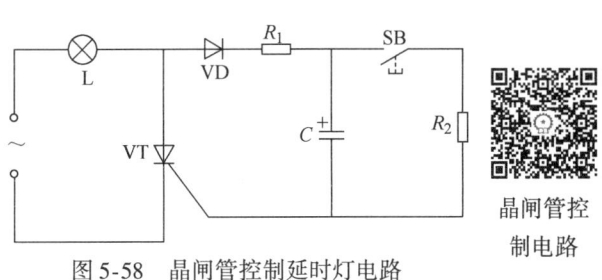

图 5-58 晶闸管控制延时灯电路

晶闸管控制电路

流可维持 VT 导通，所以灯 L 不会马上熄灭。当 C 电荷充满后，晶闸管关断，电灯熄灭。

想一想

晶闸管和晶体管做控制开关有什么区别？

5.4.9 晶体管在汽车电路中的应用

在汽车电子电路中，主要应用晶体管的开关作用，电子控制单元（Electronic Control Unit，ECU）通过控制晶体管的基极控制晶体管截止或者饱和导通实现对某个执行元器件的控制。现实中，ECU 内采用高度集成的控制芯片，早已没有单个晶体管，但是上述控制原理还可用晶体管表达出来。下面介绍晶体管在汽车电子电气控制中的典型应用。

（1）晶体管在电磁线圈控制中的应用

汽车上电控部件的执行元器件，主要是电磁线圈，如发电机转子线圈、点火线圈、发动机喷油器、怠速控制阀、废气再循环阀、继电器、自动变速器电磁阀及制动防抱死系统（Antilock Brake System，ABS）电阀等，主要的控制方式是利用 NPN 晶体管实现

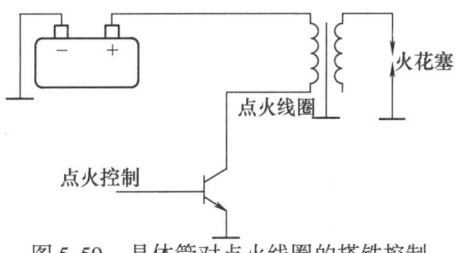

图 5-59 晶体管对点火线圈的搭铁控制

对电磁线圈的搭铁控制。有些车型利用 PNP 晶体管实现对电磁线圈的正极控制，如别克君越发动机油泵继电器。图 5-59 为晶体管对点火线圈的搭铁控制。

（2）晶体管对电磁线圈通电电流的控制

在汽车电子控制中，有时需要控制某些部件的通电电流，如自动变速器的油压电磁阀、废气再循环阀等，使用一种占空比的控制方式，电子芯片输出数字脉冲信号控制晶体管的基极，使晶体管快速地导通和截止，导通占的时间比例越大，晶体管集电极控制的电磁线圈的通电电流就越大。

（3）晶体管在传感器中的应用

在霍尔式传感器中常有一个晶体管，这个晶体管的作用不是开关，也不是放大，而是起到对波形整形的作用，使传感器不规则的脉冲信号变成标准的脉冲信号输出。霍尔式传感器信号整形电路如图 5-60 所示。

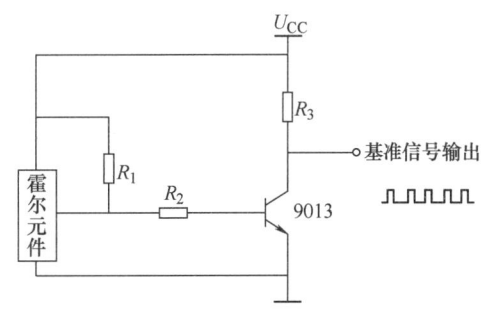

图 5-60 霍尔式传感器信号整形电路

5.5 实训

5.5.1 实训1 二极管极性与质量检测

1. 实训目的

1) 掌握判断二极管极性的方法,加深理解二极管的单向导电性。
2) 掌握判断二极管质量好坏的方法。
3) 了解各种型号、种类二极管的外观和特性。

2. 实训仪器与设备

数字万用表、面包板、插接线。

3. 预习内容

查阅实验仪器设备的使用方法和注意事项。

4. 实训内容

1) 从外形和标志判断二极管的极性,将判断结果记录在下方。

2) 使用数字万用表检测二极管的极性与好坏,将判断结果记录在下方。

5.5.2 实训2 汽车点火模块电路模拟

1. 实训目的

1) 掌握晶体管的开关特性。
2) 了解晶体管的外形和简单的应用电路分析。

2. 实训仪器与设备

数字万用表、信号发生器、示波器、汽车点火模块实训板、插接线。

3. 预习内容

了解汽车点火模块的工作原理。

汽车点火模块电路如图 5-61 所示。

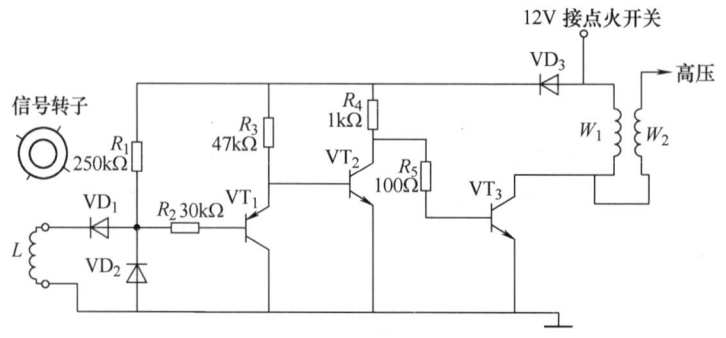

图 5-61 汽车点火模块电路

4. 实训内容

1）根据电路图分析本次实训电路的工作原理，简要写在下方。

2）连接电路，检查无误后通电，使用信号发生器模拟点火信号，用示波器观察点火信号波形，分析波形产生的原因。

5.6 小结

模拟电子电路小结

1. 在本征半导体中，人为地掺入特定的杂质元素，其导电性能具有可控性；并且，在光照和热辐射条件下，其导电性能还有明显的变化；这些特殊的性质决定了半导体可以制成各种电子器件。

2. 给 PN 结加正向电压时，PN 结导通；给 PN 结加反向电压时，PN 结截止，即 PN 结具有单向导电性。

3. 将 PN 结用外壳封装起来，并加上电极引线就构成了半导体二极管，因此二极管具有单向导电性。

4. 二极管主要参数有最大整流电流、最高反向工作电压，因此使用时要注意限制流过二极管的正向电流和加在二极管上的反向电压的大小。

5. 整流二极管可构成单相半波整流、单相全波整流、三相全波整流电路。

6. 稳压二极管工作在反向击穿电压下，通过调节流过负载的电流大小来实现稳压的作用。

7. 给发光二极管加正向电压，二极管发光；当有光照时，光电二极管有电流流过。

8. 只有一种载流子参与导电的晶体管是单极型晶体管，又称为场效应晶体管，有两种载流子参与导电的晶体管是双极型晶体管。

9. 双极型晶体管有 NPN 和 PNP 两种类型。

10. 晶体管工作在放大状态时具有放大电流的作用。

11. 晶体管可工作在 3 种状态：发射结正偏，集电结反偏，工作在放大状态；发射结、集电结均正偏，工作在饱和状态；发射结、集电结均反偏，工作在截止状态。

12. 晶体管可构成 3 种放大电路，实现对交流电压、电流的放大，有共发射极放大电路、共集电极放大电路和共基极放大电路。

13. 晶体管是电流控制器件，场效应晶体管是电压控制器件。

14. 场效应晶体管分为结型和绝缘栅型两种，结型又分为 N 沟道和 P 沟道两种；绝缘栅型又分为 N 沟道增强型、N 沟道耗尽型、P 沟道增强型、P 沟道耗尽型。

15. 场效应晶体管可放大信号，能做开关使用。

16. 晶体闸流管又称晶闸管，分为单向和双向两种。

5.7 习题

一、填空题

1. 半导体是导电性能介于_____之间的物质。利用半导体材料的某种敏感特性，如_____特性和_____特性，可以制成热敏电阻和光敏元件。
2. N 型半导体中多数载流子是_____，少数载流子是_____。
3. PN 结具有_____特性。
4. 理想二极管正向导通时，其端电压为 0，相当于开关的_____。
5. 晶体管的 3 个工作区域分别是_____、_____和_____。
6. 晶体管具有放大作用的外部条件是_____、_____。
7. 双极型晶体管的电流放大作用是较小的_____电流控制较大的_____电流，所以双极型晶体管是一种_____控制器件。
8. 晶体管可做开关使用，其中_____状态相当于开关闭合，_____状态相当于开关打开。
9. 逻辑电路按其输出信号对输入信号响应的不同，可以分为_____和_____两大类。

二、选择题

1. 二极管加正向电压时，其正向电流是由（　　）。
   A. 多数载流子扩散形成　　　　　B. 多数载流子漂移形成
   C. 少数载流子漂移形成　　　　　D. 少数载流子扩散形成
2. PN 结反向偏置电压的数值增大，但小于击穿电压，（　　）。
   A. 其反向电流增大　　　　　　　B. 其反向电流减小
   C. 其反向电流基本不变　　　　　D. 其正向电流增大
3. 二极管两端电压大于（　　）电压时，二极管才导通。
   A. 击穿电压　　B. 死区　　C. 饱和　　D. 导通
4. 稳压二极管是利用 PN 结的（　　）。
   A. 单向导电性　　　　　　　　　B. 反偏截止特性
   C. 电容特性　　　　　　　　　　D. 反向击穿特性
5. 单相桥式整流电容滤波电路输出电压平均值 U_o =（　　）U_2。
   A. 0.45　　B. 0.9　　C. 1.2　　D. 不确定
6. 对于桥式整流电路，如图 5-62 所示，正确的接法是（　　）。

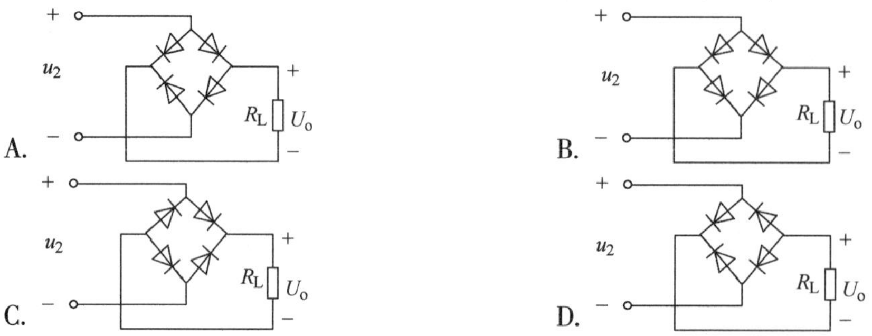

图 5-62　桥式整流电路

7. 如果在 NPN 型晶体管放大电路中测得发射结为正向偏置，集电结也为正向偏置，则此管的工作状态为（　　）。

　　A. 放大状态　　　　　B. 截止状态　　　　　C. 饱和状态　　　　　D. 不能确定

8. 晶体管的开关状态指的是晶体管（　　）。

　　A. 只工作在截止区　　　　　　　　　B. 只工作在放大区
　　C. 主要工作在截止区和饱和区　　　　D. 工作在放大区和饱和区

三、计算题

1. 写出图 5-63 所示各电路的输出电压值，设二极管均为理想二极管。

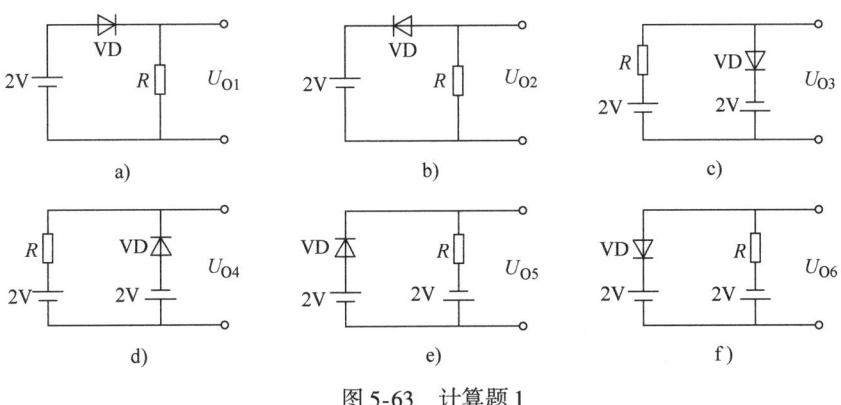

图 5-63　计算题 1

2. 二极管电路如图 5-64 所示，设各二极管均具有理想特性，试判断图中各二极管是导通还是截止，并求出 U_{AO}。

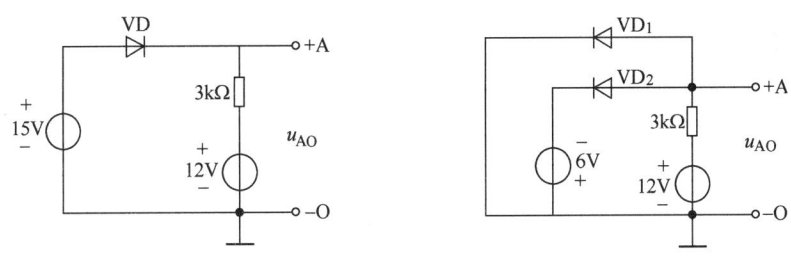

图 5-64　计算题 2

3. 电路如图 5-65 所示，设所有稳压管均为硅管（正向导通电压为 $U_D = 0.7\text{V}$），且稳定电压 $U_Z = 8\text{V}$，已知 $u_i = 15\sin\omega t$ V，试画出 u_{o1} 和 u_{o2} 的波形。

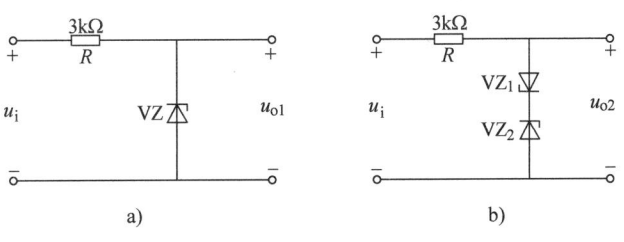

图 5-65　计算题 3

125

4. 分析下列各晶体管的工作状态，如图 5-66 所示。

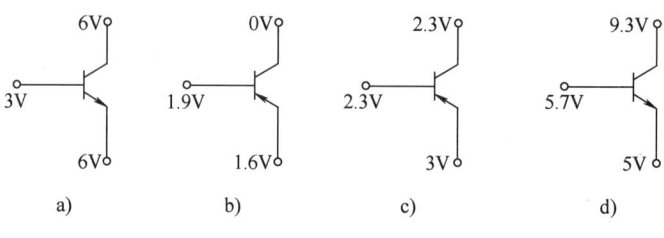

图 5-66　计算题 4

5. 如图 5-67 所示，已知晶体管静态时 $U_{BEQ}=0.7\text{V}$，电流放大系数为 $\beta=80$，$r_{be}=1.2\text{k}\Omega$，$R_B=500\text{k}\Omega$，$R_C=R_L=5\text{k}\Omega$，$U_{CC}=12\text{V}$。试估算电路的静态工作点。

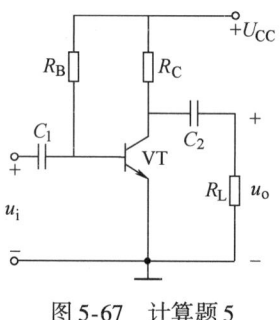

图 5-67　计算题 5

第6章 集成运算放大器及应用

本章从设计自动刮水器电路入手,首先引入集成运算放大器的结构等基础知识,介绍了集成运算放大器引入反馈的作用,列举了集成运算放大器在汽车电路中的两种应用——线性应用和非线性应用,介绍了几种常见的放大器。

本章问题:
1) 集成运算放大器的概念是什么?它是由几部分组成的?
2) 集成运算放大器的特性和参数是什么?
3) 集成运算放大器的理想化模型是什么?
4) 集成运算放大器引入反馈的作用是什么?
5) 什么是虚短?什么是虚断?
6) 常见放大器的种类有哪些?各自的原理是什么?
7) 电压比较器、滞回比较器的原理是什么?
8) 自动刮水电路的工作原理是什么?

6.1 认识集成运算放大器

前述晶体管的各种放大电路都是由若干个独立的元器件(晶体管、电阻、电容等)按照一定的原理用导线连接而成的,叫作分立元器件电路。而集成电路是一种将"晶体管"和"电路"紧密结合的元器件,它以半导体单晶硅为芯片,采用专门的制造工艺,将晶体管、二极管及电阻等元器件及他们之间的连线所组成的完整电路制作在一起,使之具有特定的功能。与分立元器件电路相比,它具有成本低、体积小、重量轻、耗能低、可靠性高等一系列优点,应用十分广泛,被称作万能半导体放大器件。

集成运算放大器是一个具有很高放大倍数、直接耦合的多级放大电路。集成运算放大器的早期应用主要用于信号运算,用来完成加、减、积分、微分、乘、除等运算功能,其名称也由此而来。随着半导体集成工艺的发展,运算放大器的应用已远远超出了信号运算的范畴,在信号处理、信号测量及波形产生方面获得了广泛应用。图6-1为几种常见的集成放大电路的外形。

6.1.1 集成运算放大器结构

1. 基本结构

集成运算放大电路由4部分组成,包括输入级、中间级、输出级和偏置电路,集成运算放大电路框图如图6-2所示,它有两个输入端,一个输出端。

(1) 输入级

输入级又称前置级,它往往是一个双输入端的高性能差分放大电路。一般要求其输入电阻高,差模放大倍数大,能有效地放大有用信号,抑制共模干扰信号,主要用于抑制温漂。

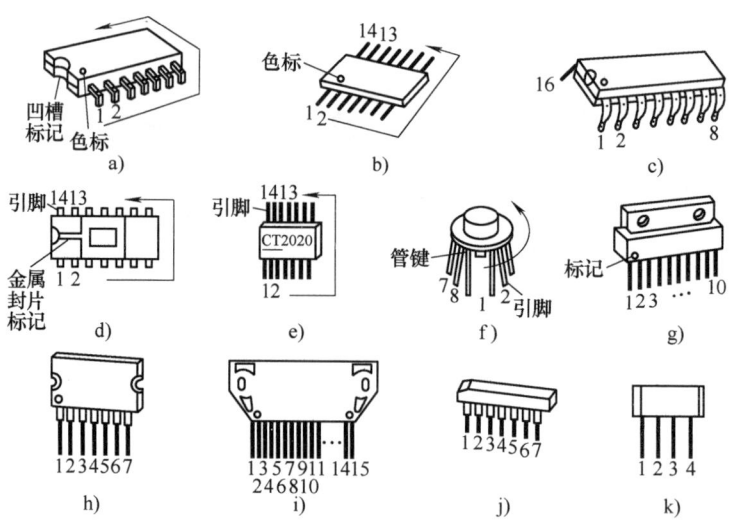

图 6-1 几种常见的集成放大电路的外形

（2）中间级

中间级是整个放大电路的主放大器，其作用是使集成运算放大器具有较强的放大能力，多采用共射放大电路。中间级主要提供足够的电压放大倍数，同时将输入级的双端输出经由本级后变成单端输出。

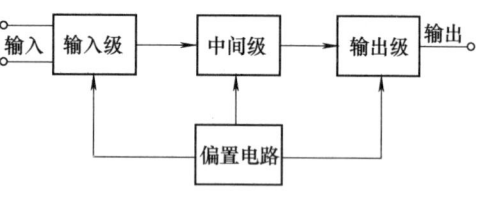

图 6-2 集成运算放大电路框图

（3）输出级

输出级接负载，要求其输出电阻低，带负载能力强，一般由互补对称射极输出电路构成。

（4）偏置电路

偏置电路用于设置集成运算放大器各级放大电路的静态工作点。与分立元器件不同，集成运算放大器采用电流源电路，为各级提供合适的集电极静态工作电流，从而确定合适的静态工作点。

汽车电子电路中常用的集成运算放大器有 LM741、LM324 和 LM329 等。典型的 LM741 型通用运算放大器的内部电路图如图 6-3 所示。

集成运算放大器的输入级有两个输入端和一个输出端，标"-"号的是反相输入端，表示输出信号 u_o 与该端的输入信号 u_- 相位相反；标"+"号的是同相输入端，表示输出信号 u_o 与该端的输入信号 u_+ 相位相同。

集成运算放大器的图形符号如图 6-4 所示。框内的三角形表示放大器，A_o 为集成运算放大器未接反馈电路时的电压放大倍数，称为开环电压放大倍数。反相输入端和同相输入端的输入信号 u_-、u_+，输出信号 u_o，都是指对"地"电压。在实际工作中，信号可以从这两个输入端中的一端输入，而另一端接地，这称为单端输入；也可从两个输入端同时输入，称为双端输入或差动输入，这时输出电压为

$$u_o = A_o(u_+ - u_-) = A_o u_i \tag{6-1}$$

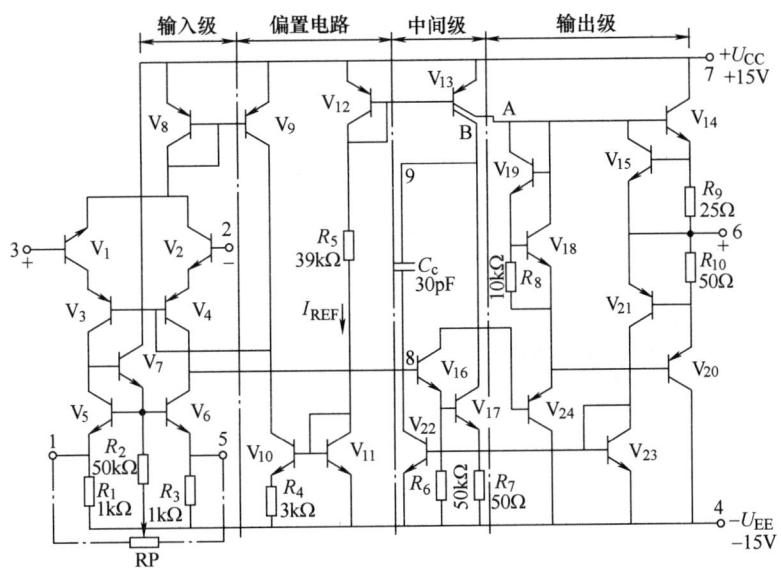

图 6-3 典型的 LM741 型通用运算放大器的内部电路

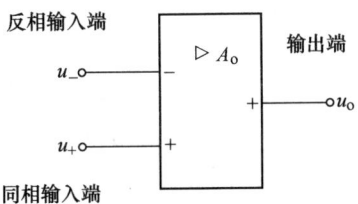

图 6-4 集成运算放大器的图形符号

> **小经验**
>
> 集成运算放大器的接法和波形如图 6-5 所示。
>
>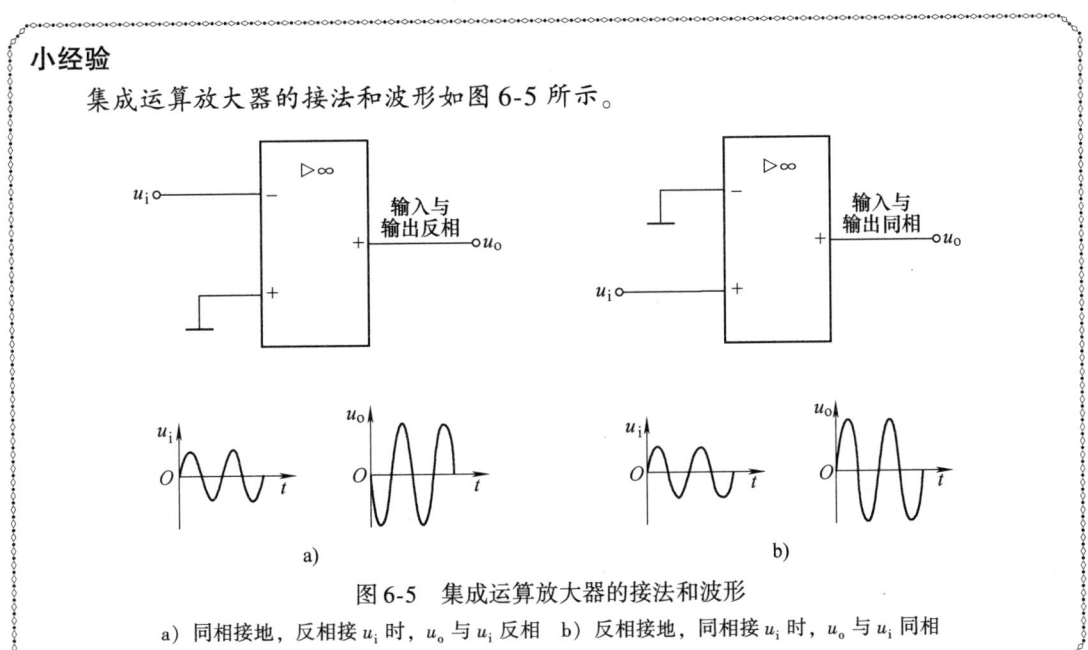
>
> 图 6-5 集成运算放大器的接法和波形
> a) 同相接地,反相接 u_i 时,u_o 与 u_i 反相　b) 反相接地,同相接 u_i 时,u_o 与 u_i 同相

> **小知识**
>
> 图6-6为LM741集成运算放大器芯片的实物外形和引脚排列。可以看出，该集成运算放大器有8个引脚，如图6-6a所示，引脚的排列如图6-6b所示。2脚是放大器的反相输入端；3脚是同相输入端；6脚是输出端；1、5脚是放大交流信号时的电路调零端，在汽车电路中不用；8脚是空脚；7脚接正电源；4脚接负电源，在汽车电路中用作比较器时直接接搭铁。
>
>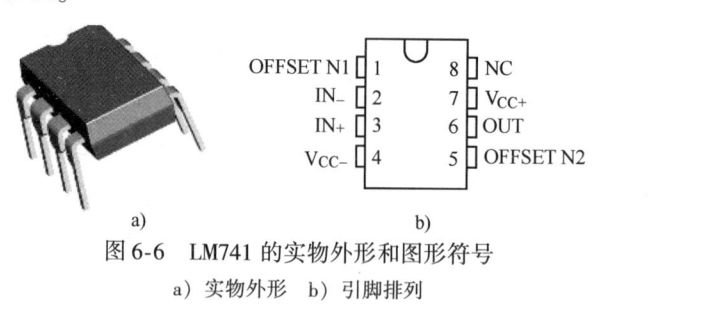
>
> 图6-6 LM741的实物外形和图形符号
> a）实物外形 b）引脚排列

2. 封装形式

集成运算放大器是一种集器件与电路于一体的组件，集成芯片封装方式通常有金属圆壳式和双列直插式两种。如图6-7a所示为双列直插封装引脚排列，双列直插器件的定位标志一般是在器件正表面上的一端设凹坑或标志点，引脚排列顺序是以顶视图，并按逆时针方向，从定位标志开始的第一引脚顺序排列。图6-7b所示为金属壳圆筒形封装引脚排列图，金属圆帽封装是以圆帽边缘上的凸点作为定位标志的，一般以对准定位标志的引脚定为最大的引脚号。引脚排列以底视图顺时针方向顺序编号。

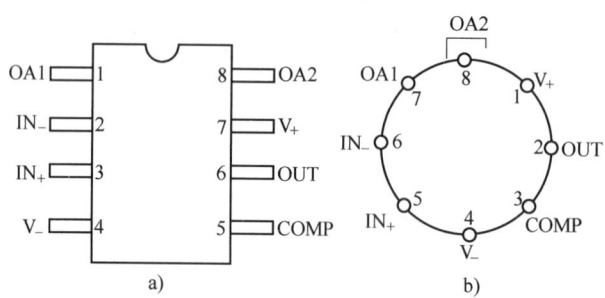

图6-7 集成运算放大器的引脚排列
a）双列直插封装引脚排列 b）金属壳圆筒形的引脚排列

6.1.2 集成运算放大器特性与参数

1. 主要参数

集成运算放大器的性能可用一些参数来表示。为了正确选择和合理使用集成运算放大器，必须对它的主要参数的含义及数值范围有所了解。

（1）开环电压放大倍数 A_o

在没有外接交流负反馈电路的开环情况下，输出端开路，在两个输入端间加一个很小的低频电压信号时所测出的电压放大倍数，称为开环电压放大倍数，用 A_o 表示，它是决定运算准确度的重要因素。A_o 越大,集成运算放大器的运算准确度就越高,所构成的运算电路越稳定。

(2) 差模输入电阻 r_{id}

集成运算放大器开环时从两个输入端看进去的动态电阻,称为差模输入电阻。其值越大,表明集成运算放大器从输入信号源所吸取的电流越小,运算的准确度就越高。一般为几十到几百千欧,最高可达 $10^5 M\Omega$。

(3) 开环输出电阻 r_o

集成运算放大器开环时输出级的输出电阻,称为开环输出电阻。r_o 越小,集成运算放大器带负载的能力就越强。由于集成运算放大器采用互补对称式射极输出电路,其 r_o 较低,一般为几十到几百欧。

(4) 最大输出电压 U_{OM}

在标称电源电压和额定负载电阻的情况下,能使集成运算放大器输出电压和输入电压保持不失真关系的最大输出电压,称为集成运算放大器的最大输出电压。

(5) 静态功耗 P_C

在输入信号为零和输出端空载的情况下,集成运算放大器本身所消耗的直流电源功率,称为静态功耗。此值越小越好。

(6) 输入失调电压 U_{Io}

在集成运算放大电路中,在理想情况下应满足:当输入电压为零时,直流输出电压也为零。但实际上,由于制造时电路中元器件参数并不完全对称,$U_I = 0$ 时 $U_o \neq 0$,这称为静态失调。将这个不等于零的输出电压折算为集成运算放大器输入端的等效输入电压,称为输入失调电压,用 U_{Io} 表示,一般为毫伏数量级。显然,其值越小越好。

(7) 电源电压 U_{CC}

一般都用对称的正、负电源同时供电,其他参数可参考国家标准。

2. 主要特性

电压传输特性是指表示集成运算放大器输出电压 u_o 与输入电压 u_i($u_i = u_+ - u_-$)之间关系的特性曲线,集成运算放大器的电压传输特性如图 6-8 所示。它有 3 个工作区:包括一个线性区和两个饱和区。图中 A、B 两点间为线性工作区,此时集成运算放大器工作在线性放大状态,输出电压 u_o 与输入电压 u_i($u_i = u_+ - u_-$)的函数关系是线性的,可用下式表示

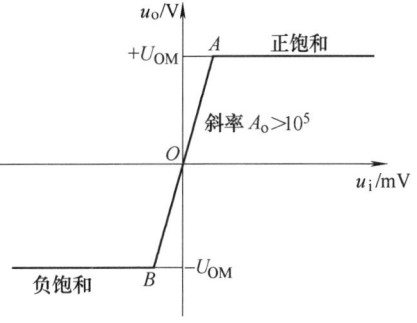

图 6-8 集成运算放大器的电压传输特性

$$u_o = (u_+ - u_-) = A_o u_i$$

即 u_o 与 u_i 成正比。式中 A_o 是集成运算放大器的开环电压放大倍数,通常 $A_o > 10^5$。在图中 A_o 即为直线段 AB 的斜率。

在 A、B 两点以外的区域是正、负饱和区,此时集成运算放大器处于饱和工作状态。集成运算放大器的最大输出电压是有限的,为 $\pm U_{OM}$,而其开环电压放大倍数 A_o 很大,即使输入毫伏级以下的信号,也足以使其输出电压达到 U_{OM},而进入饱和工作状态。当 u_+ 稍高于 u_-,输出电压 u_o 就达到 $+U_{OM}$,并保持恒定不变,这称为正饱和区;反之,当 u_+ 稍低

于 u_-，u_o 就达到 $-U_{OM}$，并保持不变，这称为负饱和区。通常集成运算放大器的正、负电源电压相等，$\pm U_{OM}$ 也相等，故其电压传输特性基本上对称于原点。又因其 A_o 很高，故线性工作区很窄。对于一个具体的集成运算放大电路，它是工作在线性区还是饱和区，主要取决于集成运算放大器外接反馈的性质。一般说来，只有在深度电压负反馈作用下才能使运算放大器工作在线性区；而在开环或正反馈工作时，通常处于非线性限幅状态，工作在饱和区，根据输入信号的极性，可以是正饱和或负饱和。

3. 集成运算放大器的理想化模型

（1）理想化模型的符号和指标

为了能更方便地分析、计算集成运算放大器的各种应用电路，可以将集成运算放大器的各项技术指标进一步理想化，构成它的理想化模型，如图 6-9 所示。

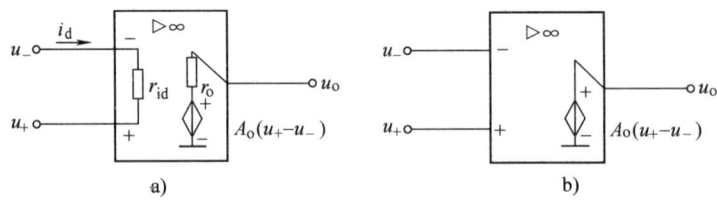

图 6-9 集成运算放大器的电路模型
a）实际状态 b）理想状态

理想化模型的主要技术指标是：

1）开环电压放大倍数 $A_o \to \infty$。
2）运算放大器差模输入电阻 $r_{id} \to \infty$。
3）输出电阻 $r_o \approx 0$。

实际上，完全理想化的集成运算放大器是不存在的，但应用它来分析实际的集成运算放大电路既简单又方便，且误差很小。

（2）集成运算放大器应用电路的传输特性

根据集成运算放大器的实际特性和理想特性，可画出相应的电压传输特性。图 6-10 给出了集成运算放大器开环时输出电压与输入电压之间的关系，也即电压传输特性。

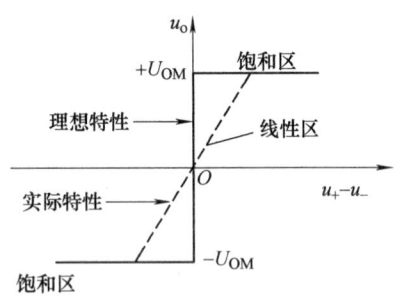

图 6-10 电压传输特性

可以看出，当理想运算放大器工作在线性区（即图中的 AB 段）时，其实际特性与理想特性非常接近；由于集成运算放大器的电压放大倍数相当高，即使输入电压很小，也足以让运算放大器工作在饱和状态，使输出电压保持稳定。输出电压和输入电压的关系为

$$u_o = A_o(u_+ - u_-) = A_o u_i \tag{6-2}$$

因输出电压 u_o 受电源电压限制，是一个有限值（$\pm U_{OM}$）。

1）当 $A_o \to \infty$ 时，必有

$$u_i = u_+ - u_- = u_o/A_o \approx 0 \tag{6-3}$$

$$u_+ \approx u_- \text{ 或 } V_+ = V_- \tag{6-4}$$

即两个输入端的对地电压基本相等，或称两输入端的电位基本相等。

如集成运算放大器工作在饱和区，则式(6-2)不能满足；当 $u_+ > u_-$ 时，$u_o = \pm U_{OM}$；当 $u_+ < u_-$ 时，$u_o = -U_{OM}$；u_+ 与 u_- 不一定相等。

2）因 $r_{id} \to \infty$，集成运算放大器的两个输入端均不流入电流，即

$$i_d \approx 0 \tag{6-5}$$

这就是说集成运算放大器的输入电流可忽略不计。

3）因 $r_o \approx 0$，所以理想集成运算放大器是恒压输出，输出电压 u_o 不受负载变化的影响。

式(6-4)和式(6-5)说明理想集成运算放大器在线性工作状态下，其两个输入端的电位近似相等，即其电位差趋近于零，好像是短路一样；又因 $i_d \approx 0$，这两个输入端又好像是断开一样。两输入端的这种特殊状态，称为虚假短路断路，简称为"虚短虚断"，即不是真正的短路和断路。

> **必须注意**
> 只有当集成运算放大器工作在线性区，才能运用"虚短"的概念。而一般来说，只有在深度电压负反馈情况下，集成运算放大器才能工作在线性区。

6.2 认识反馈

在电子电路中，反馈现象是普遍存在的，反馈有正负之分。在放大电路的设计中，主要引入负反馈以改善电路的性能。在集成运算放大电路中加入反馈回路后，便可以构成反相器、比例器、加法器、减法器及积分器等各种功能的运算电路，广泛应用于现代电子技术的各个领域。集成运算放大器的种种功能，与它的反馈系统的特性是密不可分的。

6.2.1 反馈的概念

反馈是将放大电路输出信号（电压或电流）的一部分或全部，通过某种电路（反馈电路）送回到输入回路，与输入信号叠加，一同控制电路输出的过程。当输出端和输入端之间不外接电路，即两者之间在外部是断开的，这称为开环状态；当用一定形式的网络（如 R、C 等）在外部将它们连接起来，这称为闭环状态，又称为反馈状态。图6-11是反馈放大电路的一般框图，表示了反馈的基本概念。

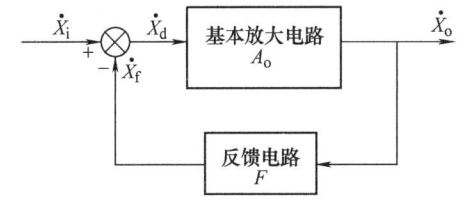

图6-11 反馈放大电路的一般框图

图中基本放大电路和反馈电路构成一个闭合环路。$\dot{X}_i$ 是外加输入信号，$\dot{X}_o$ 是输出信号，$\dot{X}_f$ 是反馈信号，$\dot{X}_d$ 是基本放大电路的净输入信号，它们的量纲可以是电压，也可以是电流。A_o 是基本放大电路的开环放大倍数，$A_o = \dfrac{\dot{X}_o}{\dot{X}_d}$。$F$ 是反馈电路的反馈系数，$F = \dfrac{\dot{X}_f}{\dot{X}_o}$。
$\otimes$ 为比较环节的符号，$\dot{X}_d = \dot{X}_i - \dot{X}_f$，即净输入信号是 $\dot{X}_i$ 和 $\dot{X}_f$ 的差值信号。

如果外输入信号 $\dot{X}_i$ 与 $\dot{X}_f$ 相位相同，则 $X_d = X_i - X_f$，即 $X_d < X_i$，反馈信号使净输入信号削弱，这称为负反馈。如果 $\dot{X}_i$ 与 $\dot{X}_f$ 的相位相反，则 $X_d = X_i + X_f$，即 $X_d > X_i$，反馈信号使净输入信号加强，这称为正反馈。

> **想一想**
> 为什么电路中应用负反馈的较多？

判断电路是正反馈还是负反馈，常用的方法是瞬时极性法。即首先任意假定外输入信号的瞬时极性，然后根据放大原理确定输出端的瞬时极性，再由反馈电路确定反馈信号的极性。比较外输入信号及反馈信号，即可判断是什么反馈。如反馈信号使外输入信号增强，而使净输入信号增大，即为正反馈。反之，如反馈信号使净输入信号减小，则为负反馈。

【例 6-1】 判断图 6-12 所示电路的反馈极性。

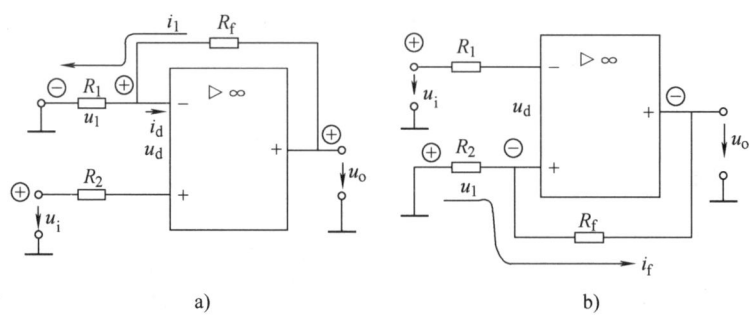

图 6-12 例 6-1 的电路

解：图 6-12a 中，设输入信号 u_i 瞬时极性为正，则输出信号 u_o 的瞬时极性为正，经 R_f 返送回反相输入端，反馈信号 u_f 的瞬时极性为正，净输入信号 u_d 比没有反馈时减小了，即反馈信号削弱了输入信号的作用，故可确定为负反馈。

图 6-12b 中，设输入信号 u_i 瞬时极性为正，则输出信号 u_o 的瞬时极性为负，经 R_f 返送回同相输入端，反馈信号 u_f 的瞬时极性为正，净输入信号 u_d 比没有反馈时增大了，即反馈信号增强了输入信号的作用，故可确定为正反馈。

> **小知识**
> 负反馈有四种组态：电压反馈、电流反馈、并联反馈和串联反馈。反馈电路从输出端直接引出的是电压反馈，如果是从负载电阻靠近"接地"端引出的是电流反馈；输入信号和反馈信号在同一个输入端的是并联反馈，不在同一个输入端的则是串联反馈。

6.2.2 集成运算放大器引入反馈的作用

正反馈提高了整个放大电路的放大倍数，却会使放大电路的其他性能变差，工作稳定性下降，所以它主要用于振荡电路和脉冲数字电路中。

负反馈会降低放大电路的放大倍数，却能显著地改善放大电路的其他性能，引入负反馈可以改善电路的性能。在集成运算放大电路中加入反馈回路后，便可以构成反相器、比例器、减法器、加法器及积分器等各种功能的运算电路，这些运算电路广泛应用于现代电子技术的各个领域。负反馈对放大电路性能的影响如下。

1. 稳定放大倍数

$$A_f = \frac{X_o}{X_i} = \frac{X_o}{X_d + X_f} = \frac{X_o}{X_o/A + FX_o} = \frac{A}{1 + AF} \tag{6-6}$$

引入负反馈后，放大器的闭环放大倍数衰减为开环放大倍数的 $1/(1 + AF)$，通常称 $1 + AF$ 为反馈深度。当 $1 + AF$ 远大于 1 时，称为深度负反馈。此时

$$A_f \approx \frac{1}{F} \tag{6-7}$$

在深度负反馈条件下，放大器的闭环放大倍数已与开环放大倍数无关，它不再受放大器的各种参数的影响，而只由反馈系数 F 决定。所以只要采用高稳定性的反馈元件，闭环放大倍数也就能获得很高的稳定性，但这是以牺牲放大倍数为代价换来的。

2. 展宽通频带

由于电路总电容的影响，阻容耦合放大器的放大倍数在高频段和低频段都要下降。放大器引入负反馈后，虽然放大倍数降低了，但放大器的稳定性得以提高，放大倍数的变化也随之减小。结果使放大器的幅频特性趋于平缓，即展宽了通频带。

3. 减小非线性失真

在多级放大电路的最后几级中，由于输入信号的幅度较大，使放大器件可能工作在它的非线性区，从而使输出信号产生非线性失真。引入负反馈后，可以使这种非线性失真减小。

由于放大电路中存在晶体管等非线性器件，所以即使输入的是正弦波，输出也不是正弦波，产生了波形失真，如图 6-13a 所示。输入的正弦波在输出端输出时，变成了正半周幅值大、负半周幅值小的失真波形。

通过负反馈电路后的负反馈信号是正半周幅值小、负半周幅值大的失真信号，而净输入信号电压为 $X_d = X_i - X_f$，其失真情况正好与 X_i、X_f 的失真情况相反，是正半周幅值大、负半周幅值小的信号。这个 X_d 信号再经放大电路放大后，输出信号 X_o 的波形的失真程度就大大改善了，如图 6-13b 所示。

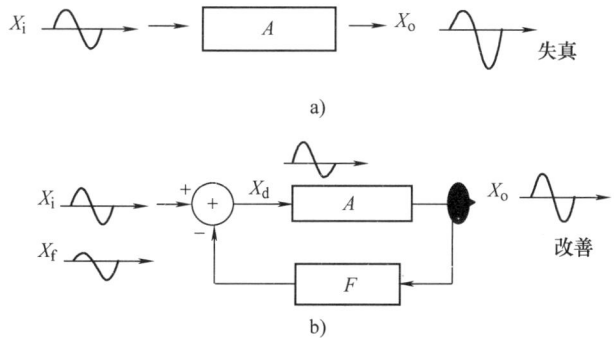

图 6-13 反馈前、反馈后线性失真
a) 加反馈前放大电路　b) 加反馈后放大电路

4. 改变了输入、输出电阻

负反馈对输入电阻 R_i 的影响，取决于输入端的联结方式：

1) 串联负反馈使输入电阻 R_i 增大 $1+AF$。
2) 并联负反馈使输入电阻 R_i 减小 $1+AF$。

对输出电阻 R_o 的影响，取决于输出端的联结方式：

1) 电压负反馈使输出电阻 R_o 减小 $1+AF$。
2) 电流负反馈使输出电阻 R_o 增大 $1+AF$。

6.3 集成运算放大器在汽车电路中的应用

集成运算放大器的应用非常广泛，按其工作状态可分为线性应用和非线性应用两大类。

> **小知识**
> 当集成运算放大器通过外接电路引入负反馈时，集成运算放大器成闭环并工作在线性区，可构成模拟信号运算放大电路、正弦波振荡电路和有源滤波电路等；若工作在非线性区，则可构成各种电压比较器和矩形波发生器等。

下面将分别对集成运算放大器两种应用的工作原理、应用实例等进行介绍。

6.3.1 集成运算放大器的线性应用

1. 同相比例运算电路

图 6-14 为同相比例运算电路。

同相比例运算电路

根据运算放大器工作在线性区的两条分析依据可知

$$i_1 \approx i_f, \quad u_- \approx u_+ = 0$$

而

$$u_- = \frac{R_1}{R_1+R_f} u_o \tag{6-8}$$

故

$$u_i \approx \frac{R_1}{R_1+R_f} u_o$$

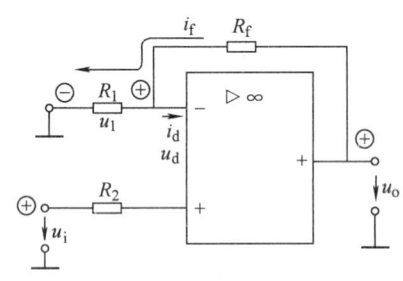

图 6-14 同相比例运算电路

在开环电压放大倍数足够大时，可以认为同相输入时的闭环电压放大倍数为

$$A_f = \frac{u_o}{u_i} = \frac{R_1+R_f}{R_1} = 1+\frac{R_f}{R_1} \tag{6-9}$$

上式说明，A_f 是大于或等于 1 的正数，而且仅由外接电阻的数值来决定，与运算放大器本身的参数无关，u_o 与 u_i 同相位且成比例关系。当它用于运算的目的时，称为同相输入比例运算放大电路。

在这个电路中，当 $R_1 \to \infty$（断开）或 $R_f=0$ 时，则 $A_f=1$，即 $u_o=u_i$，输出电压与输入电压大小相等，相位相同，u_o 跟随 u_i 变化，这称为电压跟随器，如图 6-15 所示。

【例 6-2】 在图 6-16 所示的放大电路中，设 $R_1=10\text{k}\Omega$、$R_f=20\text{k}\Omega$、$R_2=20\text{k}\Omega$、$R_3=10\text{k}\Omega$，求闭环电压放大倍数 A_f。

解：此例为同相输入放大电路的一种变形电路。在输入端有分压电路，故不能直接应用式(6-9)来求 A_f，而应从 $u_+ \approx u_-$ 的关系入手来求解，如图 6-16 所示。

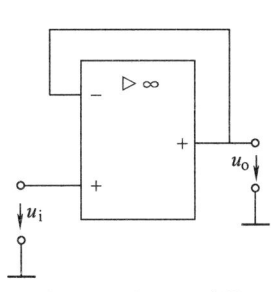
图 6-15 电压跟随器

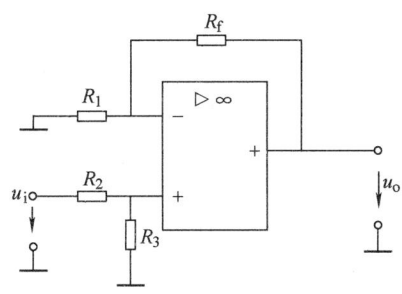
图 6-16 例 6-2 的电路

$$u_- = \frac{R_1}{R_1 + R_f} u_o, \quad u_+ = \frac{R_3}{R_2 + R_3} u_i$$

$$u_i = u_+ \approx u_-$$

故

$$\frac{R_1}{R_1 + R_f} u_o \approx \frac{R_3}{R_2 + R_3} u_i$$

所以

$$A_f = \frac{u_o}{u_i} \approx \frac{R_3}{R_2 + R_3} \times \frac{R_1 + R_f}{R_1} = \frac{10}{20 + 10} \times \frac{10 + 20}{10} = 1$$

2. 反相比例运算电路

图 6-17 为反相比例运算电路。

根据运算放大器工作在线性区的两条分析依据可知

$$i_1 \approx i_f, \quad u_- \approx u_+ = 0$$

而

$$i_1 = \frac{u_i - u_-}{R_1} \approx \frac{u_i}{R_1}$$

$$i_f = \frac{u_- - u_o}{R_f} \approx \frac{u_o}{R_f}$$

反相比例
运算电路

故

$$A_f = \frac{u_o}{u_i} = -\frac{R_f}{R_1} \tag{6-10}$$

式中的负号说明 u_o 与 u_i 相位相反，A_f 的大小仅取决于 R_f 与 R_1 的比值。此电路用于运算目的时，称为反相输入比例运算放大电路。

【例 6-3】 图 6-18 所示为应用集成运算放大器测量电阻的电路原理图。$R_1 = 1\text{M}\Omega$，输出电压表指示为 5V，求被测电阻 R_x 的阻值。

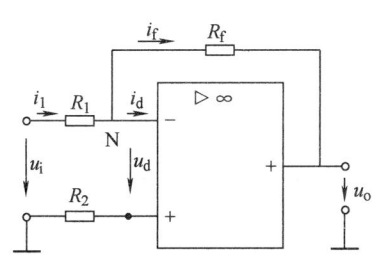
图 6-17 反相比例运算电路

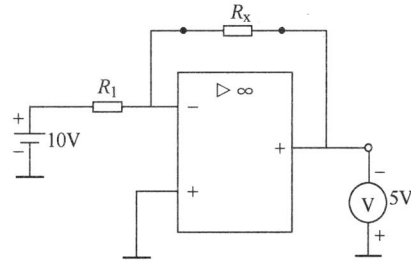
图 6-18 例 6-3 的电路

解：

$$A_f = u_o/u_i = -5/10 = -R_x/R_1$$

$$R_x = 500\text{k}\Omega$$

3. 加法运算电路

加法运算电路就是在反相比例运算电路的基础上,在输入端增加若干个输入信号构成的,加法运算电路如图 6-19 所示。

因

$$u_+ \approx u_- \approx 0, \quad i_d \approx 0$$

可以列出

$$i_f = i_1 + i_2 + i_3 = \frac{u_{i1}}{R_1} + \frac{u_{i2}}{R_2} + \frac{u_{i3}}{R_3}$$

因

$$i_f R_f = u_- - u_o = -u_o$$

故

$$u_o = -i_f R_f = -(i_1 + i_2 + i_3) R_f = -\left(\frac{u_{i1}}{R_1} + \frac{u_{i2}}{R_2} + \frac{u_{i3}}{R_3}\right) R_f = -\left(\frac{R_f}{R_1} u_{i1} + \frac{R_f}{R_2} u_{i2} + \frac{R_f}{R_3} u_{i3}\right)$$

(6-11)

上式表明:输出电压 u_o 等于各输入电压 u_i 按照不同的比例相加之和。

如果令 $R_1 = R_2 = R_3 = R$,则 $u_o = -R_f/R(u_{i1} + u_{i2} + u_{i3})$ (6-12)

可见:加法运算电路输出电压的大小正比于各输入电压之和,实现了求和运算,与运算放大器本身的参数无关。

4. 减法运算电路

减法运算电路如图 6-20 所示,如果它的同相输入端和反相输入端都接有输入信号 u_{i1} 和 u_{i2},就构成减法运算放大电路,即差分放大电路。

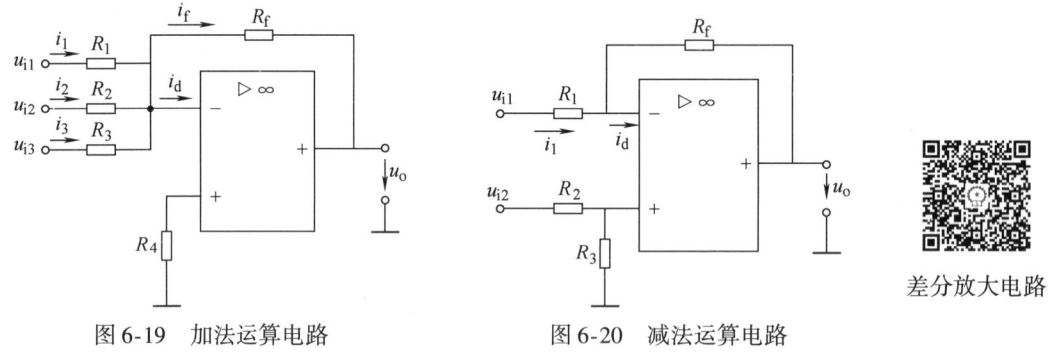

图 6-19 加法运算电路   图 6-20 减法运算电路

差分放大电路

若令 $R_1 = R_2$,$R_f = R_3$,则

$$u_o = \frac{R_f}{R_1}(u_{i2} - u_{i1})$$

则放大倍数为

$$A_f = \frac{R_f}{R_1}$$

(6-13)

若令 $R_f = R_1$,则 $u_o = u_{i2} - u_{i1}$

上式表明:输出电压等于两个输入电压之差,故又称为差动运算放大电路,它实现了减法运算的功能。

5. 积分运算电路

积分运算电路用来对输入信号进行积分运算,它的输出电压与输入电压成积分关系。积分运算电路如图 6-21a 所示。

输入电压 u_i 经电阻 R_1 接到反相输入端,反馈电容 C_f 接在输出端与反相端之间。由于

同相输入端接地,且 $i_+ = i_-$,由图可得

$$i_1 = i_C$$

$$i_1 = \frac{u_i}{R_1}, \quad i_C = C\frac{du_C}{dt} = -C\frac{du_o}{dt}$$

由此可得
$$u_o = -\frac{1}{R_1 C_f}\int u_i dt = -\frac{1}{T_i}\int u_i dt \tag{6-14}$$

可见该电路输出电压正比于输入电压对时间的积分,具有积分运算功能,式中 $T_i = R_1 C_f$ 称为积分时间常数,当 u_i 是大小恒定的直流电压 U_i 时, $u_o = -u_i\frac{t}{T_i}$, u_o 与时间 t 具有线性关系。图 6-21b 是当 u_i 为负的恒定电压 $-U_i$ 时, $u_o = f(t)$ 的积分关系曲线,这一特点经常用来组成锯齿波、三角波形发生器电路。积分电路除用来进行积分运算、组成波形发生器外,在自动控制系统中常用来组成调节器。

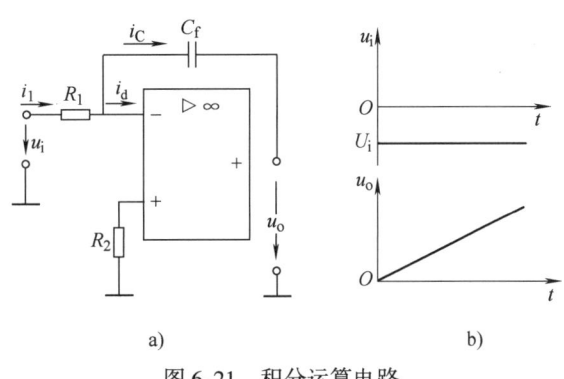

图 6-21 积分运算电路
a) 电路图 b) u_i、u_o 变化曲线

6. 微分运算电路

微分运算电路如图 6-22 所示。

由于反相输入端虚地,且 $i_+ = i_-$,由图 6-22 可得

$$i_R = i_C$$

$$i_R = -\frac{u_o}{R}, \quad i_C = C\frac{du_C}{dt} = -C\frac{du_i}{dt}$$

由此可得
$$u_o = -RC\frac{du_i}{dt} \tag{6-15}$$

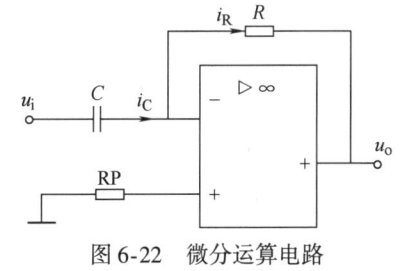

图 6-22 微分运算电路

小知识

正弦波振荡器是一种将直流电能转换成交流电能的电路。它与放大器的区别在于这种转换不需外部信号。振荡器输出的信号频率、波形、幅值完全由电路自身的参数决定。正弦波振荡器广泛应用在通信设备、收音机、电视机及报警器等设备中,其中利用正反馈原理构成的反馈型振荡器是目前应用最多的一类振荡器。

正弦波振荡器按照选频网络的不同可分为 RC 振荡器和 LC 振荡器,前者用来产生 1Hz~1MHz 范围的低频信号;后者常用于产生 1MHz 以上的高频信号。

6.3.2 集成运算放大器的非线性应用

集成运算放大器在开环和正反馈情况下的应用是非线性应用。若工作在非线性区,集成运算放大器则可构成各种电压比较器和矩形波发生器等。

电压比较器的主要作用是进行电平检测,可用作模拟电路和数字电路的接口,还可以用作电平检测、波形产生和变换电路等。

比较器电路中的运算放大器一般在开环或正反馈条件下工作，运算放大器的输出电压只有正、负两种饱和值，即运算放大器工作在非线性状态。在这种情况下，运算放大器输入端"虚短"的结论不再适用，但"虚断"的结论仍可用。常用的电压比较器有过零电压比较器、滞回比较器及窗口比较器等。

用于将输入信号电压 u_i 和参考（基准）电压 U_R 进行比较。根据 u_i 是大于还是小于 U_R 而决定其输出电压 U_{OM} 的正负，在 $u_i = U_R$ 时，输出电压将产生跃变。这种电路广泛应用于自动检测、自动控制及各种非正弦波发生器中。

> **小提示**
>
> 电压比较器是一种常见的模拟信号处理电路，它将一个模拟输入电压与一个参考电压进行比较，并将比较的结果输出。比较器的输出只有两种可能的状态：高电平或低电平，为数字量；而输入信号是连续变化的模拟量，因此比较器可作为模拟电路和数字电路的"接口"。

1. 电压比较器

（1）任意电平比较器

如图 6-23 所示是任意电平比较器，u_i 接入反相输入端，U_R 接在同相输入端时的电路图和电压传输特性如图 6-23a 所示。运算放大器处在开环阶段，由于电压放大倍数极高，因而输入端之间只要有微小电压，运算放大器就进入非线性工作区域，输出电压 u_o 达到最大值 U_{OM}。

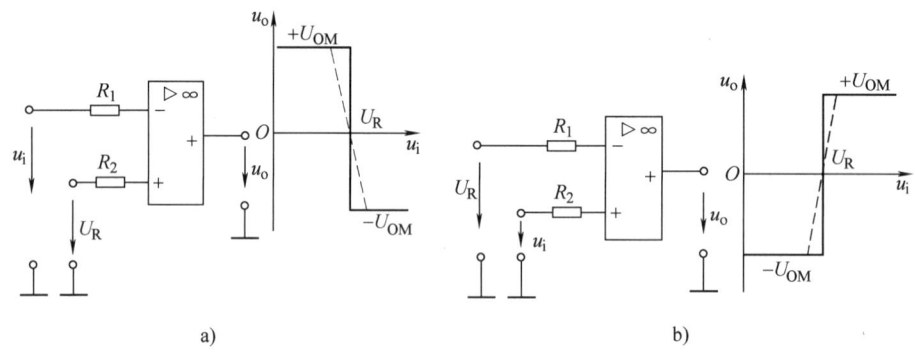

图 6-23 任意电平比较器

a) U_R 接同相输入端 b) U_R 接反相输入端

当 $u_i < U_R$ 时，$u_o = +U_{OM}$；

当 $u_i > U_R$ 时，$u_o = -U_{OM}$；

当 $u_i = U_R$ 时，输出电压 u_o 产生跃变（实际是图中的虚线），是状态转换点。

如果将 u_i 接在同相输入端，U_R 接在反相输入端，则其电路及电压传输特性如图 6-23b 所示。上图表明，集成运算放大器是处于饱和限幅状态（±U_{OM}），其转换点取决于 U_R 的大小。这种比较器称为任意电平比较器。

（2）零电平比较器

如果取 $U_R = 0$，即将参考电压端接地，将输入电压 u_i 与零电平进行比较，这称为过零比较器，又称为零电平比较器，如图 6-24 所示。图中 u_i 接在反相输入端，故称为反相零电平比较器;如果 u_i 接到同相输入端,则称为同相零电平比较器。

以上比较器输出电压的幅度均为集成运算放大器的最大输出电压值 $\pm U_{OM}$,如果将稳压管适当接入电路,就可得到有限幅的电压比较器,其限幅值决定于稳压管稳压值 U_Z 的大小(略去其正向压降)。设稳压管的稳定电压为 U_Z,忽略正向导通电压,则 $u_i > U_R$ 时,稳压管正向导通,$u_o = 0$;$u_i < U_R$ 时,稳压管反相击穿,$u_o = U_Z$。

(3) 双向限幅零电平比较器

双向限幅零电平比较器如图 6-25 所示,输出端接双向稳压管进行双向限幅。设稳压管的稳定电压为 U_Z,忽略正向导通电压,则 $u_i > U_R$ 时,稳压管正向导通,$u_o = -U_Z$;$u_i < U_R$ 时,稳压管反向击穿,$u_o = U_Z$。

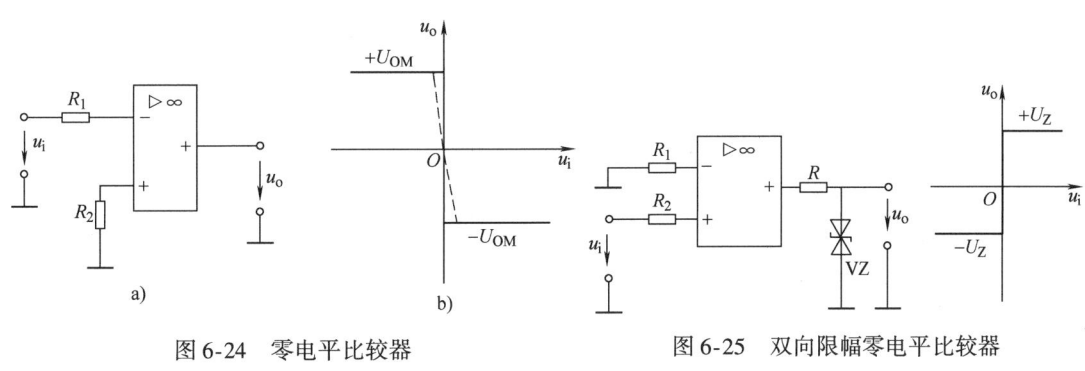

图 6-24 零电平比较器
a) 电路 b) 电压输出特性

图 6-25 双向限幅零电平比较器

【例 6-4】 分析图 6-26 所示电路 u_{o1}、u_{o2}、u_{o3} 的波形。设 u_i 是正弦波,R_1C 的数值远小于正弦波的周期。

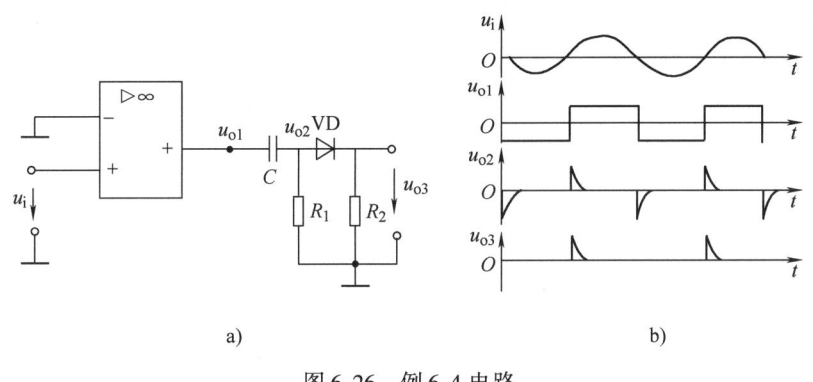

图 6-26 例 6-4 电路
a) 电路图 b) 波形图

解:图 6-26a 是同相零电平比较器的电路图,u_i 从同相端输入,故 u_{o1} 是一串与 u_o 同相位的方波,R_1C 电路对方波进行微分,故 u_{o2} 是一串尖顶脉冲,再经二极管整流,整去负脉冲,在 R_2 上得到的 u_{o3} 是正向尖脉冲,波形如图 6-26b 所示。

2. 滞回比较器

在简单的电压比较器的基础上适当引入正反馈,这称为滞回比较器,其电路如图 6-27a 所示。图中输出电压 u_o 经电阻 R_2、R_3 分压得到 U_B,接到同相输入端,作为基准电压。

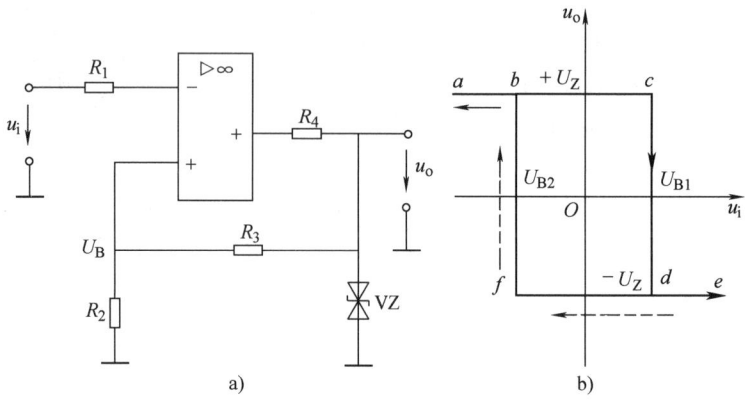

图 6-27 滞回比较器
a) 滞回比较器电路　b) 滞回比较器电压传输特性

当 $u_o = U_Z$ 时，$U_B = U_{B1} = \dfrac{R_2}{R_2 + R_3} U_Z$；

当 $u_o = -U_Z$ 时，$U_B = U_{B2} = -\dfrac{R_2}{R_2 + R_3} U_Z$。

现假设开始时，$u_o = +U_Z$，输入电压 u_i 由负向正变化，当 $u_i > U_{B1}$ 时，u_o 就由 $+U_Z \to -U_Z$，电压传输特性由 $a \to b \to c \to d \to e$；相反，当 u_i 由正向负变化时，因 u_o 原来是 $-U_Z$，$U_B = U_{B2}$，故必须使 $u_i < U_{B2}$，u_o 才能由负变正，电压传输特性由 $e \to d \to f \to b \to a$，得到图 6-27b 所示电压滞回特性，$U_{B1}$、$U_{B2}$ 称为状态转换点，又称为门限电压，$\Delta U = U_{B1} - U_{B2}$ 称为回差。由于存在回差，所以使电路抗干扰能力增强。

R_2 和 R_3 组成正反馈电路，可加速集成运算放大器在高、低输出电压之间的转换，使传输特性跃变陡度加大，使之接近垂直的理想状态。正反馈的作用过程是：当 $u_i = U_{B1}$ 时，

$$u_o \downarrow \to U_B \downarrow \to (u_i - U_B) \uparrow$$
$$u_o \downarrow$$

> **小提示**
> 单限比较器的优点是电路简单，灵敏度高，但抗干扰能力差。如果输入电压受干扰或噪声影响，单限比较器的输出端电压将会在高、低两种电平之间频繁地反复跳变，使电路不能稳定工作。波形示意图如图 6-28a 所示。

滞回比较器可以组成矩形波、锯齿波等非正弦信号发生电路，也可以实现波形变换。与单限比较器相比，滞回比较器的主要优点是抗干扰能力强。波形示意图如图 6-28b 所示。

3. 窗口电压比较器

简单电压比较器和滞回电压比较器的共同特点是：当输入电压 u_i 单方向变化时，输出电压 u_o 只跳变一次，只能检测一个电平，如果要判断输入电压 u_i 是否在两个电平之间，应该采用窗口比较器。

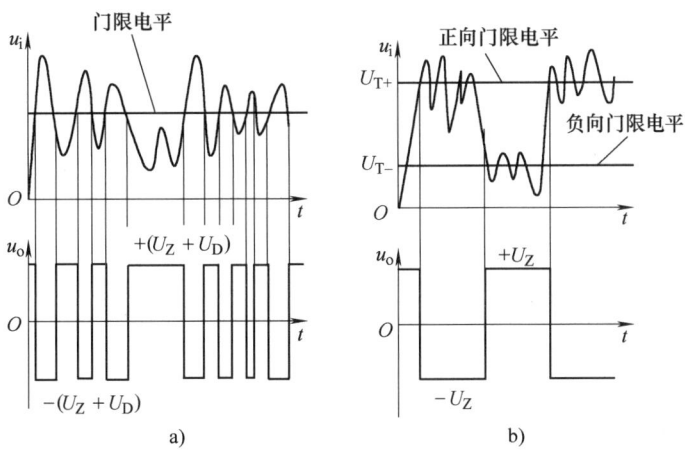

图 6-28 单限比较器与滞回比较器波形对比
a) 单限比较器 b) 滞回比较器

窗口比较器是由两个阈值电压不等的简单比较器组成的，阈值小的采用反相接法，阈值大的采用同相接法，电路如图 6-29a 所示。

由图中可以看出，两个简单比较器的阈值分别是 U_{THL} 和 U_{THH}，而且 $U_{THH} > U_{THL}$。

当输入电压时，输出电压 $u_o = 0$。当 $u_i < U_{THL}$ 或 $u_i > U_{THH}$ 时，输出电压 $u_o = U_{CC}$。U_{THL}、U_{THH} 是窗口比较器的两个阈值电压，其传输特性如图 6-29b 所示。

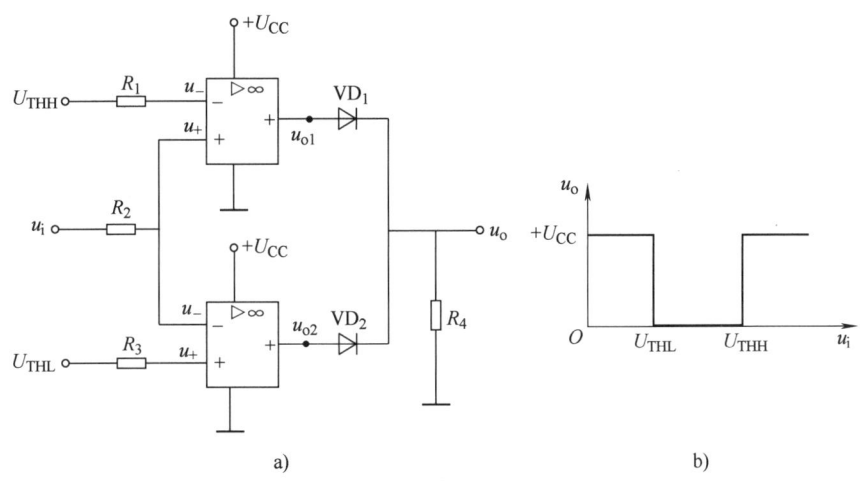

图 6-29 窗口比较器
a) 电路 b) 传输特性

6.4 实训 汽车自动刮水器电路模拟

1. 实训目的

1）掌握电压比较器的工作原理。
2）掌握自动刮水器的原理。

2. 实训仪器与设备

电压比较器、万用表、直流电动机。

3. 预习内容

汽车自动刮水器主要由雨滴传感器、间歇刮水放大器和刮水器电动机组成，如图 6-30 所示。

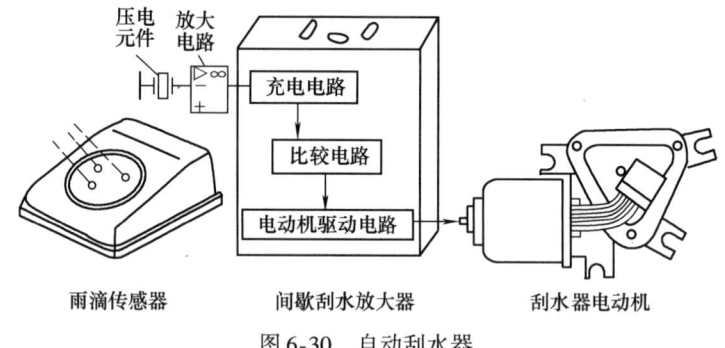

图 6-30　自动刮水器

雨滴传感器的作用是将雨量的大小转变为与之相对应的电信号，压电式雨滴传感器结构图如图 6-31 所示。

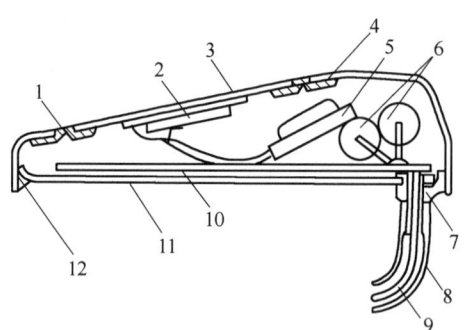

图 6-31　压电式雨滴传感器结构图

1—阻尼橡胶　2—压电元件　3—振动片（不锈钢）　4—上盒（不锈钢）　5—集成电路
6—电容器　7—衬垫　8—线束套筒　9—线束　10—电路基板
11—下盒（不锈钢）　12—密封件

汽车自动刮水器控制系统原理框图如图 6-32 所示。

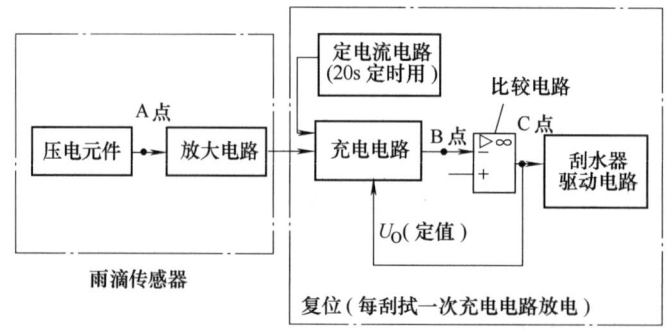

图 6-32　汽车自动刮水器控制系统原理框图

工作时，由于雨滴下落撞击到传感器的振动片 3 上，振动片 3 将振动能量传给压电元件 2（见图 6-31）。如图 6-32 所示，压电元件受压而产生电压信号，电压值与撞击振动片上的雨滴的撞击能量成正比，电压信号经过放大后送入间歇刮水放大电路，对放大器的充电电路（电容）进行 20s 的定时充电，电容电压上升，该电压输入比较电路，比较电路将其与基准电压 U_0 比较，当电容电压达到 U_0 时，比较电路向刮水器电动机发出信号，使其工作一次。当雨量大时，压电元件产生的电信号强，充电电路电压达到基准电压值 U_0 所需时间就短，刮水器间歇工作的时间就短；反之，当雨量小时，压电元件产生的电压就小，充电电路电压达到基准电压 U_0 所需时间就长，刮水器间歇工作的时间就长。当雨量很小，雨滴传感器没有电压信号输出时，只有定电流电路对充电电路进行充电，20s 后充电电路的输出电压达到基准电压 U_0，刮水器动作一次。这样，雨滴感知型刮水器就把刮水器的间歇时间控制在 0～20s 范围内，以适应不同雨量的需要。

具体自动刮水器电路设计如图 6-33 所示。

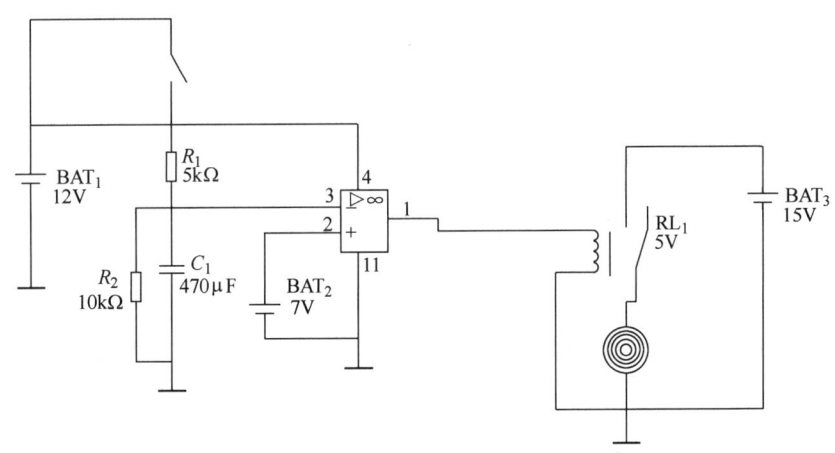

图 6-33　自动刮水器电路

4. 实训内容

1）根据电路图分析本次实训电路的工作原理，简要写在下方。

2）连接电路，检查无误后通电。

6.5　小结

集成运算放大器小结

1. 运算放大器是一种具有高电压放大倍数的直接耦合多级放大电路，主要由输入级、中间级、输出级和偏置电路组成。它有两个输入端（同相输入端和反相输入端）和一个输出端。

2. 集成运算放大器的主要参数：开环电压放大倍数 A_o、差模输入电阻 r_{id}、开环输出电阻 r_o、最大输出电压 U_{OM}、静态功耗 P_C、输入失调电压 U_{Io}、电源电压 U_{CC}。

3. 理想运算放大器指标：
1）开环电压放大倍数 $A_o \to \infty$。
2）运算放大器差模输入电阻 $r_{id} \to \infty$。
3）输出电阻 $r_o \approx 0$。

4. 负反馈会降低放大电路的放大倍数，却能显著地改善放大电路的其他性能，引入负反馈可以改善电路的性能。应理解正反馈与负反馈的特点及判别方法。

5. 集成运算放大器按其工作状态可分为线性应用和非线性应用两大类。当集成运算放大器通过外接电路引入负反馈时，集成运算放大器成闭环并工作在线性区，可构成模拟信号运算放大电路（反相器、比例器、减法器、加法器及积分器等）、正弦波振荡电路和有源滤波电路等；要结合实例理解几种信号放大电路的工作原理及功能特点。

6. 若集成运算放大器工作在非线性区，可构成各种电压比较器和矩形波发生器等，要注意几种比较器的区别。

7. 理解集成运算放大器在汽车电子电路中的应用，比如汽车自动刮水器、汽车转向灯闪光电路及汽车充电系统电压监视器电路等工作原理。

6.6 习题

一、填空题

1. 理想集成运算放大器的开环差模输入电阻 r_{id} = _____，开环差模输出电阻 r_o = _____。

2. 集成运算放大器工作在非线性区的必要条件是_____，特点是_____。

3. 反相输入式的线性集成运算放大器适合放大_____信号，同相输入式的线性集成运算放大器适合放大_____信号。

4. _____比例运算电路中集成运算放大器反相输入端为虚地，而_____比例运算电路中集成运算放大器两个输入端的电位等于输入电压。

二、判断题

1. 当集成运算放大器工作在非线性区时，输出电压不是高电平就是低电平。（　　）
2. 理想的差动放大器，只能放大差模信号，不能放大共模信号。（　　）

三、选择题

1. 在多级直接耦合放大器中，影响零点漂移最严重的一级是（　　）。
   A. 输入级　　　　　　　B. 中间级　　　　　　　C. 输出级

2. 集成运算放大器内部是由直接耦合方式的多级放大电路组成，作为放大器使用，它是（　　）。
   A. 能放大直流信号，不能放大交流信号
   B. 能放大交流信号，不能放大直流信号
   C. 既能放大交流信号，也能放大直流信号

3. 集成运算放大器中，由温度变化引起的零输入对应非零输出的现象称为（　　）。
   A. 零点漂移　　　　　　B. 失调　　　　　　　　C. 失真

4. 集成运算放大器的同相输入端的同相是指（　　）。

A. 该输入端信号与输出信号相位相差 0°
B. 该输入端信号与输出信号相位相差 90°
C. 该输入端信号与输出信号相位相差 180°

5. 施加深度负反馈，可使运算放大器进入（   ）。
   A. 非线性区　　　　　　　　B. 线性工作区

四、计算题

1. 图 6-34 中是由理想运算放大器构成的电路，计算各电路输出电压的值。

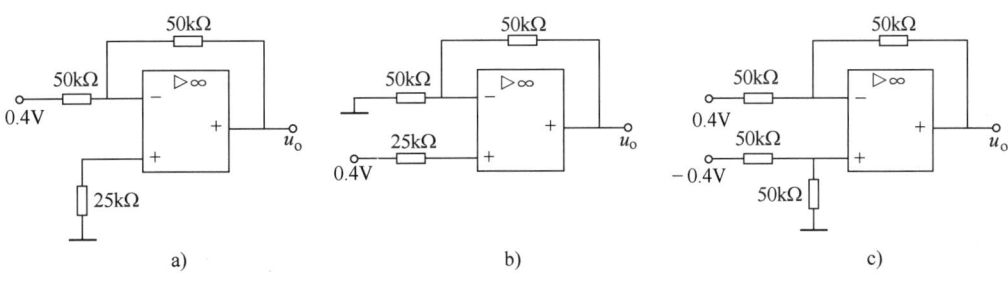

图 6-34　计算题 1

2. 图 6-35 所示为一加法器，若 $R_f = 20\text{k}\Omega$，$u_o = -\left(u_1 + \dfrac{1}{2}u_2 + \dfrac{3}{4}u_3\right)$，试求 R_1、R_2、R_3、R_4 之值。

3. 图 6-36 所示为一个电桥振荡器，其中 R_f 为可变电阻，试问：1）R_f 调到何值时电路开始起振？2）$f_0 = ?$

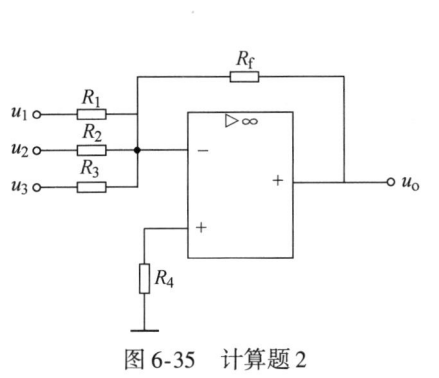

图 6-35　计算题 2

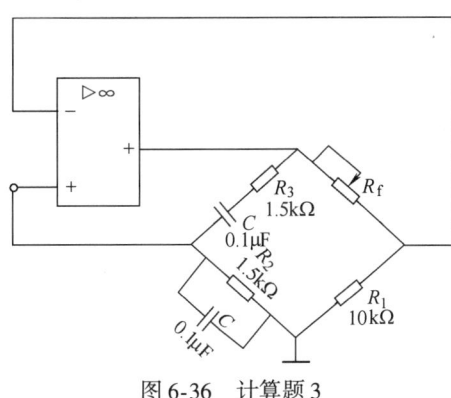

图 6-36　计算题 3

第 7 章　数字电子电路

本章介绍数字电子电路的基础知识，先介绍数字信号的定义与特点，然后介绍数字电路的基本构成单元门电路和触发器，最后以组合逻辑电路和时序逻辑电路的划分形式对数字电路进行介绍，并列举相应的汽车应用电路。

本章问题：
1) 什么是数字信号？数字电路的特点是什么？
2) 什么是高低电平？
3) 什么是门电路？常见的基本门电路有哪些？
4) 组合逻辑电路的特点是什么？
5) 时序逻辑电路的基本构成单元是什么？时序逻辑电路的特点是什么？
6) 计数器是对什么进行计数的？
7) 555 定时器能构成哪几种常用电路？
8) ADC 和 DAC 的用途是什么？
9) LED 数码管分类与工作原理是什么？

7.1　认识数字电路

7.1.1　数字电路的特点

电子电路按其功能、性质的不同，可分为模拟电路和数字电路两大类。两类电路的区别在于处理的信号不同，模拟电路处理的是模拟信号，数字电路处理的是数字信号。

模拟信号是指幅值和方向随时间连续变化的电信号，其波形如图 7-1 所示。构成模拟电路的主要单元电路是放大器，前述放大、整流电路都是模拟电路。数字信号是指幅值和方向随时间不连续变化的脉冲信号，其波形如图 7-2 所示。构成数字电路的主要单元电路是门电路和触发器。

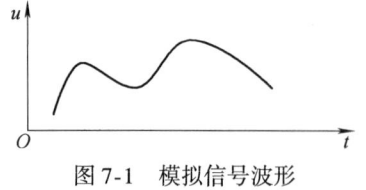

图 7-1　模拟信号波形

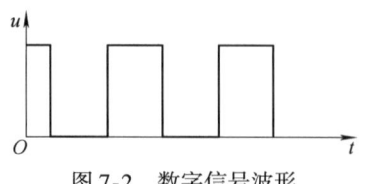

图 7-2　数字信号波形

数字电路处理的是输入信号和输出信号之间的逻辑关系（所谓逻辑是指事物的前因（条件）和后果（结果）之间所遵循的规律），因此数字电路又称为逻辑电路。由于数字信号只有两种状态（0 和 1），不易混淆，便于处理和储存，因此电路抗干扰能力强，有极高的可靠性和稳定性。目前，数字电路被广泛应用于信息检测、处理、存储及过程控制等。

7.1.2 数字信号

数字信号是脉冲信号,所谓脉冲信号是指那些在短促的时间内断续作用的跃变信号,其持续作用的时间可短至几微秒,甚至几纳秒。图 7-3 为常见脉冲信号波形。在工业检测与控制的数字电路中最常用的是矩形脉冲信号,它一般是电压波形,可用电位的高低来表示,分别称为高电平和低电平。

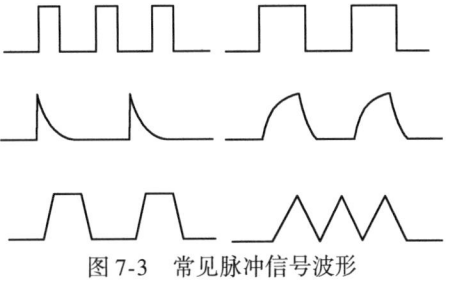

图 7-3 常见脉冲信号波形

高电平和低电平是数字信号的两种状态,一般高电平是指高电位,低电平是指低电位。电位的高低划分由具体的数字电路决定。例如,有的数字电路设计 1.7V 以上是高电平,0.7V 以下为低电平;有的数字电路设计 3.5V 以上是高电平,而 1.5V 以下为低电平。在逻辑电路中,用逻辑 0 和逻辑 1 来表示高低电平。如果用 0 表示低电平,用 1 表示高电平,称为正逻辑关系;如果用 1 表示低电平,用 0 表示高电平,则称为负逻辑关系。本书中,如无特殊说明,所有逻辑关系均为正逻辑关系。图 7-4 为正负逻辑关系下的高低电平的示意图。

脉冲有正、负之分,如果脉冲跃变后的电平比初始电平高,称为正脉冲,如图 7-5a 所示。反之,称为负脉冲,如图 7-5b 所示。

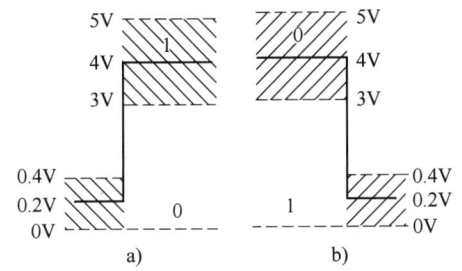

图 7-4 正负逻辑关系下的高低电平的示意图
a) 正逻辑 b) 负逻辑

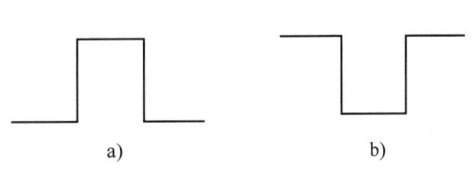

图 7-5 脉冲波形
a) 正脉冲 b) 负脉冲

实际上,矩形脉冲的前后沿不是垂直的,即脉冲的跃变需要一定的时间才能完成。图 7-6 为一个实际的矩形脉冲波形,现以它为例来说明脉冲信号波形的一些参数。

(1) 脉冲幅度 A

脉冲高、低电平之间的差值,即脉冲信号变化的最大值。

(2) 脉冲上升时间 t_r

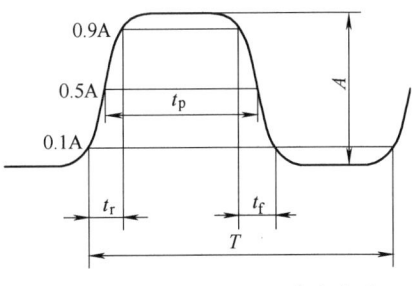

图 7-6 一个实际的矩形脉冲波形

正脉冲信号从 $0.1A$ 上升到 $0.9A$ 所需的时间,波形图上称为脉冲上升沿,t_r 越小,脉冲上升越快,波形上升沿越陡,波形也越好。

(3) 脉冲下降时间 t_f

正脉冲信号从 $0.9A$ 下降到 $0.1A$ 所需的时间,波形图上称为脉冲下降沿,t_f 越小,脉冲下降越快,波形下降沿越陡,波形也越好。

(4) 脉冲宽度 t_p

从脉冲上升沿 $0.5A$ 处到下降沿 $0.5A$ 处的时间间隔。

(5) 脉冲周期 T

周期性脉冲信号前后两次出现的时间间隔。

(6) 脉冲频率 f

每秒钟内脉冲出现的次数,即为周期 T 的倒数。

(7) 占空比 D

脉冲宽度与脉冲周期的比值乘以百分之百,称为占空比,即 $D = \dfrac{t_p}{T} \times 100\%$。

7.2 组合逻辑电路

7.2.1 逻辑关系与门电路

在逻辑代数中,最基本的逻辑运算有与、或、非 3 种。每种逻辑运算代表一种函数关系,这种函数关系可用逻辑符号写成逻辑表达式来描述,也可用文字来描述,还可用表格或图形的方式来描述。

最基本的逻辑关系有 3 种:与逻辑关系、或逻辑关系及非逻辑关系。

实现基本逻辑运算和常用复合逻辑运算的单元电路称为逻辑门电路。例如:实现"与"运算的电路称为与逻辑门,简称为与门;实现"与非"运算的电路称为与非门。逻辑门电路是设计数字系统的最小单元。

7.2.2 常用门电路

1. 与门

"与"逻辑关系如图 7-7 所示,语言描述为,当决定一件事情的几个条件全部具备后,这件事情才能发生,否则不发生。

"与"运算的逻辑表达式为

$$F = A \cdot B$$

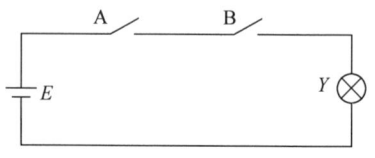

图 7-7 "与"逻辑关系

式中,乘号"·"表示与运算,在不至于引起混淆的前提下,乘号"·"经常被省略。该式可读:F 等于 A 乘 B,也可读作:F 等于 A 与 B。"与"逻辑运算又称为逻辑乘运算。表 7-1 为"与"运算的逻辑真值表。

表 7-1 "与"运算逻辑真值表

A	B	$F = A \cdot B$
0	0	0
0	1	0
1	0	0
1	1	1

实现"与"逻辑运算功能的电路称为"与门"。每个与门有两个或两个以上的输入端和一个输出端，图7-8是两输入端与门的电路结构和逻辑符号。

实际的与门是集成在一个芯片里的，一个芯片里至少包含两个与门，可根据需要选择其中的一个或几个与门使用。图7-9a为型号是74LS08的与门引脚布局图，内部有4个二输入与门，其外形如图7-9b所示。

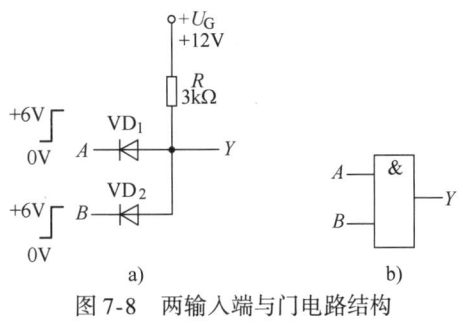

图7-8 两输入端与门电路结构和逻辑符号

a）电路结构 b）逻辑符号

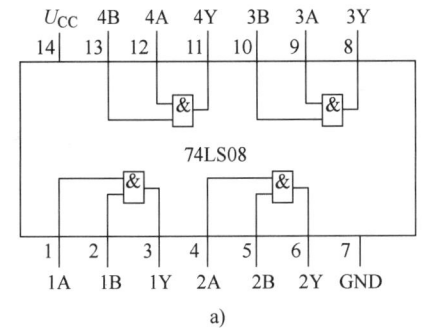

图7-9 74LS08与门引脚布局图

2. 或门

"或"逻辑关系如图7-10所示。语言描述为当决定一件事情的几个条件中只要有一个条件得到满足，这件事情就会发生。

"或"运算的逻辑表达式为　　$F = A + B$

"或"运算逻辑真值表如表7-2所示。

实现"或"逻辑运算功能的电路称为"或门"。每个或门有两个或两个以上的输入端和一个输出端，图7-11是两输入端或门电路结构和逻辑符号。

表7-2 "或"运算逻辑真值表

A	B	$F = A + B$
0	0	0
0	1	1
1	0	1
1	1	1

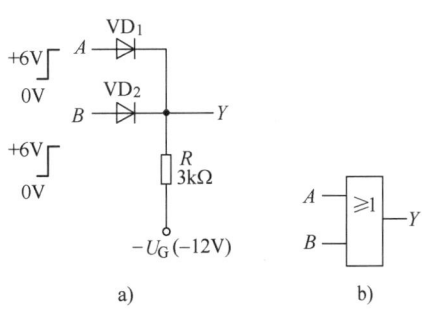

图7-11 两输入端或门电路结构和逻辑符号

a）电路结构 b）逻辑符号

图 7-12 所示是型号为 74LS32 和 CD4071 的集成或门引脚布局图，内部有 4 个二输入或门。

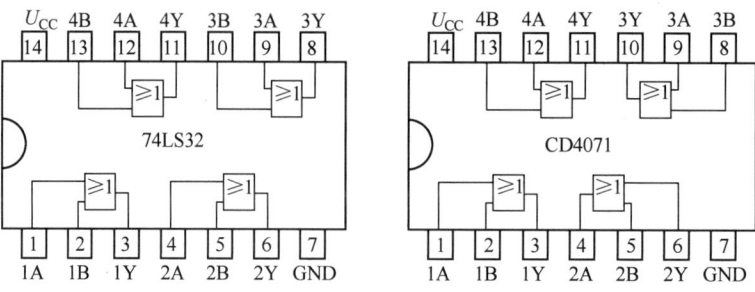

图 7-12　74LS32 和 CD4071 的集成或门引脚布局

3. 非门

"非"逻辑关系如图 7-13 所示。语言描述为事情和条件总是呈相反状态。非运算亦称为"反"运算。

"非"运算的逻辑表达式为

非门电路

式中，字母上方的横线"‾"表示"非"运算。该式可读作：F 等于 A 非，或 F 等于 A 反。表 7-3 为"非"运算逻辑真值表。

表 7-3　"非"运算逻辑真值表

A	$F = \bar{A}$
0	1
1	0

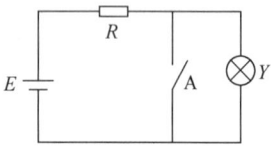

图 7-13　"非"逻辑关系

实现"非"逻辑运算功能的电路称为"非门"。非门也叫反相器。每个非门有一个输入端和一个输出端。如图 7-14 所示为非门电路结构和逻辑符号。

图 7-15 是型号为 74LS04 和 CD4069 的集成非门引脚布局图，内部有 6 个非门。

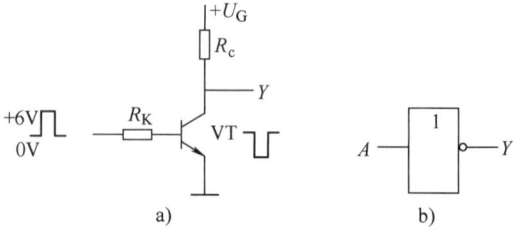

图 7-14　非门电路结构和逻辑符号
a) 电路结构　b) 逻辑符号

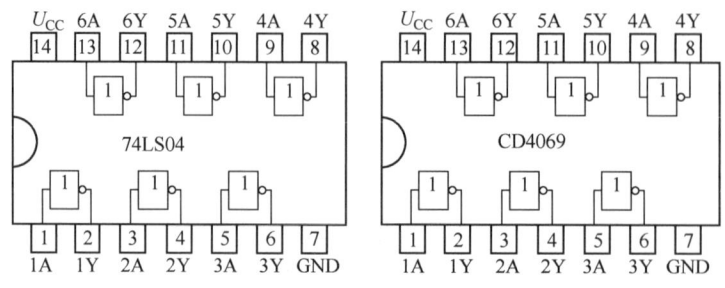

图 7-15　74LS04 和 CD4069 的集成非门引脚布局图

4. 与非门

"与"运算后再进行"非"运算的复合运算称为"与非"运算，实现"与非"运算的逻辑电路称为与非门。一个与非门有两个或两个以上的输入端和一个输出端，两输入端与非门的逻辑符号如图 7-16 所示。

其输出与输入之间的逻辑关系表达式为

$$F = \overline{A \cdot B}$$

"与非"运算逻辑真值表见表 7-4。

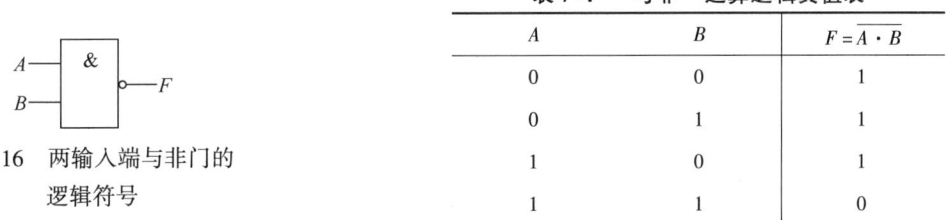

表 7-4 "与非"运算逻辑真值表

A	B	$F = \overline{A \cdot B}$
0	0	1
0	1	1
1	0	1
1	1	0

图 7-16 两输入端与非门的逻辑符号

5. 或非门

"或"运算后再进行"非"运算的复合运算称为"或非"运算，实现"或非"运算的逻辑电路称为或非门。或非门也是一种通用逻辑门。一个或非门有两个或两个以上的输入端和一个输出端。两输入端或非门的逻辑符号如图 7-17 所示。

输出与输入之间的逻辑关系表达式为

$$F = \overline{A + B}$$

"或非"运算逻辑真值表见表 7-5。

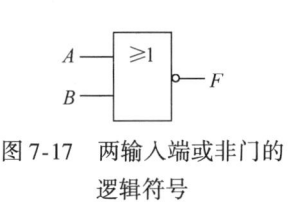

表 7-5 "或非"运算逻辑真值表

A	B	$F = \overline{A + B}$
0	0	1
0	1	0
1	0	0
1	1	0

图 7-17 两输入端或非门的逻辑符号

上述门电路为数字电路常用的基本门电路，在现实应用中还有其他一些逻辑门电路，如与或非门、异或门、同或门、三态门等。

7.2.3 数字集成门电路

目前，常见的门电路都是集成芯片，即集成电路。集成电路是将二极管、晶体管及电阻等分立元器件集中到一个半导体芯片里，能够实现一种或多种电路的功能。

按照集成在一个半导体芯片里的元器件数量（集成规模）进行划分，集成电路分为小规模集成电路（它的集成规模少于 100 个元器件）、中规模集成电路（它的集成规模在 100 ~ 1000 个元器件）、大规模集成电路（它的集成规模在 1000 个元器件以上）、超大规模集成电路（它的集成规模在 10^5 个元器件以上）。目前，集成电路的集成规模还在不断提高。本书中的集成门电路与触发器，均属于小规模集成电路。

集成门电路的种类很多，按所使用的基本元器件的不同，可分为双极型和单极型两大类，前者以 TTL 门电路为代表，后者以 MOS 集成门电路为代表。TTL（Transistor-Transistor-Logic）是晶体管-晶体管逻辑电路的简称，其输入级和输出级都是以晶体管为核心。MOS（Metal-Oxide-Semiconductor）是金属-氧化物-半导体集成门电路的简称，它的核心元器件是场效应晶体管。目前比较流行的 MOS 集成电路是 CMOS（Complementary-Metal-Oxide-Semiconductor），一种互补对称型电路。

数字集成电路的主要产品系列参见表 7-6。

表 7-6 数字集成电路的主要产品系列

系列	子系列	名　称	国际型号	部标型号
TTL	TTL	基本型中速 TTL	CT54/74	T1000
	HTTL	高速 TTL	CT54/74H	T2000
	STTL	超高速 TTL	CT54/74S	T3000
	LSTTL	低功耗 TTL	CT54/74LS	T4000
	ALSTTL	先进低功耗 TTL	CT54/74ALS	—
MOS	CMOS	互补场效应晶体管型	CC4000	C000
	HCOMS	高速 CMOS	CT54/74HC	—
	HCMOST	与 TTL 兼容的高速 CMOS	CT54/74HCT	—

7.2.4 组合逻辑电路

在实际应用中，往往需要将一些门电路进一步组合起来，形成组合逻辑电路，以实现较复杂的逻辑运算，具有较强的逻辑功能。组合逻辑电路具有以下特点：它在任一时刻的输出状态只取决于该时刻的输入状态，而与电路原来的状态无关。

逻辑变量用逻辑运算符号连接起来，就成为逻辑函数式。逻辑变量指的是数字电路的输入、输出变量，各种门电路输出与输入之间的逻辑关系表达式就是简单的逻辑函数式。逻辑函数式能够表现组合逻辑电路的基本功能，由组合逻辑电路写出逻辑函数式，进而分析出电路功能的过程，即为组合逻辑电路的分析过程。根据电路功能写出逻辑函数式，再由逻辑函数式画出组合逻辑电路的过程，称为组合逻辑电路的设计过程。

图 7-18 所示的电路是由一个非门、两个与门和一个或门构成的组合逻辑电路，电路中 A、B、C 是输入的逻辑变量，由图可分析：G_1 门输出为 $\overline{C}$（$\overline{C}$ 即为 G_1 门的逻辑函数式），G_2 输出为 AC，G_3 门输出为 $B\overline{C}$，G_4 门输出为 $AC+B\overline{C}$，G_4 门输出即为该组合逻辑电路的输出结果。上述过程为组合逻辑电路的分析过程，组合逻辑电路的设计在这里不再赘述。

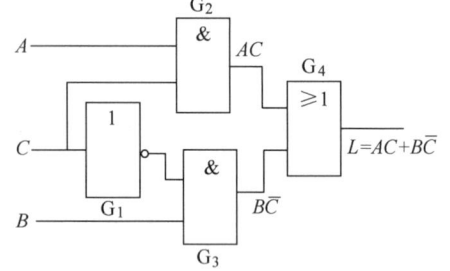

图 7-18 组合逻辑电路分析

7.2.5 组合逻辑电路在汽车电路中的应用

组合逻辑电路结构简单，抗干扰能力强，在现代汽车电子电路中应用广泛。图 7-19 为某汽车报警扬声器电路，电路中 VT_1 的通断决定扬声器是否发声，与非门 1、2 的作用是放大信号，起到放大器的作用；与非门 3、4 和 R_2、C_2 构成振荡电路，控制 VT_1 的通断，使得扬声器发出断续报警的声音。

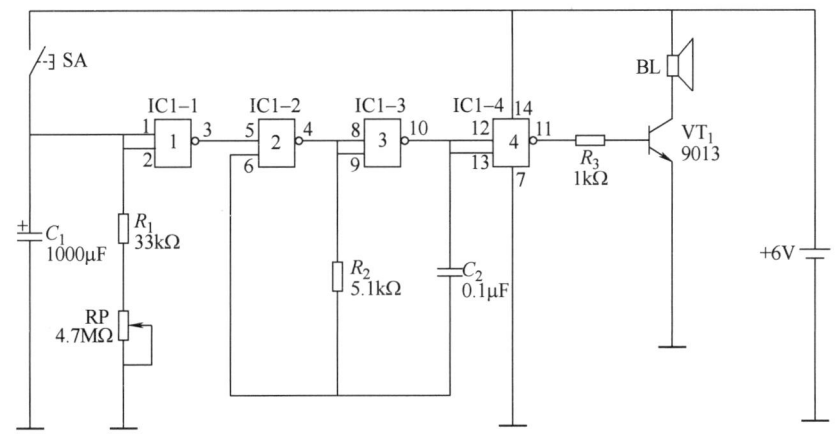

图 7-19　某汽车报警扬声器电路

图 7-20 是某汽车防盗报警器电路，该电路主要由或非门构成，工作原理与图 7-19 类似，请读者自行分析。

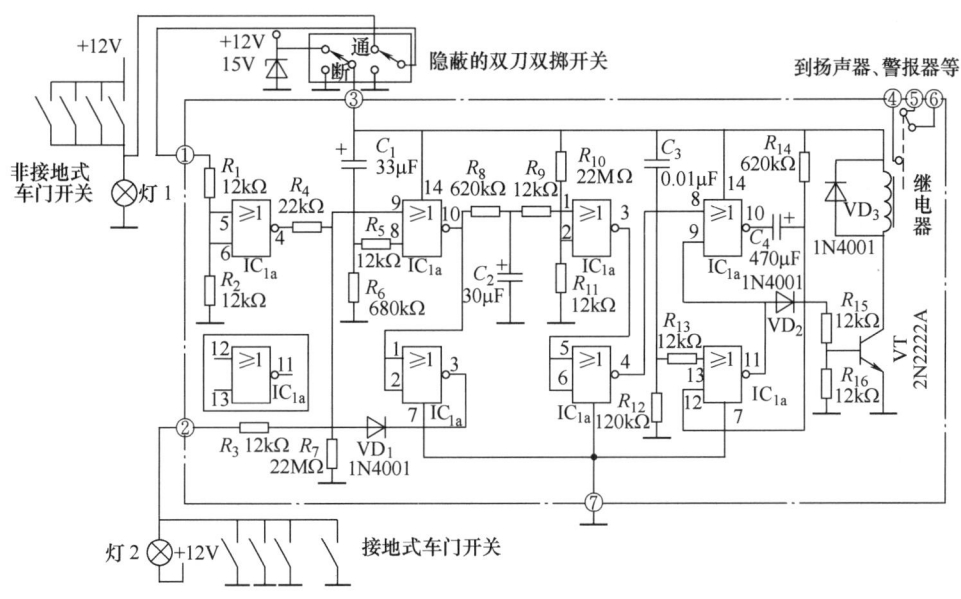

图 7-20　某汽车防盗报警器电路

图 7-21 是由组合逻辑电路构成的汽车门锁控制电路，门锁解锁和锁止信号均由或门输出，或门的逻辑功能是输入变量有一个为高电平，输出则为高电平，以锁止信号为例，h、j 两个非门的输入均由一个上拉电阻与电源正极相连，为高电平；当车门锁或车内门锁控制开关接地时，h 或 j 非门的输入为低电平，输出为高电平，使后面的或门输出为高电平，即锁止信号为有效信号。

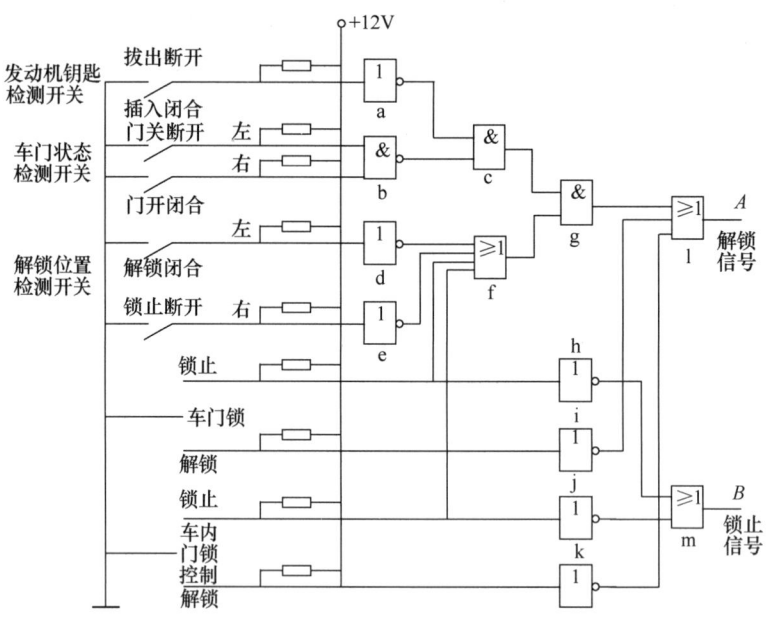

图 7-21 门锁控制电路

7.3 时序逻辑电路

时序逻辑电路是一种与时序有关的逻辑电路，它以组合电路为基础，又与组合电路不同。时序逻辑电路的特点是：在任何时刻电路产生的稳定输出信号不仅与该时刻电路的输入信号有关，而且还与电路过去的状态有关。所以时序逻辑电路都是由组合电路和存储电路两部分组成，存储电路的基本构成单元是触发器。

触发器全称为双稳态触发器，它具有两个稳定的工作状态，即 0 态和 1 态。在没有外来信号时，它处于一个稳定状态并保持不变，直到有输入信号使它翻转到另一个稳定状态为止，因此它对输入信号具有记忆的功能。

触发器的种类很多，按逻辑功能分，有 RS、JK、D 等类型。

7.3.1 基本 RS 触发器

图 7-22a 是由两个与非门交叉耦合构成的基本 RS 触发器，图 7-22b 是其逻辑符号，Q 和 $\overline{Q}$ 是两个输出端，在正常条件下，其逻辑状态是相反的。它具有两个稳定状态，当 $Q=1$，$\overline{Q}=0$ 时称为置位状态；当 $Q=0$，$\overline{Q}=1$ 时称为复位状态。通常用 Q 的状态作为触发器的输出状态。

触发器的两个输入端有 4 种不同的输入组

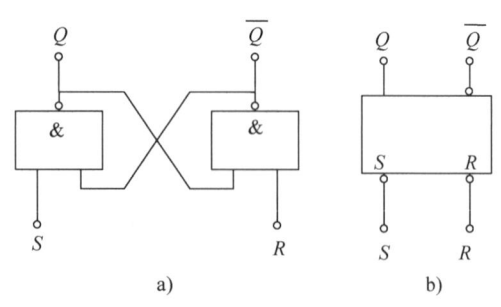

图 7-22 基本 RS 触发器
a）电路结构　b）逻辑符号

合，对应着4种输出状态：

1) $R=0$、$S=1$ 时：由于 $R=0$，不论原来 Q 为 0 还是 1，都有 $\overline{Q}=1$；再由 $S=1$、$\overline{Q}=1$ 可得 $Q=0$。即不论触发器原来处于什么状态都将变成 0 状态，这种情况称将触发器置 0 或复位。R 端称为触发器的置 0 端或复位端。

2) $R=1$、$S=0$ 时：由于 $S=0$，不论原来 Q 为 0 还是 1，都有 $Q=1$；再由 $R=1$、$Q=1$ 可得 $\overline{Q}=0$。即不论触发器原来处于什么状态都将变成 1 状态，这种情况称将触发器置 1 或置位。S 端称为触发器的置 1 端或置位端。

3) $R=1$、$S=1$ 时：根据与非门的逻辑功能不难推知，触发器保持原有状态不变，即原来的状态被触发器存储起来，这体现了触发器具有记忆能力。

4) $R=0$、$S=0$ 时：$Q=\overline{Q}=1$，不符合触发器的逻辑关系。并且由于与非门延迟时间不可能完全相等，在两输入端的 0 同时撤除后，将不能确定触发器是处于 1 状态还是 0 状态。所以触发器不允许出现这种情况，这就是基本 RS 触发器的约束条件。

> **小经验**
> 图 7-22 中的 S 为低电平时触发器置位，R 为低电平时触发器复位，这称为低电平触发，在逻辑符号图 7-22b 中，R、S 输入引线靠近方框的小圆圈表示低电平触发，如没有小圆圈则表示高电平触发。

表 7-7 列出了基本 RS 触发器的各种逻辑状态表，图 7-23 为基本 RS 触发器的工作波形。

表 7-7 基本 RS 触发器的各种逻辑状态表

R	S	Q	功能
0	0	不定	不允许
0	1	0	置0
1	0	1	置1
1	1	不变	保持

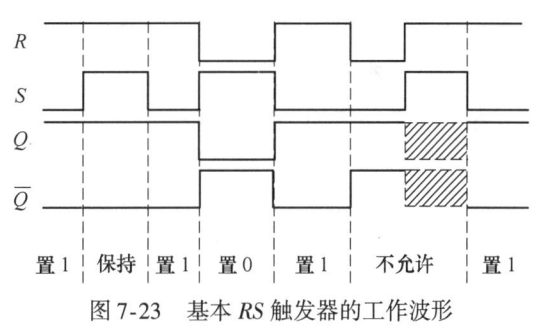

图 7-23 基本 RS 触发器的工作波形

7.3.2 JK 触发器

图 7-24a 为主从型 JK 触发器的逻辑电路图，图 7-24b 是其逻辑符号。主从型 JK 触发器由两个 RS 触发器构成，这两个 RS 触发器都有一个 CP 控制端，称为可控 RS 触发器。图 7-24a 中，主触发器用以接收信号，从触发器用来输出信号。

JK 触发器构成分频电路

1. 接收输入信号的过程

$CP=1$ 时，主触发器被打开，可以接收输入信号 J、K，其输出状态由输入信号的状态决定。但由于 $\overline{CP}=0$，从触发器被封锁，无论主触发器的输出状态如何变化，对从触发器均无影响，即触发器的输出状态保持不变。

2. 输出信号过程

当 CP 下降沿到来时,即 CP 由 1 变为 0 时,主触发器被封锁,无论输入信号如何变化,对主触发器均无影响,即在 CP=1 期间接收的内容被存储起来。同时,由于 CP 由 0 变为 1,从触发器被打开,可以接收由主触发器送来的信号,其输出状态由主触发器的输出状态决定。在 CP=0 期间,由于主触发器保持状态不变,因此受其控制的从触发器的状态也即 Q、$\overline{Q}$ 的值当然不可能改变。

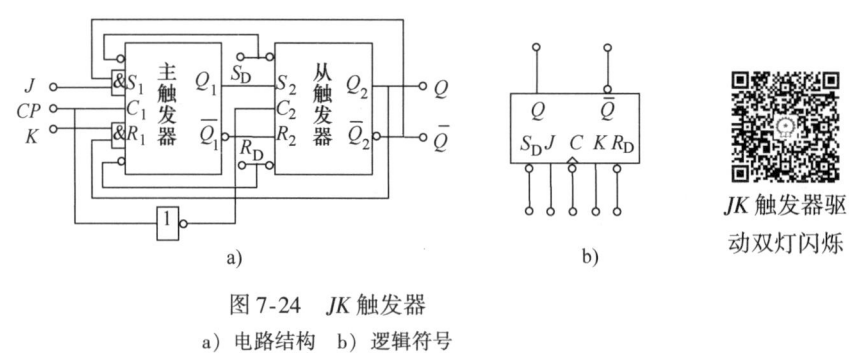

图 7-24 JK 触发器
a) 电路结构 b) 逻辑符号

图 7-24 中,S_D、R_D 是直接置位、复位端,低电平有效。逻辑符号中 CP 控制端用一个小圆圈来表示是下降沿触发。

根据输入信号 J、K 端的不同状态及触发器的原来状态,可分析 4 种不同的工作过程:

(1) $J=0$、$K=0$

设触发器的初始状态为 0,此时主触发器的 $R_1=KQ=0$、$S_1=J\overline{Q}=0$,在 CP=1 时主触发器状态保持 0 状态不变;(注:这里的 RS 触发器和前述的基本 RS 触发器不同,前述 RS 触发器是由与非门构成的,R 和 S 的信号是低电平有效;这里的 RS 触发器是由或非门构成的,R 和 S 的信号是高电平有效。因此,当 R_1 和 S_1 为 0 时,主触发器的状态保持不变)当 CP 从 1 变 0 时,由于从触发器的 $R_2=1$、$S_2=0$,也保持为 0 状态不变。

如果触发器的初始状态为 1,当 CP 从 1 变 0 时,触发器则保持 1 状态不变。

可见不论触发器原来的状态如何,当 $J=K=0$ 时,触发器的状态均保持不变,即 $Q^{n+1}=Q^n$。

(2) $J=0$、$K=1$

设触发器的初始状态为 0,此时主触发器的 $R_1=0$、$S_1=0$,在 CP=1 时主触发器保持为 0 状态不变;当 CP 从 1 变 0 时,由于从触发器的 $R_2=1$、$S_2=0$,从触发器也保持为 0 状态不变。

如果触发器的初始状态为 1,则由于 $R_1=1$、$S_1=0$,在 CP=1 时将主触发器翻转为 0 状态;当 CP 从 1 变 0 时,由于从触发器的 $R_2=1$、$S_2=0$,从触发器状态也翻转为 0 状态。

可见不论触发器原来的状态如何,当 $J=0$、$K=1$ 时,输入 CP 脉冲后,触发器的状态均为 0 状态,即 $Q^{n+1}=0$。

(3) $J=1$、$K=0$

设触发器的初始状态为 0,此时主触发器的 $R_1=0$、$S_1=1$,在 CP=1 时主触发器翻转为 1 状态;当 CP 从 1 变 0 时,由于从触发器的 $R_2=0$、$S_2=1$,故从触发器也翻转为 1

状态。

如果触发器的初始状态为 1，则由于 $R_1=0$、$S_1=0$，在 $CP=1$ 时主触发器状态保持 1 状态不变；当 CP 从 1 变 0 时，由于从触发器的 $R_2=0$、$S_2=1$，从触发器状态也保持 1 状态不变。

可见不论触发器原来的状态如何，当 $J=1$、$K=0$ 时，输入 CP 脉冲后，触发器的状态均为 1 状态，即 $Q^{n+1}=1$。

(4) $J=1$、$K=1$

设触发器的初始状态为 0，此时主触发器的 $R_1=0$、$S_1=1$，在 $CP=1$ 时主触发器翻转为 1 状态；当 CP 从 1 变 0 时，由于从触发器的 $R_2=0$、$S_2=1$，故从触发器也翻转为 1 状态。

如果触发器的初始状态为 1，则由于 $R_1=1$、$S_1=0$，在 $CP=1$ 时将主触发器翻转为 0 状态；当 CP 从 1 变 0 时，由于从触发器的 $R_2=1$、$S_2=0$，故从触发器也翻转为 0 状态。

可见当 $J=K=1$ 时，输入 CP 脉冲后，触发器状态必定与原来的状态相反，即 $Q^{n+1}=\overline{Q^n}$。由于每来一个 CP 脉冲触发器状态翻转一次，故这种情况下触发器具有计数功能。

表 7-8 是主从型 JK 触发器的逻辑状态表。图 7-25 是 JK 触发器输入和输出信号波形图示例。

表 7-8　主从 JK 触发器逻辑状态表

J	K	Q^{n+1}	功　能
0	0	Q^n	保持
0	1	0	置 0
1	0	1	置 1
1	1	$\overline{Q^n}$	翻转

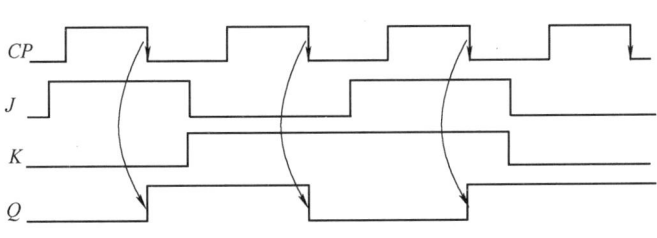

图 7-25　JK 触发器输入和输出信号波形图示例

7.3.3　D 触发器

图 7-26 为维持阻塞式边沿 D 触发器的逻辑图和逻辑符号。该触发器由 6 个与非门组成，其中 G_1、G_2 构成基本 RS 触发器，G_3、G_4 组成时钟控制电路，G_5、G_6 组成数据输入电路。$\overline{R}_D$ 和 $\overline{S}_D$ 分别是直接置 0 和直接置 1 端，有效电平为低电平。G_3 输出端至 G_5 反馈线起到使触发器维持在 1 状态的作用，称作置 1 维持线；G_3 输出端至 G_4 输入的反馈线起到阻止触发器置 0 的作用，称为置 0 阻塞线。因此，该触发器称为维持阻塞触发器。

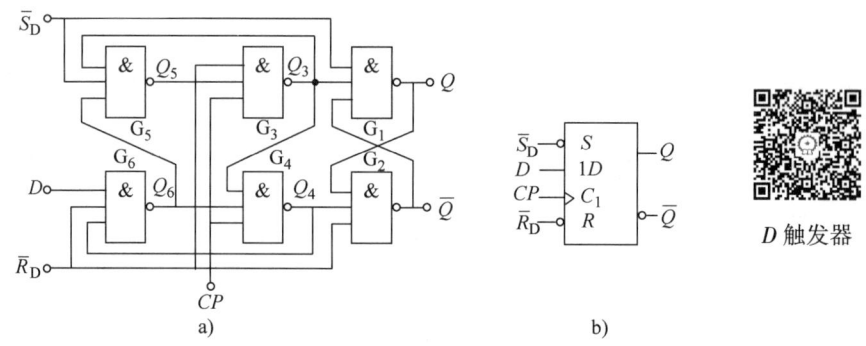

图 7-26 维持阻塞式边沿 D 触发器的逻辑图和逻辑符号
a) 逻辑图　b) 逻辑符号

维持阻塞 D 触发器如果在 CP 脉冲的上升沿产生状态变化，触发器的次态取决于 CP 脉冲上升沿前 D 端的信号，而在上升沿后，输入 D 端的信号变化对触发器的输出状态没有影响。如在 CP 脉冲的上升沿到来前 $D=0$，则在 CP 脉冲的上升沿到来后，触发器置 0；如在 CP 脉冲的上升沿到来前 $D=1$，则在 CP 脉冲的上升沿到来后触发器置 1。维持阻塞 D 触发器的逻辑功能表见表 7-9，D 触发器波形图如图 7-27 所示。

表 7-9　维持阻塞 D 触发器的逻辑功能表

D	Q	说　明
0	0	复位
1	1	置位

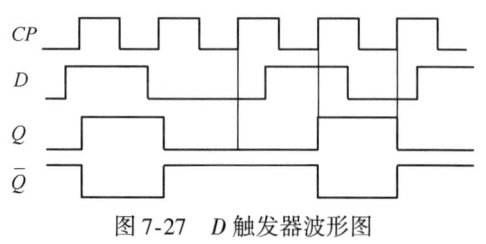

图 7-27　D 触发器波形图

7.3.4　时序逻辑电路举例

由上述触发器可构成计数器、寄存器等时序器件，它们内部都是时序逻辑电路。

1. 计数器

计数器是数字系统中用的较多的基本逻辑器件，它的基本功能是统计时钟脉冲的个数，即实现计数操作，它也可用于分频、定时、产生节拍脉冲和脉冲序列等。图 7-28 为由 D 触发器构成的 3 位异步加法计数器，其输出是 3 位二进制数 $Q_0Q_1Q_2$，即当有计数脉冲 CP 输入时，根据输入脉冲的个数，计数器

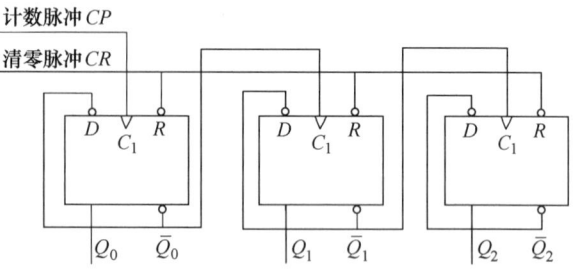

图 7-28　D 触发器构成的 3 位异步加法计数器

依次输出 000、001、010、011、100、101、110、111 八个二进制数，也就是说该计数器最大计数值是 8，计满 8 个数自动清零，然后重新开始计数。

实际应用中，计数器都是集成电路，附加一些如预置数、加减计数转换、复位等功能。图 7-29 为集成 4 位二进制加法计数器 74LS161 的引脚图和实物图。

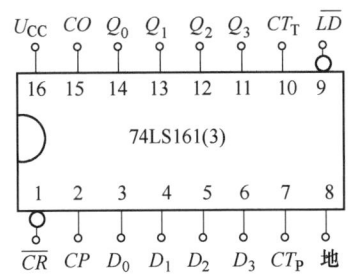

图 7-29 集成 4 位二进制加法计数器 74LS161 的引脚图和实物图

2. 寄存器

寄存器能够实现二进制数据存储与传输方式的转换，可作为数据输入/输出接口电路使用。图 7-30 为由 D 触发器构成的 4 位双向移位寄存器，该寄存器可在 CP 的控制下实现数据的并行输入和串行输入、并行输出和串行输出，可根据实际需要选择不同的输入/输出组合方式。

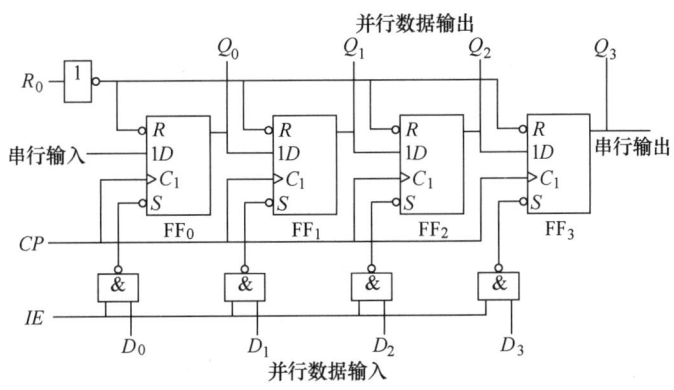

图 7-30 由 D 触发器构成的 4 位双向移位寄存器

> **想一想**
> 汽车电路中哪些用到了计数器或寄存器？

7.4 555 时基电路

555 时基电路又称为 555 定时器，它是一种多用途的数字/模拟混合集成电路，广泛用于信号的产生、变换、控制与检测。555 定时电路有 TTL 集成定时电路和 CMOS 集成定时电路，它们的逻辑功能与外引线排列都完全相同。双极型产品型号最后数码为 555，CMOS 型产品型号最后数码为 7555。

7.4.1 555 定时器工作原理

图 7-31 为 555 定时器的逻辑图和引脚图，它含有两个电压比较器，一个基本 RS 触发器，一个放电开关 VT，比较器的参考电压由三只 5kΩ 的电阻器构成分压，它们分别是高电

平比较器 C_1 同相比较端和低电平比较器 C_2 的反相输入端的参考电平。C_1 和 C_2 的输出端分别控制 RS 触发器状态和放电开关状态。当输入信号自 6 脚输入并超过 U_{R1} 时，触发器复位，555 定时器的输出端 3 脚输出低电平，同时放电，放电开关导通；当输入信号自 2 脚输入并低于 U_{R2} 时，触发器置位，555 定时器的 3 脚输出高电平，开关管截止。

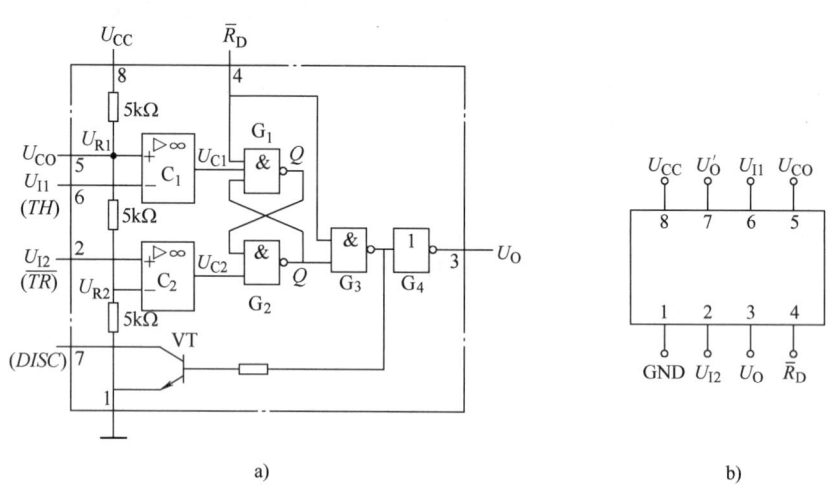

图 7-31 555 定时器的逻辑图和引脚图
a) 逻辑图 b) 引脚图

$\overline{R}_D$ 是复位端，当其为 0 时，555 定时器输出低电平。平时该端开路或接 V_{CC}。

U_{CO} 是控制电压端（5 脚），平时输出作为比较器 C_1 的参考电平，当 5 脚外接一个输入电压，即改变了比较器的参考电平，从而实现对输出的另一种控制，在不接外加电压时，通常接一个 0.01μF 的电容器到地，起滤波作用，以消除外来的干扰，以确保参考电平的稳定。

VT 为放电开关，当 VT 导通时，将为接于 7 脚的电容器提供低阻放电电路。

表 7-10 为 555 定时器各引脚功能列表。

表 7-10 555 定时器各引脚功能列表

阈值输入（U_{TH}）	触发输入（U_{TR}）	复位（$\overline{R}$）	输出（U_O）	放电开关 VT
×	×	0	0	导通
$<\frac{2}{3}V_{DD}$	$<\frac{1}{3}V_{DD}$	1	1	截止
$>\frac{2}{3}V_{DD}$	$>\frac{1}{3}V_{DD}$	1	0	导通
$<\frac{2}{3}V_{DD}$	$>\frac{1}{3}V_{DD}$	1	不变	不变

通常只需在 555 定时器外接几个阻容元件，就可以构成各种不同用途的脉冲电路，如多谐振荡器、单稳态触发器以及施密特触发器等。

7.4.2　555定时器构成的三种电路

1. 555定时器构成单稳态触发器

图7-32为由555定时器和外接定时元件R、C构成的单稳态触发器。稳态时555电路输入端处于电源电平，内部放电开关管VT导通，输出端U_O输出低电平，当有一个外部负脉冲触发信号加到U_i端。并使2端电位瞬时低于U_{R_2}，低电平比较器动作，单稳态电路即开始一个稳态过程，电容C开始充电，U_C按指数规律增长。当U_C充电到时，高电平比较器动作，比较器翻转，输出U_O从高电平返回低电平，放电开关VT重新导通，电容C上的电荷很快经放电开关管放电，暂态结束，恢复稳定，为下个触发脉冲的到来做好准备。单稳态触发器的波形图如图7-33所示。

暂稳态的持续时间T_W（即为延时时间）决定于外接元件R、C的大小。

$T_W = 1.1RC$。通过改变R、C的大小，可使延时时间在几微秒到几十分钟之间变化。当这种单稳态电路作为计时器时，可直接驱动小型继电器，并可采用复位端接地的方法来终止暂态，重新计时。

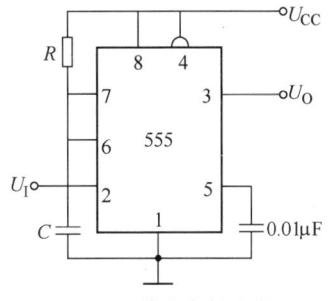

图7-32　单稳态触发器

555构成信号发生器

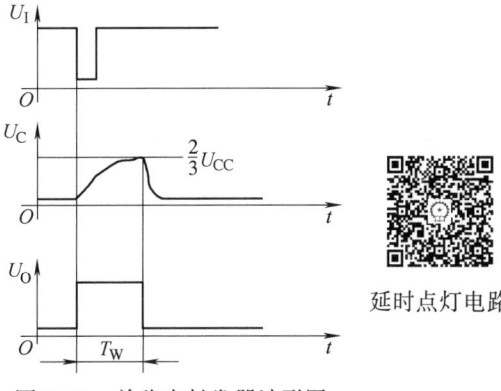

图7-33　单稳态触发器波形图

延时点灯电路

2. 555定时器构成施密特触发器

施密特触发器电路图和波形图如图7-34所示，其回差电压为$\Delta U = U_I - U_O$。若在电压控制端5外接可调电压U_{CO}（1.5~5V），可以改变回差电压ΔU_T，施密特触发器可方便地把三角波转换成方波。

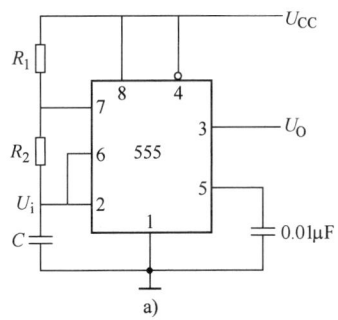
a)

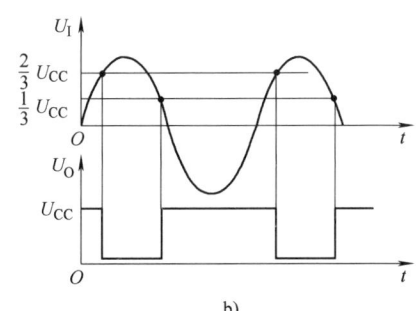
b)

555施密特触发器

图7-34　施密特触发器电路图与波形图
a) 电路图　b) 工作波形

1) 当输入信号$U_I < \frac{1}{3}U_{CC}$时，基本RS触发器置1，即$\overline{Q}=0$，$Q=1$，输出U_O为高

电平。

2) 若 U_I 增加，使得 $\frac{1}{3}U_{CC} < U_I < \frac{2}{3}U_{CC}$ 时，电路维持原态不变，输出 U_O 仍为高电平。

3) 如果输入信号增加到 $U_I \geq \frac{2}{3}U_{CC}$ 时，RS 触发器置 0，即 $Q=0$，$\overline{Q}=1$，输出 U_O 为低电平。

4) U_I 再增加，只要满足 $U_I \geq \frac{2}{3}U_{CC}$，电路维持该状态不变。

5) 若 U_I 下降，只要满足 $\frac{1}{3}U_{CC} < U_I < \frac{2}{3}U_{CC}$，电路状态仍然维持不变。

6) 只有当 $U_I \leq \frac{1}{3}U_{CC}$ 时，触发器再次置 1，电路又翻转回输出为高电平的状态，工作波形如图 7-34b 所示。

3. 555 定时器构成多谐振荡器

多谐振荡器又称为无稳态触发器，它没有稳定的输出状态，只有两个暂稳态。在电路处于某一暂稳态后，经过一段时间可以自行触发翻转到另一暂稳态。两个暂稳态自行相互转换而输出一系列矩形波，多谐振荡器可用作方波发生器。

图 7-35a 为 555 定时器构成的多谐振荡器电路图，R_1、R_2 和 C 是外接定时元件，电路中将高电平触发端（6 脚）和低电平触发端（2 脚）并接后接到 R_2 和 C 的连接处，将放电端（7 脚）接到 R_1 和 R_2 的连接处。

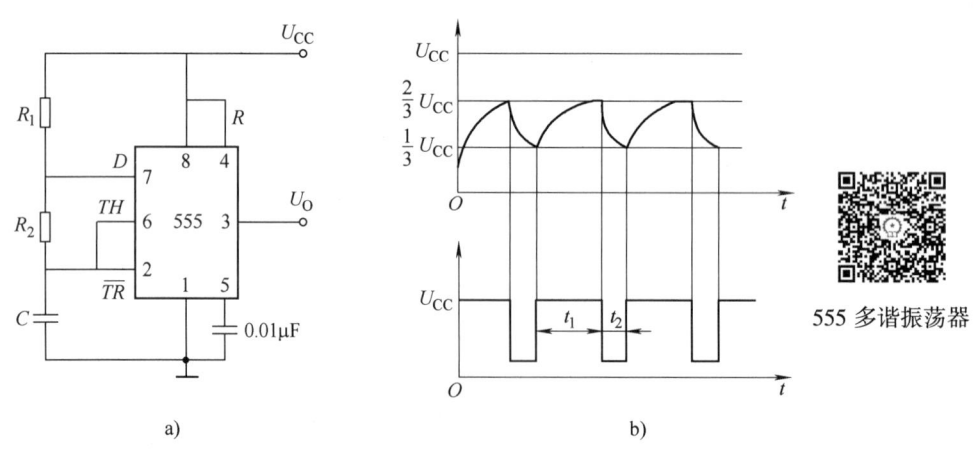

图 7-35 多谐振荡器电路图和波形图
a) 电路图　b) 波形图

由于接通电源瞬间，电容 C 来不及充电，电容器两端电压 U_C 为低电平，小于触发电平，故高电平触发端与低电平触发端均为低电平，输出 U_O 为高电平，放电开关 VT 截止。这时，电源经 R_1、R_2 对电容 C 充电，使电压 U_C 按指数规律上升，当 U_C 上升到触发电平时，输出 U_O 为低电平，放电管 VT 导通，把 U_C 从上升到这段时间内电路的状态称为第一暂稳态，其维持时间 T_{PH} 的长短与电容的充电时间有关。充电时间常数 $T_充 = (R_1+R_2)C$。

由于放电开关 VT 导通，电容 C 通过电阻 R_2 和放电管放电，电路进入第二暂稳态。其维持时间 T_{PL} 的长短与电容的放电时间有关，放电时间常数 $T_{放}=R_2C$，随着 C 的放电，U_C 下降，当 U_C 下降到小于触发电平时，输出 U_O 为高电平，放电开关 VT 截止，U_{CC} 再次对电容 C 充电，电路又翻转到第一暂稳态。不难理解，接通电源后，电路就在两个暂稳态之间来回翻转，则输出可得矩形波。电路一旦起振后，U_C 电压总是在（1/3~2/3）U_{CC} 之间变化。图 7-35b 为多谐振荡器电路的波形图。

7.4.3　555 应用电路举例

图 7-36 所示为 555 定时器构成的救护车报警器电路，图中两个 555 定时器构成了两个多谐振荡器，右侧的多谐振荡器的 5 脚与前一个 555 定时器的输出端相连接，这样比较器 C_1 的参考电压不再是固定的 $2/3U_{CC}$ 了，而是一个按照一定频率振荡的电压，使得输出波形的频率发生规律性变化，从而得到了救护车报警器音频波形。

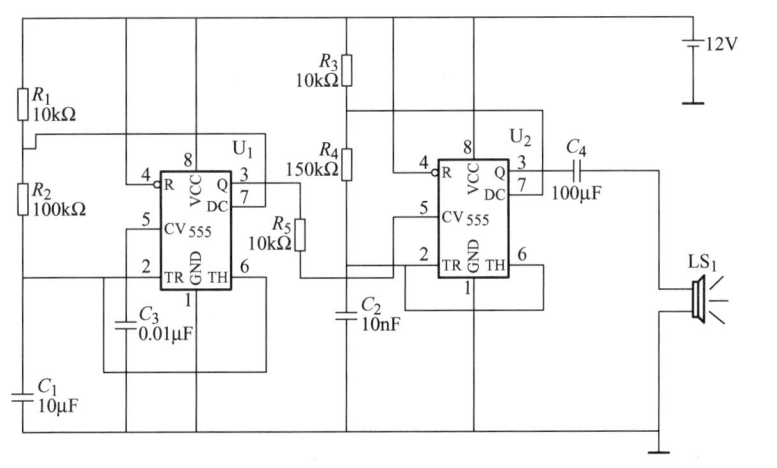

救护车报警器电路

图 7-36　救护车报警器电路

图 7-37 所示为多谐振荡器构成的模拟汽车刮水器间歇工作控制电路，它通过输出周期性高低电平，控制继电器线圈通断电，进而控制刮水电机间歇转动。二极管 VD_1 反向接在 555 定时器 7 脚，以保证电容放电电阻和充电电阻彼此独立，电源端接二极管 VD_2 用于保护电；555 定时器输出高电平时，继电器线圈得电，常开触点 KM_{1-1} 闭合，常闭触点 KM_{1-2} 断开，刮

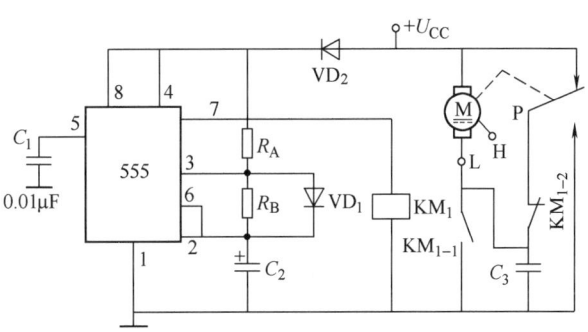

图 7-37　汽车刮水器间歇工作控制电路

水电机转动；555 定时器输出低电平时，继电器线圈失电，常开触点 KM_{1-1} 断开，常闭触点 KM_{1-2} 闭合，刮水电机两端等电位，停转；电容 C_3 的作用是在断开刮水器开关时，放电为刮水器复位提供电能。

7.5 模拟信号与数字信号的转换

能将模拟信号（Analog Signal）转换为数字信号（Digital Signal）的电路称为模-数转换器，简称为 A-D 转换器或 ADC；能将数字信号转换为模拟信号的电路称为数-模转换器，简称 D-A 转换器或 DAC。ADC 和 DAC 是沟通模拟电路和数字电路的桥梁，也可称之为两者之间的接口。

多数传感器信号是电压和电流这样的电信号，是模拟量，而控制单元一般都是数字电路，这就需要在传感器与控制单元之间加入 ADC，而在控制单元与执行器之间加入 DAC，或是在控制单元内部集成 ADC 和 DAC 电路。

7.5.1 A-D 转换器

A-D 转换器的输入信号是模拟电压，A-D 转换后，输出的数字信号可以有 8 位、10 位、12 位和 16 位等。

（1）ADC0809 的主要技术指标

ADC0809 是由 National 半导体公司用 CMOS 材料生产的一种普遍使用且成本较低的 A-D 转换器。它具有 8 个模拟量输入通道，可在程序控制下对任意通道进行 A-D 转换，得到 8 位二进制数字量。

其主要技术指标如下：

① 电源电压： 5V
② 分辨率： 8 位
③ 时钟频率： 640kHz
④ 转换时间： 100μs
⑤ 未经调整误差： 1/2LSB 和 1LSB
⑥ 模拟量输入电压范围： 0~5V
⑦ 功耗： 15mW

（2）ADC0809 的内部结构和引脚功能

图 7-38 给出了 ADC0809 的内部结构。

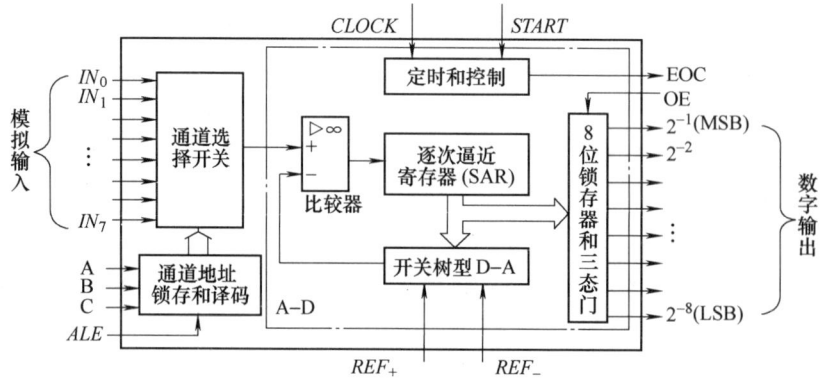

图 7-38 ADC0809 的内部结构

图 7-39 为 ADC0809 的引脚图，各引脚功能如下：

1) $IN_0 \sim IN_7$：8 路模拟输入通道。

2) $D_0 \sim D_7$：8 位数字量输出端。

3) START：启动转换命令输入端，由 1→0 时启动 A-D 转换，要求信号宽度 >100ns。

4) OUTPUT ENABLE：输出使能端，高电平有效。

5) ADD A、ADD B、ADD C：地址输入线，用于选通 8 路模拟输入中的一路进入 A-D 转换。其中 ADD A 是 LSB 位，这 3 个引脚上所加电平的编码为 000~111，分别对应 $IN_0 \sim IN_7$。例如，当 ADD C = 0，ADD B = 1，ADD A = 1 时，选中 IN_3 通道。

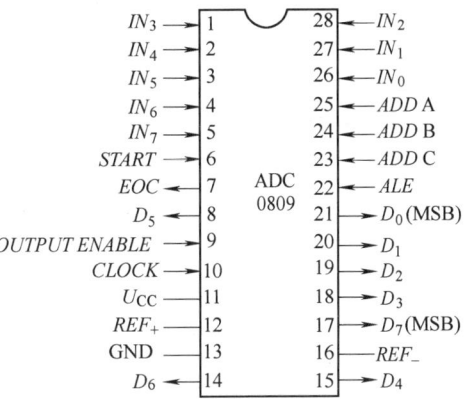

图 7-39　ADC0809 的引脚图

6) ALE：地址锁存允许信号。用于将 ADD A~ADD C 三条地址线送入地址锁存器中。

7) EOC：转换结束信号输出。转换完成时，EOC 的正跳变可用于向 CPU 申请中断，其高电平也可供 CPU 查询。

8) CLOCK：时钟脉冲输入端，要求时钟频率不高于 640kHz。

9) REF_+、REF_-：基准电压，一般与微型计算机接口时，REF_- 接 0V 或 -5V，REF_+ 接 +5V 或 0V。

7.5.2　D-A 转换器

D-A 转换器是指将数字量转换成模拟量的电路。数字量输入的位数有 8 位、12 位和 16 位等，输出的模拟量有电流和电压两种。

（1）DAC0832 的主要特性

DAC0832 是一种相当普遍且成本较低的数-模转换器。该器件是一个 8 位转换器，它将一个 8 位的二进制数转换成模拟电压，可产生 256 种不同的电压值，DAC0832 具有以下主要特性：

① 满足 TTL 电平规范的逻辑输入。

② 分辨率为 8 位。

③ 建立时间为 1μs。

④ 功耗 20mW。

⑤ 电流输出型 D-A 转换器。

（2）DAC0832 的内部结构和引脚功能

图 7-40 给出了 DAC0832 的内部结构和引脚图。

DAC0832 具有双缓冲功能，输入数据可分别经过两个锁存器保存。第一个是保持寄存器，而第二个锁存器与 D-A 转换器相连。DAC0832 中的锁存器的门控端 G 输入为逻辑 1 时，数据进入锁存器；而当 G 输入为逻辑 0 时，数据被锁存。

DAC0832 具有一组 8 位数据线 $D_0 \sim D_7$，用于输入数字量。一对模拟输出端 I_{OUT1} 和 I_{OUT2} 用于输出与输入数字量成正比的电流信号，一般外部连接由运算放大器组成的电流/电压转换电路。转换器的基准电压输入端 U_{REF} 一般在 $-10\sim+10V$ 范围内。

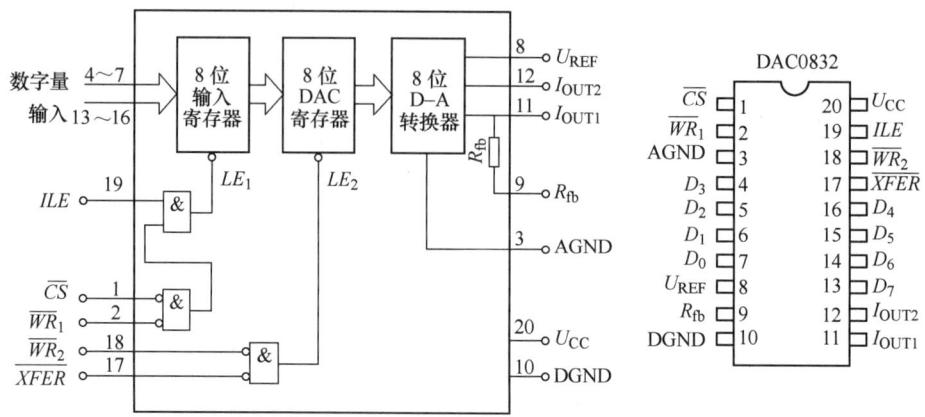

图 7-40 DAC0832 的内部结构和引脚图

各引脚的功能如下：

1) $D_0\sim D_7$：8 位数据输入端。

2) $\overline{CS}$：片选信号输入端。

3) $\overline{WR_1}$、$\overline{WR_2}$：两个写入命令输入端，低电平有效。

4) $\overline{XFER}$：传送控制信号，低电平有效。

5) I_{OUT1} 和 I_{OUT2}：互补的电流输出端。

6) R_{fb}：反馈电阻，被制作在芯片内，与外接的运算放大器配合构成电流/电压转换电路。

7) U_{REF}：转换器的基准电压。

8) U_{CC}：工作电源输入端。

9) AGND：模拟地，模拟电路接地点。

10) DGND：数字地，数字电路接地点。

7.5.3 LED 数码显示器

LED 数码管（LED Segment Displays）是由 7 个或 8 个发光二极管封装在一起组成"8"字型的数字显示器件，由 7 个发光二极管组成的数码管称为七段 LED 数码管，由 8 个发光二极管组成的数码管称为八段 LED 数码管，如图 7-41a 所示。组成数码管的各个发光二极管的阳极或阴极连接在一起，称为数码管的公共电极，根据公共电极的极性不同分为共阴和共阳两类，如图 7-41b 和 c 所示。

常见的 LED 数码管有红、绿、蓝、黄等几种显示颜色。根据显示的需要可以选择如图 7-42 所示的组合式 LED 数码管实物图。

工作时，让公共电极接电源正极或负极，然后根据要显示的具体字符或数字，使相应段的 LED 发光即可。实际应用中，常用显示译码器驱动数码管显示，图 7-43 为 CC4511 译码器与共阴极数码管的连接电路，只要向 CC4511 输入待显示字符或数字的 BCD 码即可实现显示，电阻 R 与发光二极管串联，起限流作用，防止流过发光二极管的电流过大使之损坏。

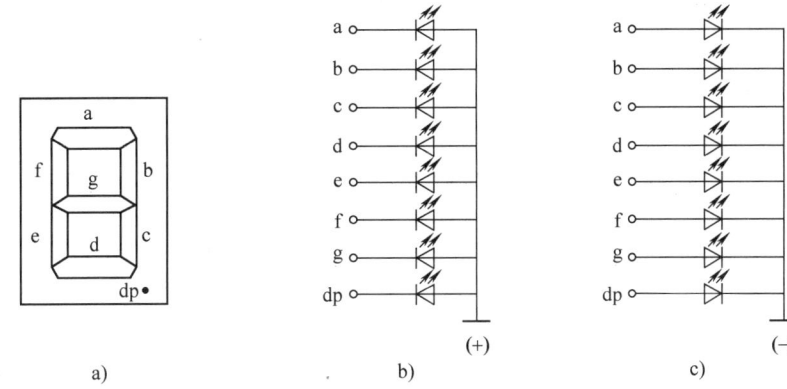

图 7-41 八段 LED 数码管
a) LED 分布图　b) 共阳极接法　c) 共阴极接法

LED 数码管的工作电流为 3~10mA，当超过 30mA 时会将数码管烧毁。因此需要在数码管的每一段串入一个电阻进行限流。电阻的选择范围为 470Ω~1kΩ。也可以由单片机等可编程器件驱动数码管，通过编程送出待显示字符或数字的段码实现显示，这里不再赘述。

图 7-42 组合式 LED 数码管实物图

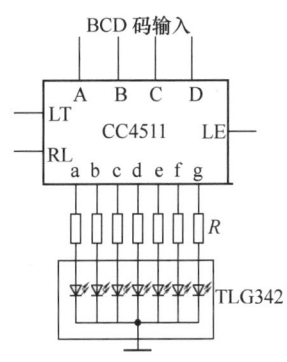

图 7-43 CC4511 译码器与共阴极数码管连接电路

7.6 实训

7.6.1 实训1　组合逻辑电路

1. 实训目的

1) 掌握组合逻辑电路分析方法。
2) 能够理解汽车水箱水位报警电路工作原理。
3) 引导学生创新，激发学习兴趣。

2. 实训仪器与设备

电工实训板、示波器。

3. 预习内容

组合逻辑电路分析方法。

4. 实训内容

1）按照电路原理图连接电路。

表决器电路如图 7-44 所示。汽车水箱水位报警电路如图 7-45 所示。

2）检验输入与输出信号。

3）分析电路工作原理。

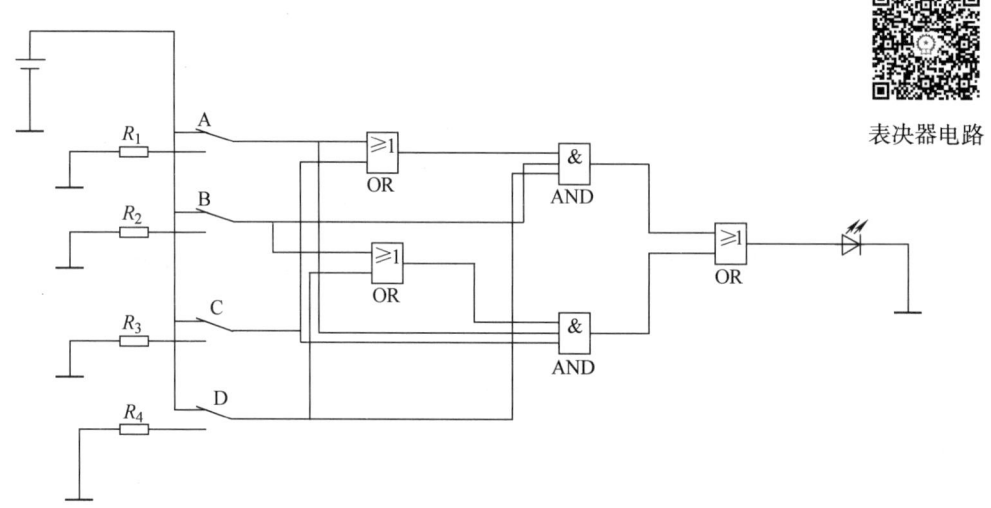

图 7-44　表决器电路

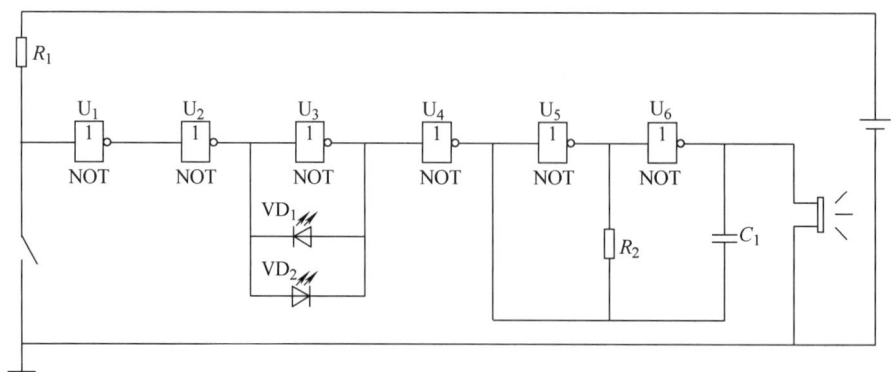

图 7-45　汽车水箱水位报警电路

7.6.2　实训 2　汽车延时照明与转向灯控制电路模拟

1. 实训目的

1）掌握 555 定时器构成的 3 种电路。

2）能够理解汽车延时照明和转向灯控制电路的工作原理。

3）引导学生创新，激发学习兴趣。

2. 实训仪器与设备

数字万用表、面包板、插接线、示波器。

3. 预习内容

555 定时器三种工作电路。

4. 实训内容

1）利用 555 定时器等器件搭建汽车延时照明与转向灯控制电路。

汽车延时照明电路如图 7-46 所示。转向灯控制电路如图 7-47 所示。

2）验证所设计电路。

3）设计并实现转向灯控制电路。

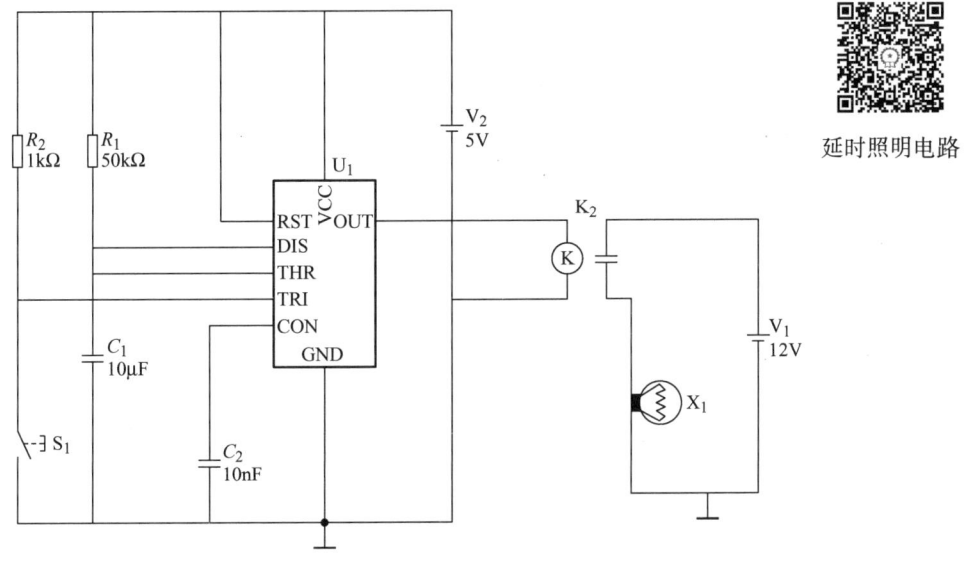

图 7-46　汽车延时照明电路

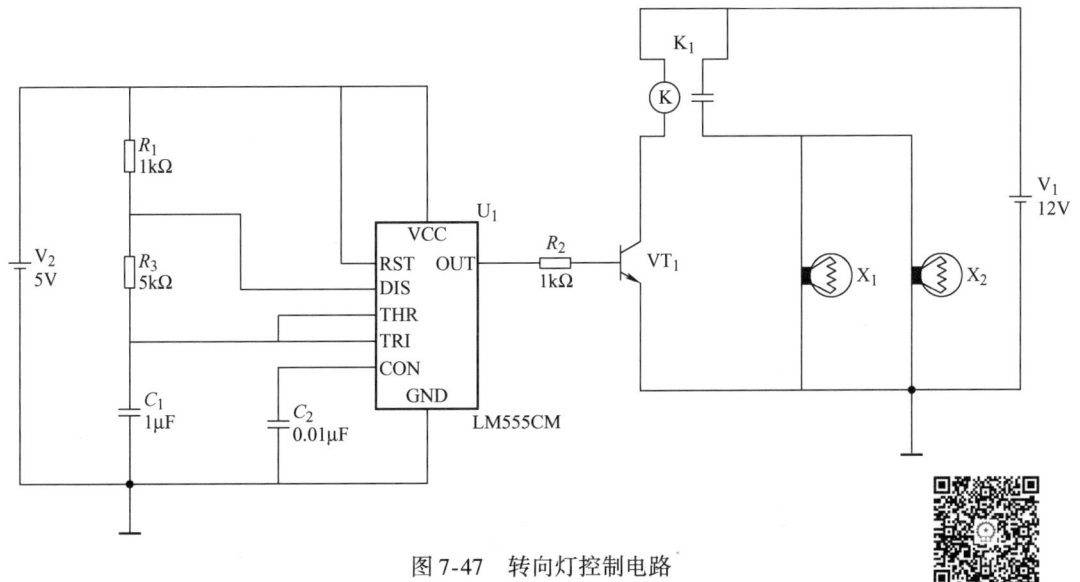

图 7-47　转向灯控制电路

7.6.3 实训3 汽车数字显示仪表电路模拟

1. 实训目的

1）掌握 LED 数码管显示原理。
2）了解 LED 数码管显示电路构成。
3）理解汽车数字显示仪表工作原理。

2. 实训仪器与设备

数字万用表、面包板、插接线、电工实训板。

3. 预习内容

LED 数码管结构与工作原理。

4. 实训内容

1）按照电路原理图连接电路。

数码显示电路如图 7-48 所示。

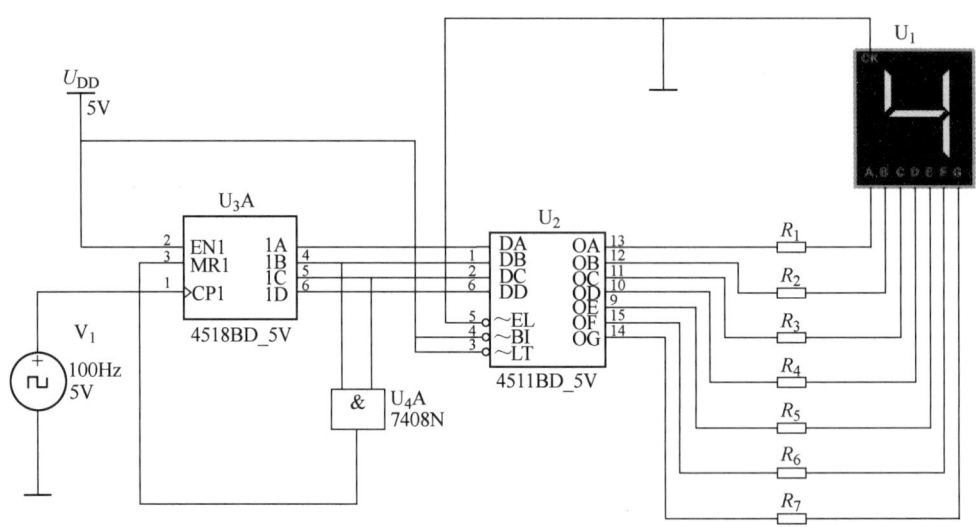

图 7-48 数码显示电路

2）检验电路工作情况。
3）文字说明电路工作原理。

7.7 小结

数字电路小结

1. 数字信号是指幅度和方向随时间不连续变化的脉冲信号，由于数字信号只有两种状态（0 和 1），不易混淆，便于处理和储存，因此电路抗干扰能力强。

2. 高、低电平是数字信号的两种状态，一般高电平是指高电位，低电平是指低电位。具体电位的高低划分由具体的数字电路决定。

3. 实现基本逻辑运算和常用复合逻辑运算的单元电路称为逻辑门电路，逻辑门电路是设计数字系统的最小单元。

4. 常用门电路有：与门、或门、非门、与非门、或非门、与或非门、同或门及异或门等，它们都是以集成电路的形式存在。

5. 组合逻辑电路的基本构成单元是门电路，组合逻辑电路的特点是：它在任一时刻的输出状态只决定于该时刻的输入状态，而与电路原来的状态无关。

6. 由组合逻辑电路写出逻辑函数式，进而分析出电路功能的过程，即为组合逻辑电路的分析过程。

7. 时序逻辑电路的基本构成单元是触发器，常见的触发器有：JK 触发器和 D 触发器。

8. 时序逻辑电路的特点是：在任何时刻电路产生的稳定输出信号不仅与该时刻电路的输入信号有关，而且还与电路过去的状态有关。

9. 计数器的计数对象是脉冲信号，计数器的位数决定其计数的最大值，n 位计数器最大计数值为 2^n。

10. 555 定时器能构成三种应用电路：单稳态触发器、施密特触发器和多谐振荡器。

11. 能将模拟信号转换为数字信号的电路称为模数转换器，简称为 A-D 转换器或 ADC；能将数字信号转换为模拟信号的电路称为数模转换器，简称为 D-A 转换器或 DAC。ADC 和 DAC 是沟通模拟电路和数字电路的桥梁，也可称之为两者之间的接口。

12. 组成数码管的各个发光二极管的阳极或阴极连接在一起，称为数码管的公共电极，根据公共电极的极性不同分为共阴极和共阳极两类。

7.8 习题

一、填空题

1. 数字信号的特点是在_____上和_____上都是断续变化的，其高电平和低电平常用_____和_____来表示。
2. 常见的脉冲波形有矩形波、_____、三角波、_____等。
3. 数字电路研究的对象是电路的_____之间的逻辑关系。
4. 触发器有_____个稳态，存储 8 位二进制信息要_____个触发器。
5. JK 触发器具有清 0、置 1、_____、_____四种功能。
6. 3 位二进制计数器，最多能构成模值为_____的计数器。
7. 555 定时器的最基本应用有_____、_____、_____。
8. 将数字信号转换成模拟信号，应采用_____转换。
9. 逻辑电路按其输出信号对输入信号响应的不同，可以分为_____和_____两大类。
10. LED 数码显示器的内部接法有两种形式：共_____接法和共_____接法。

二、选择题

1. 在逻辑运算中，没有的运算是（　　）。
   A. 逻辑加　　　　B. 逻辑减　　　　C. 逻辑与或　　　　D. 逻辑乘
2. 下式中与非门表达式为（　　），或门表达式为（　　）。
   A. $Y = A + B$　　B. $Y = AB$　　C. $Y = \overline{A + B}$　　D. $Y = \overline{AB}$
3. 逻辑电路如图 7-49 所示，函数式为（　　）。

A. $F = \overline{AB} + \overline{C}$ B. $F = \overline{AB} + C$

C. $F = \overline{\overline{AB} + C}$ D. $F = A + \overline{BC}$

4. 单稳态触发器的输出状态有（   ）。

A. 一个稳态、一个暂态   B. 两个稳态

C. 只有一个稳态   D. 没有稳态

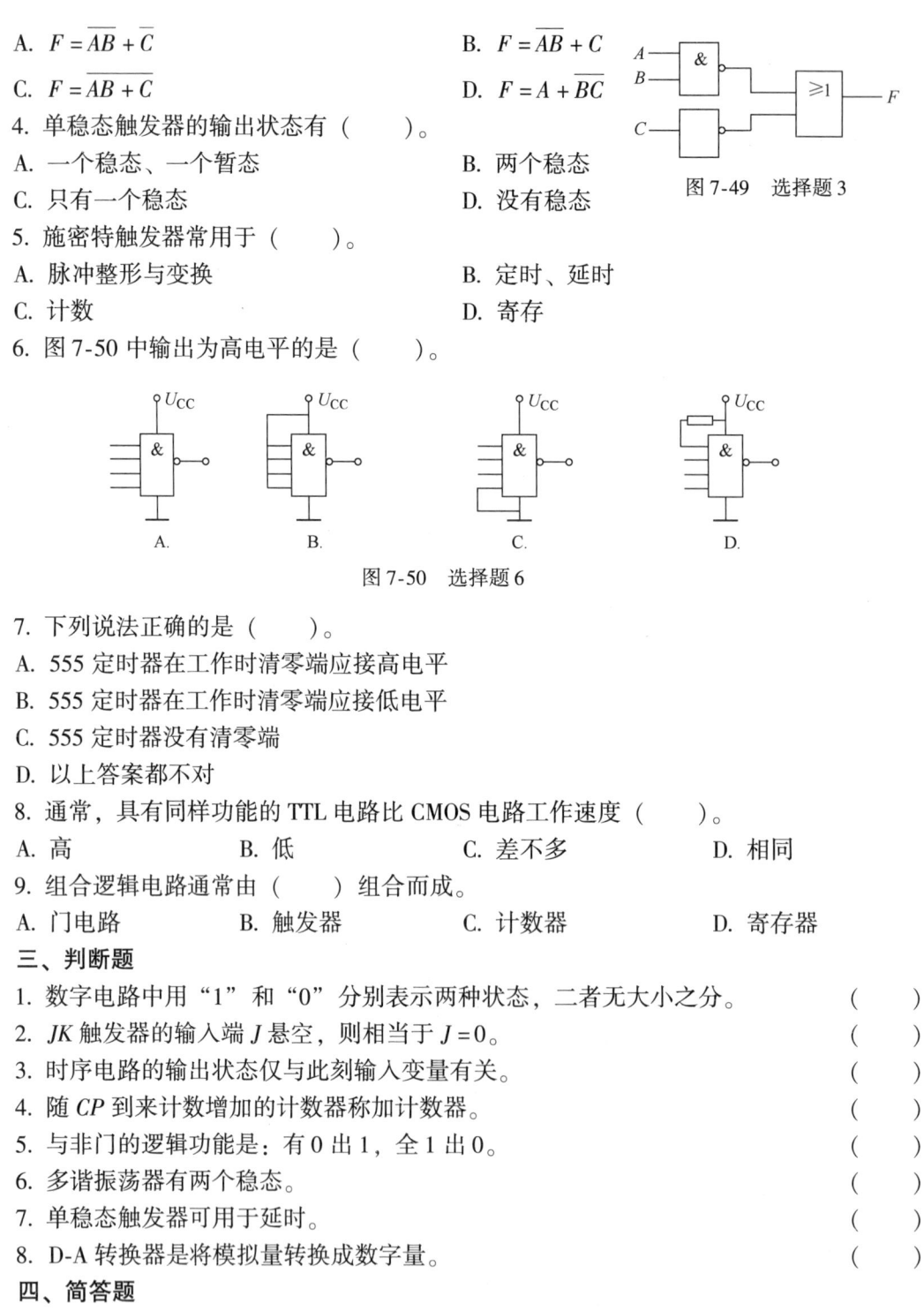

图 7-49   选择题 3

5. 施密特触发器常用于（   ）。

A. 脉冲整形与变换   B. 定时、延时

C. 计数   D. 寄存

6. 图 7-50 中输出为高电平的是（   ）。

图 7-50   选择题 6

7. 下列说法正确的是（   ）。

A. 555 定时器在工作时清零端应接高电平

B. 555 定时器在工作时清零端应接低电平

C. 555 定时器没有清零端

D. 以上答案都不对

8. 通常，具有同样功能的 TTL 电路比 CMOS 电路工作速度（   ）。

A. 高   B. 低   C. 差不多   D. 相同

9. 组合逻辑电路通常由（   ）组合而成。

A. 门电路   B. 触发器   C. 计数器   D. 寄存器

三、判断题

1. 数字电路中用"1"和"0"分别表示两种状态，二者无大小之分。 （   ）

2. JK 触发器的输入端 J 悬空，则相当于 $J = 0$。 （   ）

3. 时序电路的输出状态仅与此刻输入变量有关。 （   ）

4. 随 CP 到来计数增加的计数器称加计数器。 （   ）

5. 与非门的逻辑功能是：有 0 出 1，全 1 出 0。 （   ）

6. 多谐振荡器有两个稳态。 （   ）

7. 单稳态触发器可用于延时。 （   ）

8. D-A 转换器是将模拟量转换成数字量。 （   ）

四、简答题

1. 图 7-51 所示电路为数据比较器，试写出函数 F 的简化表达式。

2. 根据逻辑图 7-52，写出逻辑函数，并画出 Y 的波形。

3. 边沿型 JK 触发器的输入波形如图 7-53 所示，画出 Q 端的波形。设触发器的初始状态为"1"。

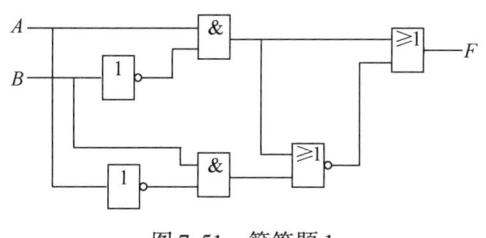

图 7-51　简答题 1

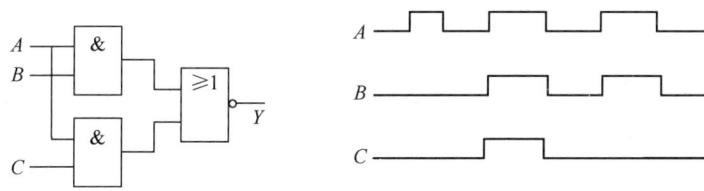

图 7-52　简答题 2

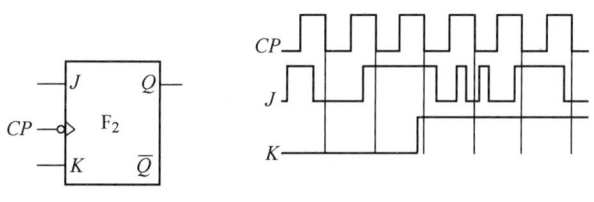

图 7-53　简答题 3

4. 画出图 7-54 所示电路的时序图（触发器初始状态为 0）。

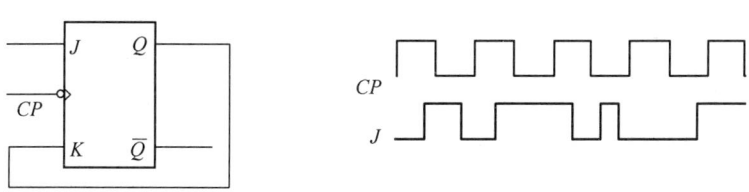

图 7-54　简答题 4

第8章 安　全　用　电

本章主要介绍安全用电知识，先介绍了普通电工安全用电常识、安全用电的方法和安全用具；然后介绍了汽车生产、维修现场安全用电常识认知，最后介绍了触电现场的抢救。

本章问题：

1）普通电工安全用电常识有哪些？
2）电动汽车的用电常识有哪些？锂电池起火应当采取何种措施？
3）触电现场抢救包括哪些内容？

8.1　普通电工安全用电常识

电力是国民经济的重要能源，随着我国经济的发展，用电量相应增加，如果安装和使用不当，就可能发生用电事故，造成触电身亡、电气火灾及电器损坏等严重后果。所以安全用电常识必须牢记在心，不可怠慢。下面从几方面介绍安全用电的基本知识。

8.1.1　电流对人体的伤害及触电方式

1. 电流对人体伤害的类型

触电事故是由电流的能量造成的，触电即电流对人体的伤害。触电引起的损伤可分为电击和电伤两种。

（1）电击

电击是指电流通过人体内部，破坏人的心脏、神经系统及呼吸系统的正常工作而造成的伤害，就是通常所说的触电。绝大部分触电死亡是电击造成的。

（2）电伤

电伤指电流的热效应、化学效应、机械效应以及电流本身作用所造成的人体外伤，比如电灼伤、电烙印和皮肤金属化等。

在触电事故中，电击和电伤常会同时发生。

2. 影响触电伤害程度的因素

电击伤害的严重程度与通过人体电流的大小、频率，通电时间的长短，电流通过人体的途径以及人的身体状况等多种因素有关。

（1）通过人体电流的大小

通过人体的电流越大，人的生理反应越明显，危险性也越大。通过人体的电流大小取决于触电电压和人体的电阻，人体电阻一般为 $800 \sim 1000 k\Omega$。表8-1是不同大小的电流对人体的作用。

（2）电流的频率

常用的 $50 \sim 60 Hz$ 的工频交流电对人体的伤害最严重。

（3）电流的作用时间

人体触电，当通过电流的时间越长，越易造成心室颤动，生命危险性就越大。据统计，触电 1~5min 内急救,90% 有良好的效果,10min 内有 60% 救生率,超过 15min 希望甚微。

表 8-1 不同大小的电流对人体的作用

电流/mA	对人体的作用
<0.7	无感觉
1	有轻微感觉
1~3	有刺激感,一般电疗仪器取此电流
3~10	感到痛苦,但可自行摆脱
10~30	引起肌肉痉挛,短时间无危险,长时间有危险
30~50	强烈痉挛,时间超过 60s 即有生命危险
50~250	产生心脏室性纤颤,丧失知觉,严重危害生命
>250	短时间内 (1s 以上) 造成心脏骤停,体内造成电灼伤

(4) 电流通过人体的途径

电流通过头部可使人昏迷;通过脊髓可能导致瘫痪;通过心脏会造成心跳停止,血液循环中断;通过呼吸系统会造成窒息。因此,从左手到胸部是最危险的电流路径;从手到手、从手到脚也是很危险的电流路径;从脚到脚是危险性较小的电流路径。

(5) 人体的身体状况

人体电阻是不确定的,皮肤干燥时一般为 800kΩ 左右,而一旦潮湿可降到 1kΩ。人体不同,对电流的敏感程度也不一样。一般地说,儿童较成年人敏感,女性较男性敏感。当人的身体患有心脏病、结核病等疾病时,抵抗能力较差,触电后果更严重。

3. 触电方式

人体触电主要原因有:直接或间接接触带电体以及跨步电压。直接接触又可分为单相接触和两相接触。

(1) 单相触电

单相触电指人体在地面或其他接地体上触及一相带电体的触电。电流从带电体流经人体到大地或中性线形成回路,图 8-1 为两种不同的单相触电。

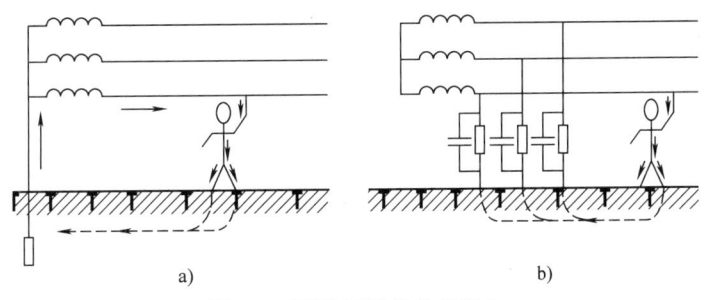

图 8-1 两种不同的单相触电
a) 中性点直接接地 b) 中性点不直接接地

> **小经验**
>
> 图 8-1 中有 3 个电阻,人体电阻、人体与地的接触电阻及接地极电阻 (4Ω),流过人体的电流为 0.2A 左右。此电流远大于人体的承受能力,但是,若能增大人体与地的接触电阻,危险性就会大大降低,这也是采用防护用品的原因。

(2) 两相触电

两相触电指的是人体的不同部分同时触及两相带电体时造成的触电。对于这种情况，不论中性点是否接地，危险性都更大。图 8-2 为两相触电。

> **想一想**
> 为什么两相触电危险性更大？

(3) 跨步电压

当外壳接地的电气设备绝缘损坏而使外壳带电，或导线断落发生单相接地故障时，电流由设备外壳经接地线、接地体（或由断落导线经接地点）流入大地，向四周扩散，在导线接地点及周围形成强电场。

接触电压：人站在地上触及设备外壳，所承受的电压。

跨步电压：人站立在设备附近地面上，两脚之间所承受的电压。

图 8-3 为接触电压和跨步电压触电。

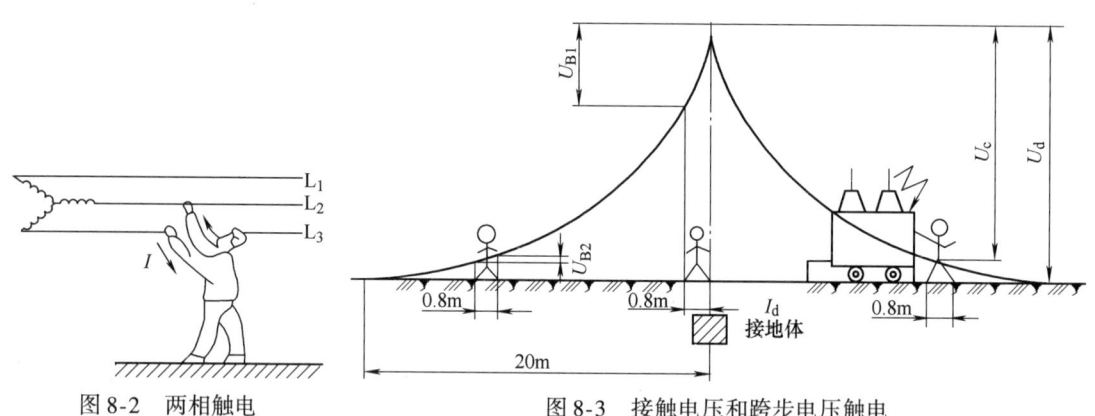

图 8-2 两相触电　　　　图 8-3 接触电压和跨步电压触电

8.1.2 安全电压和安全用具

1. 安全电压

安全电压是指不带任何防护设备，对人体各部分组织均不造成伤害的电压值。

国际电工委员会（IEC）规定安全电压限定值为 50V。我国规定 12V、24V、36V 三个电压等级为安全电压级别。

我国根据不同的环境条件，规定安全电压为：一般情况下是 36V；在湿度大、狭窄、行动不便、周围有大面积接地导体的场所（如金属容器内、矿井内、隧道内等）使用的手提照明，应采用 12V 安全电压。

凡手提照明器具，在危险环境、特别危险环境的局部照明灯，高度不足 2.5m 的一般照明灯、携带式电动工具等，若无特殊的安全防护装置或安全措施，均应采用 24V 或 36V 安全电压。

2. 安全用具

常用的安全用具有绝缘手套、绝缘靴和绝缘棒 3 种。

(1) 绝缘手套

由绝缘性能良好的特种橡胶制成,有高压、低压两种。操作高压隔离开关和断路器等设备、在带电运行的高压电器和低压电气设备上工作时,预防接触电压。

操作要领:使用前,要认真检查绝缘手套是否破损、漏气,并做人工充气试验;使用后应单独存放,妥善保管;绝缘手套的长度至少应超过手腕10cm,并戴到外衣衣袖的外面。

(2) 绝缘靴

绝缘靴也是由绝缘性能良好的特种橡胶制成,带电操作高压或低压电气设备时,防止跨步电压对人体的伤害。

操作要领:使用前应检查有无破损,不要与石油类油脂接触,不能用普通防雨胶靴代替绝缘鞋。

(3) 绝缘棒

绝缘棒又称为绝缘杆、操作杆或拉闸杆,用电木、胶木、塑料、环氧玻璃布棒等材料制成。图8-4为绝缘棒的结构。

操作要领:使用时要注意绝缘棒的型号、规格必须符合规定,不可任意取用;在下雨或潮湿天气,绝缘棒应装有防雨的伞形罩,使绝缘棒的伞下部分保持干燥,没有伞形罩的绝缘棒,不宜在上述天气使用,要保持表面干燥、清洁;在使用绝缘棒时要注意防止碰撞,以免损坏表面的绝缘层。

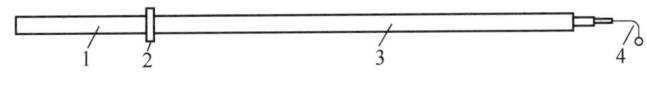

图 8-4 绝缘棒的结构
1—握手部分 2—保护环 3—绝缘部分 4—工作部分

8.1.3 触电原因及预防措施

1. 触电事故的原因

直接触电:人体直接接触或过分接近带电体而触电。

间接触电:人体触及正常时不带电而发生故障时才带电的金属导体。

触电原因主要有以下几点:

1) 线路架设不合规格。
2) 电气操作制度不严格。
3) 用电设备不合要求。
4) 用电不规范。

2. 预防措施

(1) 直接触电的预防

1) 绝缘措施。良好的绝缘是保证电气设备和线路正常运行的必要条件。例如:新装或大修后的低压设备和线路,绝缘电阻不应低于0.5MΩ;高压线路和设备的绝缘电阻不低于1000MΩ/V。

2) 屏护措施。凡是金属材料制作的屏护装置,应妥善接地或接零。

3）间距措施。在带电体与地面间、带电体与其他设备间、应保持一定的安全间距。间距大小取决于电压的高低、设备类型、安装方式等因素。

（2）间接触电的预防

1）加强绝缘。对电气设备或线路采取双重绝缘、使设备或线路绝缘牢固。

2）电气隔离。采用隔离变压器或具有同等隔离作用的发电机。

3. 防止人身触电的技术措施

当电气设备的外壳因绝缘损坏而带电时，并无带电象征，人们不会对触电危险有什么预感，这时往往容易发生触电事故。但是只要掌握了电的规律并采取相应措施，很多触电事故还是可以避免的。

（1）保护接地

保护接地是为了防止电气设备绝缘损坏时人体遭受触电危险，而在电气设备的金属外壳或构架等与接地体之间所做的良好的连接，保护接地如图8-5所示。保护接地适用于中性点不接地的低电网中。采用保护接地，仅能减轻触电的危险程度，但不能完全保证人身安全。

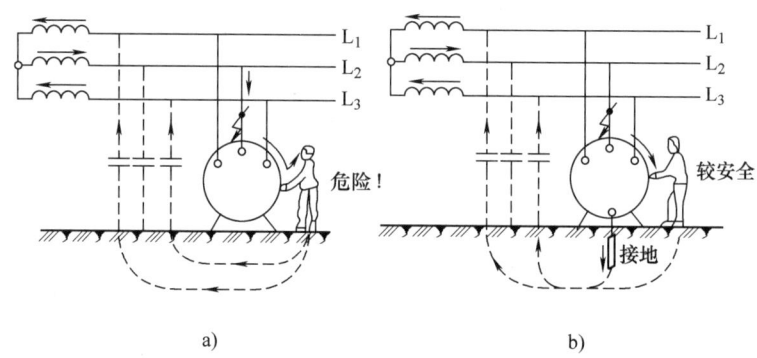

图8-5 保护接地
a）电气设备未保护接地 b）电气设备保护接地

（2）保护接零

为防止人身因电气设备绝缘损坏而遭受触电，将电气设备的金属外壳与电网的零线（变压器中性点）相连接，称为保护接零，如图8-7所示。保护接零适用于三相四线制和三相五线制中性点直接接地的低压电力系统中。

三相四线制已经在前面第2章中介绍过了，现在介绍一下三相五线制。在三相四线制供电系统中，把零线的两个作用分开，即一根线做工作零线（N），另外用一根线专做保护零线（PE），这样的供电结线方式称为三相五线制供电方式，三相五线制包括三根相线、一根工作零线、一根保护零线。三相五线制的接线方式如图8-6所示。

该接线的特点是：工作零线N与保护零线PE除在变压器中性点共同接地外，两线不再有任何的电气连接。由于该种接线能用于单相负载、没有中性点引出的三相负载和有中性点引出的三相负载，因而得到广泛的应用。在三相负载不完全平衡的运行情况下，工作零线N是有电流通过且是带电的，而保护零线PE不带电，因而该供电方式的接地系统完全具备安全和可靠的基准电位。

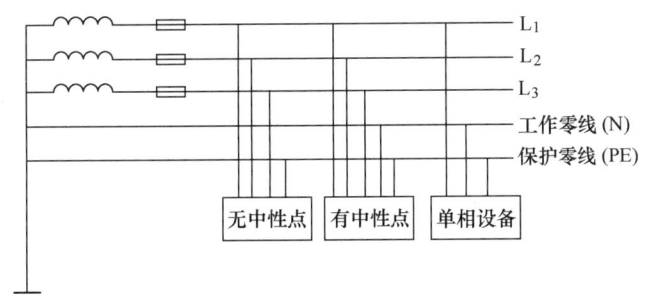

图 8-6　三相五线制接线方式

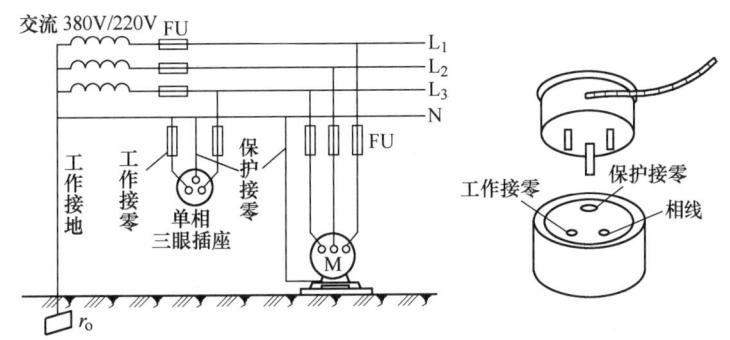

图 8-7　保护接零
a）保护接零电路　b）插座上的接零

国家有关部门规定：凡是新建、扩建、企事业、商业、居民住宅、智能建筑、基建施工现场及临时线路，一律实行三相五线制供电方式，做到保护零线和工作零线单独敷设。

对于采用保护接零系统的要求：

1）零线上不能装熔断器和断路器，以防止零线回路断开时，零线出现相电压而引起的触电事故。

2）在同一低压电网中，不允许将一部分电气设备采用保护接地，而另一部分电气设备采用保护接零。

3）在接三孔插座时，不准将插座上接电源零线的孔同接地线的孔串接。正确的接法是接电源零线的孔同接地的孔分别用导线接到零线上。

4）中性点必须良好接地外，还必须将零线重复接地，三相五线制中要将 PE 线重复接地。

(3) 工作接地

将电力系统中某一点直接或经特殊设备与地作金属连接，称为工作接地。工作接地可降低人体的接触电压、迅速切断电源、降低电气设备和输电线路的绝缘水平、满足电气设备运行中的特殊需要。

(4) 重复接地

在三相四线制供电系统中，为了确保保护接零可靠，除了在电源中性点进行工作接地外，还必须在零线的其他地方，按一定的间距进行多次接地，这称为重复接地，如图 8-8 所示。对 1kV 以下的接零系统，重复接地的接地电阻应小于或等于 10Ω。

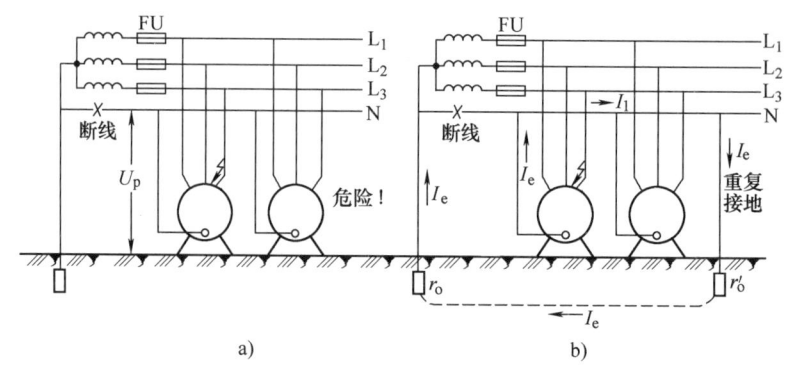

图 8-8 重复接地
a) 未重复接地　b) 采用重复接地

8.2 汽车生产和维修现场安全用电常识

8.2.1 生产现场安全用电常识

1) 车间内的电气设备很多,不能随便乱动。如果电气设备出现故障,不得擅自修理,应立即请电工检修。
2) 操作者在电工维修设备时,不能擅自离开,要进行监护,等待维修完毕后试车。
3) 未经有关部门的许可,不能擅自进入电房或电气施工现场。
4) 电气设备的安装、维修应由持证电工负责,特种作业人员是经过专门的安全技术培训考核,取得特种作业操作证后,才能上岗工作。
5) 熟悉自己生产现场主断路器位置,一旦发生火灾、触电或其他电气事故时,应第一时间切断电源,避免造成更大的财产损失和人身伤亡事故。
6) 规定使用接地的用电器具金属外壳做好接地保护或加装漏电保护器,不要忘记用三线插座、插头和安装接地线。
7) 养成安全用电和节约用电的良好习惯,长时间离开或不使用时,要确定切断电源。
8) 操作带电设备时,不得用手触摸带电部位,不得用手接触导电部位来判断是否有电。
9) 发现落地的电线,应距离 8m 以外,更不能用手去拾。要设法看护落地电线,并请电工来处理。
10) 电烙铁等发热电气不得直接放在木板上或靠近易燃物品,以免引起火灾。

现场事故主要是两方面因素造成:一是人为因素,由于不正确地使用机器或工具,穿着不合适的衣物,或由于技术员不小心造成的事故;二是自然因素,由于机器或工具出现故障,缺少完整的安全装置,或工作环境不良造成的事故。

不正确地使用电气设备可能导致短路和火灾,因此,要学会正确使用电气设备并认真遵守以下几点:

1) 如果发现电气设备有任何异常,立即关掉开关,并联系管理员。

2）如果电路中发生短路或意外火灾，在进行灭火步骤前要先关掉开关，向管理员报告。

3）有任何熔丝熔断都要向上级汇报，因为熔丝熔断说明有某种电气故障。

4）为防止电击，千万不要湿手接触任何电气设备。

5）不要让电缆通过潮湿或浸有油的地方，不要通过炽热的表面或尖角附近。

6）在开关、配电盘或电机等物附近不要使用易燃物，因为他们容易产生火花。

7）千万不要触摸有"发生故障"标识的开关。

8.2.2 维修现场安全用电常识

1. 汽车电工安全操作规程（含空调工）

1）装卸电机时，应将汽车电源总开关断开，切断电源后进行；未装电源开关的，卸下的电源接头应包扎好。

2）汽车内的线路接头必须拉牢，并用胶布扎好，穿孔而过的线路要加胶护套。

3）需要起动发动机检查电路时，应注意车下有无其他工作人员，预先打好招呼，放空档，拉手刹然后起动。

4）装蓄电池时，应在底部垫橡皮胶料，蓄电池之间也应用木板塞紧。

5）配制电解液时，应穿戴橡胶水鞋和橡胶手套，戴防护眼镜，将硫酸轻轻加入蒸馏水内，同时用玻璃棒不断搅拌，达到散热的目的，严禁将水注入硫酸内。

6）充电时将电池盖打开，电液温度不得超过45℃。

7）蓄电池应用防电叉测量，不可用手钳及其他金属测量，以免发生爆炸。

2. 汽车钣金工安全操作规程

1）使用车床、电焊机时，必须事先检查焊机接地情况，确认无异常情况后，方可按启动程序开动使用。

2）电焊条要干燥、防潮，工作时应根据工作大小选择适当的电流及焊条。电焊作业时，操作者要戴面罩及劳动保护用品。

3. 汽车维修钳工安全操作规程

1）使用电动工具时，必须检查有无损坏及漏电现象。

2）拆卸设备前必须切断电源，不准带电操作。

3）使用流动照明灯，不准用高压灯。

8.2.3 新能源电动汽车安全用电常识

新能源电动汽车的电气安全工作是一项综合性的工作，一方面要研究各种电气事故，另一方面要研究用电的方法，解决各种安全问题。电动汽车为了达到较好的能量利用，动力电压由以往的几十伏提高到目前的几百伏，甚至更高，已经远远超出安全电压，一旦发生触电事故，其后果十分严重。因此，电动汽车动力系统的安全性问题不容忽视，而且又由于动力蓄电池的充放特性，容易造成燃烧、爆炸等问题，因此，学习电动汽车的安全知识非常必要。

1. 新能源电动汽车高压安全防护及操作注意事项

（1）车辆充电

交流电路和电源插座（16A插座），不允许使用外接转换接头、插线板等，且应确保16A电源插座接地良好。专用交流电路是为了避免线路破坏或者由于给动力电池充电时的大功率导致线路跳闸保护，如果没有使用专用线路，可能影响线路上其他设备的正常工作。

（2）维修维护

1）对新能源汽车高压部件维修维护前，首先要准备好基本绝缘安全工器具：验电、放电工装、绝缘罩及绝缘隔板等；辅助安全器具：绝缘手套、绝缘靴、绝缘胶垫、安全围栏（网）和标识牌等。

2）在维修高压系统时必须使用电工专用绝缘工具。

3）使用安全工具时，要注意各项事项及平时保养，具体内容见8.1.2节。注意：验电器必须按其额定电压使用，不得将低压验电器在高压上使用，也不得将高压验电器在低压上使用。

2. 高压断电步骤

1）在新能源汽车全部停电或部分停电的电气设备上工作，必须完成下列措施：停电、挂锁、验电、放电、悬挂标识牌、装设遮栏、有监护人。

2）在高压设备上的检修工作需要停电时、将检修设备停电，必须把各方面的电源完全断开，禁止在只给开关断开电源的设备上工作，工作地点各方必须有明显断开点。

3）对电气设备验电前，应先在有电设备上进行试验，确证验电器良好；必须用电压等级合适而且合格的验电器在检修设备进出线两侧各相分别放电后，用测量用具确认放电完成，无电压。

4）对于大事故车辆或异常车辆（如有焦煳味，冒烟、浸水等）要有专用的场地（或工位）观测48h，并有防爆防火设施。

5）维修动力电池组或更换电芯时，施工人员应做好相应的屏护和警示工作，并出示施工的内容及工作进程，离开施工现场时应用绝缘隔板或绝缘罩放置在动力电池组的外露部分并写明离开的原因加以公示。（维修或更换其他高压部件时，安全工作按照动力电池的安全措施）

3. 注意事项

1）非持证电工不准装接电动汽车高压电气设备。

2）任何人不准玩弄电气设备和开关。

3）破损的电气设备应及时调换，不准使用绝缘损坏的电气设备。

4）不准利用车身电源对电动汽车以外的用电设备供电。

5）设备检修切断电源时，任何人不准起动挂有警告牌的电气设备，或合上/拔去的熔断器。

6）不准用水冲洗揩擦电气设备。

7）熔丝熔断时，不准调换容量不符的熔丝。

8）不经技术部门或主管部门审批，不准私自改动或加装电气设备。

9）发现有人触电，应立即切断电源进行抢救，在未脱离电源前不准直接接触触电者。

10）雷雨天气时，禁止在室外对车辆充电和维修维护。

4. 电动汽车锂电池起火爆炸问题及其防护

从多起安全事故的原因分析，电动汽车最大的安全隐患来自锂电池。电动汽车锂电池是电能和化学能转换的能量高度聚集体，一旦发生燃烧、爆炸等事故，就会导致人员重伤、死亡或设备财产损失等严重后果。过度充电、过热、内部短路、外部短路等原因都有可能引发锂电池事故。因此，在日常的使用和维护中，要注意以下几点：

1）任何从事锂电池运输、存储、安装、测试、维护等工作的人员，必须通过专业培训，具备锂电池的风险识别能力和起火、爆炸后的应急处理能力。

2）禁止利用非专业和未校验过的测试设备对锂电池及电池包进行充放电测试或安全测试。

3）电池及电池包的安装、测试过程中要做好绝缘处理，避免短路发生，同时避免电池在这些过程中受到机械性破坏。

4）在电池或电池包测试及检修过程中，如有任何漏液、自放热现象出现，应立即停止测试并采取应急处理方法。

5）电池或电池包的测试需要在防爆柜中进行，测试及安装区域需要配备完整的消防系统，如自动灭火装置、烟雾警报器等。

6）所有电池或电池包必须在半电（指的是充入50%~70%的电量）以下存放，严禁把电池或载有电池包的车辆停放在靠近热源、火源或温度高于80℃的地方。

7）所有电池和电池包存放时需要做好绝缘处理，避免发生短路。电池存放柜、隔板及电池托盘需采用阻燃材料并进行绝缘处理。

8）存放环境内的电缆或电气设备要定期进行检修，避免年久失修而出现腐蚀，引发短路，继而导致火灾。

5. 电动汽车电池起火、爆炸的应急措施

1）电池漏液：切断电源。佩戴防护面罩、手套，拆除漏液电芯的电气连接，明确漏液点，清理表面，置于防爆箱内，串联大电阻放电至0V，之后放入废电池临时存储库。

2）单体电池测试起火：切断电源。穿戴防护面罩、防护服及防护手套后，以大量水灭火。

3）单体电池存放起火：刚刚起火，在穿戴好防护面罩、防护服和防护手套后，以高压水枪远距离喷淋。

4）引发多颗电心连续起火：迅速远离现场，通知邻近区域同事断电撤离，报警。

5）电池组或多颗电心起火：切断该区域电源并通知邻近区域同事切断邻近工作区域电源，撤离现场，报警。

6）电池包起火、爆炸：切断该区域电源并通知邻近区域同事切断邻近工作区域电源，撤离现场，报警。

8.3 触电现场的抢救

触电急救的基本原则是在现场采取积极措施保护伤员生命，减轻伤情，减少痛苦，并根据伤情需要，迅速联系医疗部门救治。

要认真观察伤员全身情况，防止伤情恶化。发现呼吸、心跳停止时，应立即在现场就地抢救，用心肺复苏法支持呼吸和血液循环，对脑、心等重要脏器供氧。急救的成功条件是动作快、操作正确，任何拖延和操作错误都会导致伤员伤情加重或死亡。

8.3.1 脱离电源

触电急救，首先要使触电者迅速脱离电源，越快越好。因为电流作用的时间越长，伤害越重。

脱离电源就是要把触电者接触的那一部分带电设备的开关、刀开关或其他断路设备断开；或设法将触电者与带电设备脱离。在脱离电源时，救护人员既要救人，也要注意保护自己。触电者未脱离电源前，救护人员不准直接用手触碰伤员，因为有触电的危险；若触电者处于高处，解脱电源后会自高处坠落，因此，要采取预防措施。

对各种触电场合，脱离电源采取如下措施。

1. 低压设备上的触电

触电者触及低压带电设备，救护人员应设法迅速切断电源，如拉开电源开关或刀开关、拔除电源插头等，或使用绝缘工具，如干燥的木棒、木板及绳索等不导电的东西解脱触电者；也可抓住触电者干燥而不贴身的衣服，将其拖开，切记要避免碰到金属物体和触电者的裸露身躯；也可戴绝缘手套或将手用干燥衣物等包起绝缘后解脱触电者；救护人员也可站在绝缘垫上或干木板上，绝缘自己进行救护，将触电者拉离电源如图 8-9 所示。

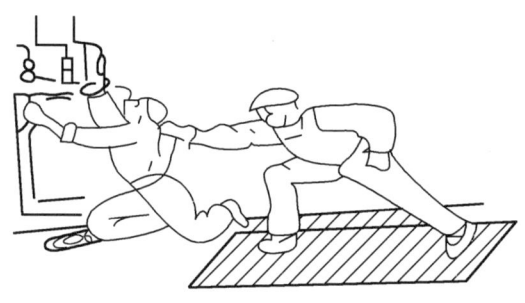

图 8-9 将触电者拉离电源

为使触电者与导电体解脱，最好用一只手进行。如果电流通过触电者入地，并且触电者紧握电线，可设法用干木板塞到其脚下，与地隔离，也可用干木把斧子或有绝缘柄的钳子等将电线剪断。剪断电线要分相，一根一根剪断，并尽可能站在绝缘物体或干木板上进行。

2. 高压设备上触电

触电者触及高压带电设备，救护人员应迅速切断电源，或用适合该电压等级的绝缘工具（戴绝缘手套、穿绝缘靴并用绝缘棒）解脱触电者。救护人员在抢救过程中应注意保持自身与周围带电设备必要的安全距离。

3. 架空线路上触电

对触电发生在架空线杆塔上，如系低压带电线路，能立即切断线路电源的，应迅速切断电源，或者由救护人员迅速登杆，束好自己的安全皮带后，用带绝缘胶柄的钢丝钳、干燥的不导电物体或绝缘物体将触电者拉离电源；如系高压带电线路，又不可能迅速切断开关的，可采用抛挂足够截面且长度适当的金属短路线的方法，使电源开关断开。抛挂前，将短路线一端固定在铁塔或接地引下线上，另一端系重物，但抛掷短路线时，应注意防止电弧伤人或断线危及人身安全。不论是何种电压线路上触电，救护人员在使触电者脱离电源时要注意防止发生高处坠落的可能和再次触及其他带电线路的可能。

4. 断落在地的高压导线上触电

如果触电者触及断落在地上的带电高压导线，如尚未确证线路无电，救护人员在未做好安全措施（如穿绝缘靴或临时双脚并紧跳跃地接近触电者）前，不能接近断线点的 8~10m 范围内，以防止跨步电压伤人。触电者脱离带电导线后亦应迅速带至 8~10m 以外，并立即开始触电急救。只有在确定线路已经无电时，才可在触电者离开触电导线后，立即就地进行急救。

8.3.2 伤员脱离电源后的处理

触电伤员如神志清醒者，应使其就地躺平，严密观察，暂时不要站立或走动。

触电伤员神志不清者，应就地仰面躺平，确保其气道通畅，并用 5s 时间呼叫伤员或轻拍其肩部，以判定伤员是否意识丧失。禁止摇动伤员头部呼叫伤员。

需要抢救的伤员，应立即就地坚持正确抢救，并设法联系医疗部门接替救治。

8.3.3 呼吸、心跳情况的判断

触电伤员如意识丧失，应在 10s 内看、听、试的方法，判断伤员的呼吸、心跳情况。

看：伤员的胸部、腹部有无起伏动作。

听：用耳贴近伤员的口鼻处，听有无呼气声音。

试：试测口鼻有无呼气的气流，再用两手指轻试一侧（右或左）喉结旁凹陷处和颈动脉有无搏动。

若看、听、试的结果为既无呼吸又无颈动脉搏动，则可判定呼吸、心跳停止。

8.3.4 心肺复苏

触电伤员呼吸和心跳均停止时，应立即采取心肺复苏法正确进行就地抢救。心肺复苏措施主要有以下三种。

1. 通畅气道

触电伤员呼吸停止，重要的是始终确保气道通畅。如发现伤员口内有异物，可将其身体及头部同时侧转迅速用一个手指或两手指交叉从口角处插入，取出异物。操作中要注意防止将异物推到咽喉深部。

通畅气道可采用仰头抬颏法，用一只手放在触电者前额，另一只手的手指将其下颌骨向上抬起，两手协同头部推向后仰，舌根随之抬起，气道即可通畅。严禁用枕头或其他物品垫在伤员头下，头部抬高前倾，会加重气道阻塞，并使胸外按压时流向脑部的血流减少，甚至消失。

2. 口对口（鼻）人工呼吸

口对口（鼻）人工呼吸法时，在保持伤员气道通畅的同时，救护人员用放在伤员额上的手的手指捏住伤员鼻翼，救护人员深吸气后，与伤员口对口紧合，在不漏气的情况下，先连续大口吹气两次，每次 1~1.5s，如两次吹气后试测颈动脉仍无搏动，可断定心跳已经停止，要立即同时进行胸外按压。

除开始时大口吹气两次外，正常口对口（鼻）呼吸的吹气量不需过大，以免引起胃膨

胀。吹气和放松时要注意伤员胸部应有起伏的呼吸动作。吹气时如有较大阻力，可能是头部后仰不够，应及时纠正。触电伤员如牙紧闭，可口对鼻人工呼吸。口对鼻人工呼吸吹气时，要将伤员嘴唇紧闭，防止漏气。

3. 胸外按压

（1）按压位置

正确的按压位置是保证胸外按压效果的重要前提。确定按压位置的步骤如下：

① 右手的食指和中指沿触电伤员的右侧肋骨下缘向上，找到肋骨和胸骨接合处的中点。

② 两手指并齐，中指放在切迹中点（剑突底部），食指平放在胸骨下部。

③ 另一只手的掌根紧挨食指上缘，置上胸骨上，即为正确按压位置。

（2）按压姿势

正确的按压姿势是达到胸外按压效果的基本保证，正确的按压姿势应符合以下要求：

① 使触电伤员仰面躺在平硬的地方，救护人员或立或跪在伤员一侧肩旁，救护人员的两肩位于伤员胸骨正上方，两臂伸直，肘关节固定不屈，两手掌根相叠，手指翘起，不接触伤员胸壁。

② 以髋关节为支点，利用上身的重力，垂直将正常成人胸骨压陷 3～5cm（儿童和瘦弱者酌减）。

③ 压至要求程度后，立即全部放松，但放松时救护人员的掌根不得离开胸壁。

按压必须有效，有效的标志是按压过程中可以触及颈动脉搏动。图 8-10 为胸外心脏按压法操作要领。

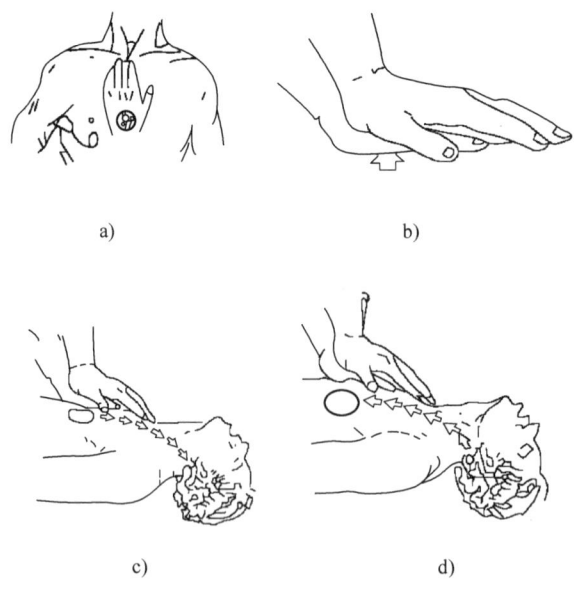

图 8-10　胸外心脏按压法操作要领
a）正确压点　b）叠手姿势　c）向下按压　d）突然放松

（3）操作频率

① 胸外按压要以均匀度进行，每分钟 80 次左右，每次按压和放松的时间相等。

② 胸外按压与口对口（鼻）人工呼吸同时进行，其节奏为：单人抢救时，每按压 15 次

后吹气两次（15∶2），反复进行；双人抢救时，每按压 5 次后另一人吹气 1 次（5∶1），反复进行。

按压吹气 1min 后（相当于单人抢救时做了 4 个 15∶2 压吹循环），应用看、听、试方法在 5～7s 时间内完成对伤员呼吸和心跳是否恢复的再判定。若判定颈动脉已有搏动但无呼吸，则暂停胸外按压，而再进行两次口对口人工呼吸，接着 5s 吹气一次（即 12 次/min）。如脉搏和呼吸均未恢复，则继续坚持心肺复苏方法抢救。

在抢救过程中，要每隔数分钟再判定一次，每次判定时间均不得超过 5～7s。在医务人员未接替抢救前，现场抢救人员不得放弃现场抢救。

8.4　小结

安全用电小结

1. 触电是指电流对人体的伤害，包括电击和电伤。电流频率越高对人体的伤害越大。
2. 触电方式包括单相触电、两相触电和跨步电压触电。
3. 国际电工委员会（IEC）规定安全电压限定值为 50V。我国规定 12V、24V、36V 三个电压等级为安全电压级别。
4. 防止触电事故的预防措施包括：绝缘措施、屏护措施、间距措施、加强绝缘和电气隔离。
5. 防止人身触电的技术措施包括：保护接地、保护接零、工作接地和重复接地。
6. 在生产现场要熟悉自己生产现场主断路器位置，一旦发生火灾、触电或其他电气事故时，应第一时间切断电源，避免造成更大的财产损失和人身伤亡事故。
7. 在维修现场，需要起动发动机检查电路时，应注意车下有无其他人工作，预先打好招呼，放空档，拉手刹然后发动。
8. 在新能源汽车全部停电或部分停电的电气设备上工作，必须完成下列措施：停电、挂锁、验电、放电、悬挂标识牌、装设遮栏、有监护人。
9. 非持证电工不准装接电动汽车高压电气设备。
10. 任何从事锂电池运输、存储、安装、测试及维护等工作的人员，必须通过专业培训，具备锂电池的风险识别能力及起火、爆炸后的应急处理能力。
11. 锂电池或电池包的测试需要在防爆柜中进行，测试及安装区域需要配备完整的消防系统，如自动灭火装置、烟雾警报器等。
12. 触电者触及低压带电设备，救护人员应设法迅速切断电源，或使用绝缘工具，如干燥的木棒、木板、绳索等不导电的东西解脱触电者。
13. 触电者触及高压带电设备，救护人员应迅速切断电源，或用适合该电压等级的绝缘工具解脱触电者。救护人员在抢救过程中应注意保持自身与周围带电部分必要的安全距离。
14. 触电伤员如丧失意识，应在 10s 内用看、听、试等方法，判断伤员的呼吸、心跳情况。触电伤员呼吸和心跳均停止时，应立即采取心肺复苏法正确进行就地抢救。并设法联系医疗部门接替救治。

8.5 习题

1. 我国的安全电压等级分为哪三个级别？
2. 什么是保护接地？什么是保护接零？两者应用场合有何不同？
3. 请列举几项生产现场安全用电常识。
4. 请列举维修现场安全用电常识。
5. 电动汽车充电时应注意什么？
6. 说出电动汽车高压断电步骤。
7. 触电事故现场应如何解救触电伤员？

第9章 低压电器

本章主要介绍低压电器的基础知识,首先介绍常见的低压电器的结构特点、工作原理以及种类等,然后介绍了基本电气控制系统,包括三相异步电动机直接起停控制、正反转控制、丫-△减压起动控制、行程控制电路等。

本章问题:
1) 什么是低压电器?常见的低压电器有哪些?
2) 刀开关、断路器、熔断器以及接触器的工作原理及作用是什么?
3) 常见的三相异步电动机控制电路有哪些?

9.1 低压电器基本知识

9.1.1 概述

凡是根据外界特定的信号或要求,自动或手动接通和断开电路,断续或连续地改变电路参数,实现对电路或非电现象的切换、控制、保护、检测和调节的电气设备均称为电器。根据工作电压的高低,电器可分为高压电器和低压电器。工作在交流额定电压 1200V 及以下、直流额定电压 1500V 及以下的电器称为低压电器。低压电器作为基本器件,广泛应用于输配电系统和电力拖动系统中,在工农业生产、交通运输和国防工业中起着极其重要的作用。

随着科学技术的迅猛发展,工业自动化程度不断提高,供电系统的容量不断扩大,低压电器的使用范围也日益扩大,其品种规格不断增强,产品的更新换代速度加快。同时,低压电器的额定电压等级相应地有提高的趋势,电子技术也广泛应用于低压电器中,无触点电器的应用逐步推广。

9.1.2 低压电器的分类与产品标准

1. 低压电器的分类

低压电器的种类繁多,用途广泛。

1) 按应用场所提出的不同要求以及所控制的对象,可以分为低压配电电器和低压控制电器两大类。低压配电电器包括隔离开关(俗称为刀开关)、组合开关、熔断器和断路器等,主要用于低压配电系统及动力设备中。低压控制电器包括接触器、继电器及电磁铁等,主要用于电力拖动与自动控制系统中。

2) 按低压电器的动作方式,可分为自动切换电器和非自动切换电器两大类。自动切换电器是依靠电器本身参数的变化或外来信号的作用,自动完成接通或分断等动作,如接触器、继电器等。非自动切换电器主要依靠外力(如手控)直接操作来进行切换,如刀开关、按钮等。

3) 按低压电器的执行机构,可分为有触点电器和无触点电器两大类。有触点电器具有可分离的动触头和静触头，利用触点的接触和分离来实现电路的通断控制。无触点电器没有可分离的触点，主要利用半导体元器件的开关效应来实现电路的通断控制。

2. 低压电器的产品标准

低压电器产品标准的内容通常包括产品的用途、适用范围、环境条件、技术性能要求、试验项目和方法、包装运输的要求等，它是厂家和用户制造和验收的依据。

低压电器标准按内容性质可分为基础标准、专业标准和产品标准三大类。按批准的级别则分为国家标准（GB）、专业（部）标准（JB）和局批企业标准（JB/DQ）三级。

常用术语如下。

1) 通断时间。从电流开始在开关电器的一个极流过的瞬间起，到所有极的电弧最终熄灭瞬间为止的时间间隔。

2) 燃弧时间。电器分断过程中，从触点断开（或熔体熔断）出现电弧的瞬间开始，至电弧完全熄灭为止的时间间隔。

3) 分断能力。电器在规定的条件下，能在给定的电压下分断的预期分断电流值。

4) 接通能力。开关电器在规定的条件下，能在给定的电压下接通的预期接通电流值。

5) 通断能力。开关电器在规定的条件下，能在给定的电压下接通和分断的预期电流值。

6) 短路接通能力。在规定条件下，包括开关电器的出线端短路在内的接通能力。

7) 短路分断能力。在规定条件下，包括电器的出线端短路在内的分断能力。

8) 操作频率。开关电器在每小时内可能实现的最高循环操作次数。

9) 通电持续率。电器的有载时间和工作周期之比，常以百分数表示。

10) 电（气）寿命。在规定的正常工作条件下，机械开关电器不需要修理或更换零件的负载操作循环次数。

9.2 低压电器的介绍

9.2.1 刀开关

低压开关主要作隔离、转换、接通和分断电路用，多数用作机床电路的电源开关和局部照明电路的控制开关，有时也可用于直接控制小容量电动机的起动、停止和正、反转。低压开关一般为非自动切换电器，最为常用的主要类型是刀开关。

刀开关是手动电器中结构最简单的一种，被广泛应用于各种配电设备和供电线路，一般用来作为电源的引入开关或隔离开关，也可用于小容量的三相异步电动机不频繁地起动或停止。在电力拖动控制线路中最常用的是由刀开关和熔断器组合而成的负荷开关。负荷开关分为开启式负荷开关和封闭式负荷开关两种。下面以开启式负荷开关为例分析其型号意义、结构原理及选用。

开启式负荷开关又称瓷底胶盖刀开关。生产中常用的是 HK 系列开启式负荷开关，适用于照明、电热设备及小容量电动机控制线路中，供手动频繁接通和分断电路，并起保护作用。

1. 刀开关型号及含义

刀开关型号及含义如图 9-1 所示。

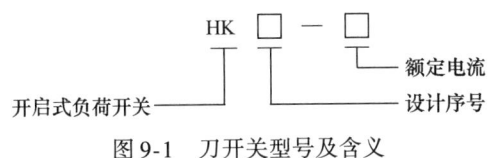

图 9-1　刀开关型号及含义

2. 刀开关结构与工作原理

HK 系列开启式负荷开关由刀开关和熔断器组合而成，其如图 9-2 所示。开关的瓷底座上装有进线座、静触头、熔体、出线座和带瓷质手柄的刀式动触头，上面盖有胶盖，以防止操作时触及带电体或分断时产生的电弧飞出伤人。

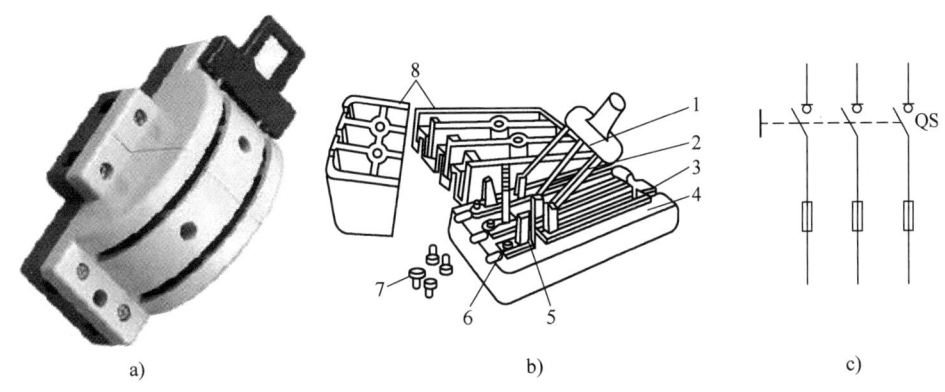

图 9-2　HK 系列开启式负荷开关
a）实物图　b）结构图　c）符号
1—瓷质手柄　2—动触头　3—出线座　4—瓷底座　5—静触头
6—进线座　7—胶盖紧固螺钉　8—胶盖

3. 选用

开启式负荷开关的结构简单，价格便宜，在一般的照明电路和功率小于 5.5kW 的电动机控制线路中被广泛采用。但这种开关没有专门的灭弧装置，其刀式动触头和静夹座易被电弧灼伤引起接触不良，因此不宜用于操作频繁的电路。具体选用方法如下。

1）用于照明和电热负载时，选用额定电压 220V 或 250V，额定电流不小于电路所有负载额定电流之和的两极开关。

2）用于控制电动机的直接起动和停止时，选用额定电压 380V 或 500V，额定电流不小于电动机额定电流 3 倍的三极开关。

4. 安装与使用

1）开启式负荷开关必须垂直安装在控制屏或开关板上，且合闸状态时手柄应朝上，不允许倒装或平装，以防发生误合闸事故。

2）开启式负荷开关控制照明和电热负载使用时，要装接熔断器作短路和过载保护。

3）更换熔体时，必须在动触头断开的情况下按原规格更换。

4）在分闸和合闸操作时，应动作迅速，使电弧尽快熄灭。

9.2.2 断路器

断路器用以控制电动机的运行。当电路中发生严重过载、短路及欠电压等故障时,能自动切断故障电路,有效地保护接在它后面的电气设备。

断路器具有操作安全、安装方便等特点。断路器又叫低压断路器或自动空气断路器,又简称为断路器,是低压配电网络和电力拖动系统中常用的一种配电电器,它集控制和多种保护功能于一体,在正常情况下可用于不频繁地接通和断开的电路中,它因其方便、工作可靠、动作值可调、分断能力较强、兼顾多种保护、动作后不需要更换组件等优点,得到了广泛应用。

1. 低压断路器的工作原理

低压断路器的工作原理及符号如图 9-3 所示。使用时断路器 3 个主触点串联在被控制的三相电路中,按下接通按钮,外力使锁扣克服反作用力,将固定在锁扣上面的动触头与静触头闭合,并由锁扣锁住搭钩使动触头保持闭合,开关处于接通状态。

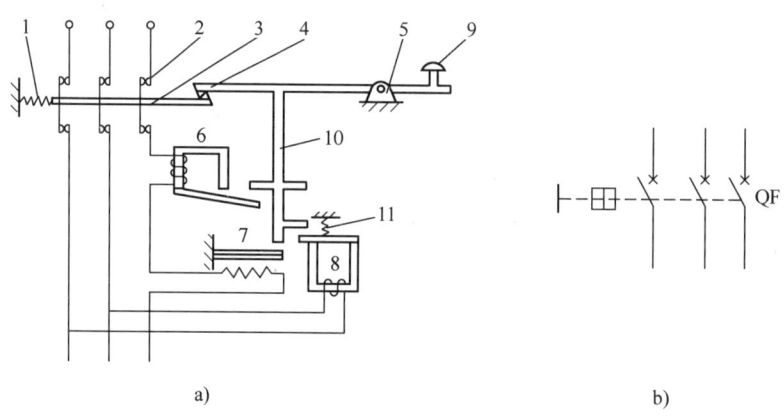

图 9-3 低压断路器工作原理及符号
a) 工作原理 b) 低压断路器的符号
1—分闸弹簧 2—主触点 3—传动杆 4—锁扣 5—轴 6—过电流脱扣器
7—热脱扣器 8—欠电压脱扣器 9—分断按钮 10—杠杆 11—拉力弹簧

当线路发生过载时,过载电流流过热元件产生一定的热量,使双金属片受热向上弯曲,通过杠杆推动搭钩与锁扣脱开,在反作用弹簧的推动下,动静触头分开,从而切断电路,使用电设备不致因过载而烧毁。

当电路发生短路故障时,短路电流超过电磁脱钩器的瞬时整定电流,电磁脱钩器产生足够大的吸力将衔铁吸合,通过杠杆推动搭钩与锁扣分开,从而切断电路,实现短路保护。

欠电压脱扣器:欠电压脱扣器是在它的端电压降至某一规定范围时,使断路器有延时或无延时断开的一种脱扣器,当电源电压下降(甚至缓慢下降)到额定工作电压的 70% ~ 35% 范围内,欠电压脱扣器应动作。在电源电压等于脱扣器额定工作电压的 35% 时,欠电压脱扣器应能防止断路器闭合;电源电压等于或大于 85% 欠电压脱扣器的额定工作电压时,在热态条件下,应能保证断路器可靠闭合。因此,当受保护电路中电源电压发生一定的电压降时,能自动断开断路器切断电源,使该断路器以下的负载电器或电气设备免受欠电压的损坏。使用时，欠电压脱扣器线圈接在断路器电源侧，欠电压脱扣器通电后，断路器才能合闸，否则断路器合不上闸。

2. DZ5-20型断路器

（1）DZ5-20型断路器的型号及含义

DZ5-20断路器的型号及含义如图9-4所示。

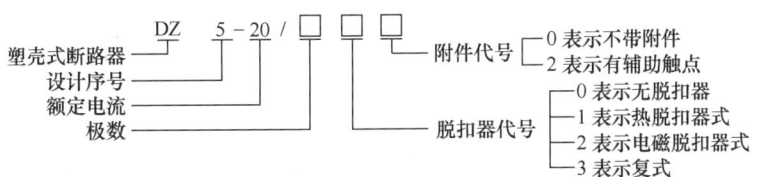

图9-4 断路器的型号及含义

（2）DZ5-20型断路器的结构及工作原理

DZ5-20型低压断路器的外形和结构如图9-5所示。断路器主要由动触头、静触头、灭弧装置、操作机构、热脱扣器、电磁脱扣器及外壳等部分组成。其结构采用立体分布，操作机构在中间，上面是由加热组件和双金属片等构成的热脱扣器，做过载保护，配有电流调节装置，调节整定电流。下面是由线圈和铁心等组成的电磁脱扣器，做短路保护，它也有一个电流调节装置，调节瞬时脱扣整定电流。主触点在操作机构后面，由动触头和静触头组成，配有栅片灭弧装置，用以接通和分断主回路的大电流。另外还有常开和常闭辅助触点各一对。主、辅触点接线柱均延伸出外壳，以便用于接线。在外壳顶部还伸出接通和分断按钮，通过储能弹簧和杠杆机构实现断路器的手动接通和分断操作。

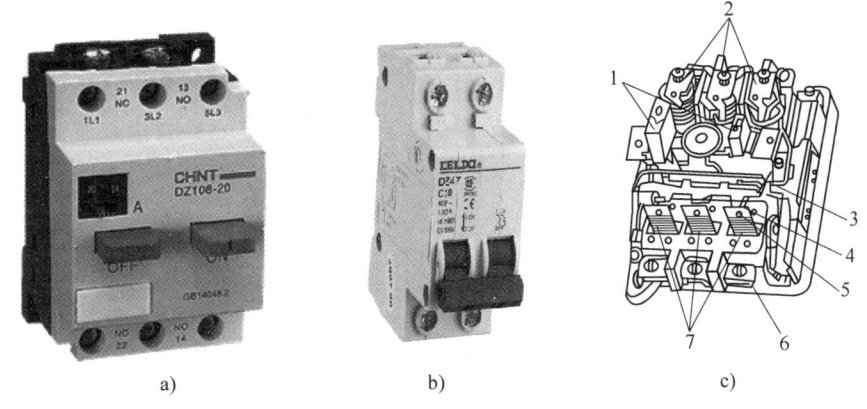

图9-5 DZ5-20型低压断路器的外形和结构
a) DZ108-20型 b) DZ5-20型 c) DZ5-20型结构
1—按钮 2—电磁脱扣器 3—自由脱扣器 4—动触头 5—静触头 6—接线柱 7—热脱扣器

3. 低压断路器的选择原则

1）断路器类型的选择：应根据使用场合和保护要求来选择。如一般选用塑壳式；短路电流很大时选用限流型；额定电流比较大或有选择性保护要求时选用框架式；控制和保护含有半导体器件的直流电路时应选用直流快速断路器等。

2）断路器额定电压、额定电流应大于或等于线路、设备的正常工作电压、工作电流。

3）断路器极限通断能力大于或等于电路最大短路电流。

4）欠电压脱扣器额定电压等于线路额定电压。

5）过电流脱扣器的额定电流大于或等于线路的最大负载电流。

4. 低压断路器的安装与使用

1）低压断路器应垂直于配电板安装，电源引线应接到上端，负载引线接到下端。

2）低压断路器用作电源总开关或电动机的控制开关时，在电源进线侧必须加装刀开关或熔断器等，以形成明显的断开点。

3）低压断路器在使用前应将脱扣器工作面的防锈油脂擦干净；各脱扣器动作值一经调整好，不允许随意变动，以免影响其动作值。

4）使用过程中若遇分断短路电流，应及时检查触点系统，若发现电灼烧痕，应及时修理或更换。

5）断路器上的积尘应定期清除，并定期检查各脱扣器动作值，给操作机构添加润滑剂。

> **想一想**
> 家中使用的断路器额定电流是多大？在何种情况下会跳闸？

9.2.3 熔断器

熔断器是一种结构简单、价格低廉、动作可靠、使用维护方便的保护电器。在低压配电网络和电力拖动系统中主要用作短路保护。使用时串联在被保护的电路中。正常情况下，熔体相当于一根导线，当电路发生短路或严重过载时，通过熔断器熔体的电流达到或超过某一规定值时，以其自身产生的热量使熔体熔断，从而自动分断电路，起到保护作用。

1. 低压熔断器的种类、型号、结构和用途

熔断器按结构形式不同分为半封闭插入式、无填料封闭管式、有填料管式和自复式四类。图9-6为几种常用的熔断器实物图及熔断器的电气符号。

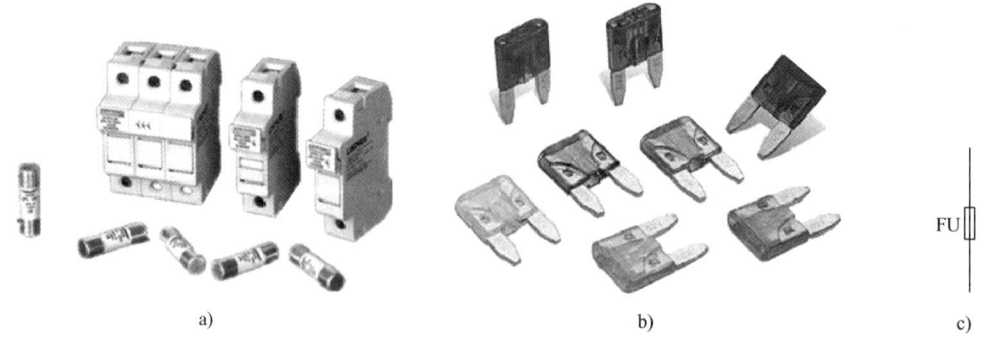

图9-6 常用熔断器实物图及其电气符号

a）常用熔断器实物图 b）汽车熔断器实物图 c）电气符号

（1）低压熔断器的型号及含义

低压熔断器的型号及含义如图9-7所示。

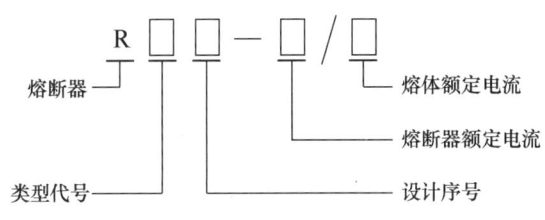

图9-7 低压熔断器的型号及含义

(2) 结构

熔断器主要由熔体、安装熔体的熔管和熔座三部分组成。

熔体是熔断器的主要组成部分，常做成丝状、片状或栅状。熔体的材料有两种：一种由铅、铅锡合金或锌等低熔点材料制成，多用于小电流电路；另一种由银、铜等较高熔点的金属制成，多用于大电流电路。

熔管是熔体的保护外壳，用耐热绝缘材料制成，在熔体熔断时兼有灭弧作用。

熔座是熔断器的底座，作用是固定熔管和外接引线。

(3) 汽车熔断器

汽车熔断器如图9-8所示。汽车熔断器的用途与家里熔丝的作用大同小异，当电路电流异常并超过其额定电流时，熔断器起到电路保护屏障的作用。汽车熔断器大致分为快熔断器和慢熔断器。

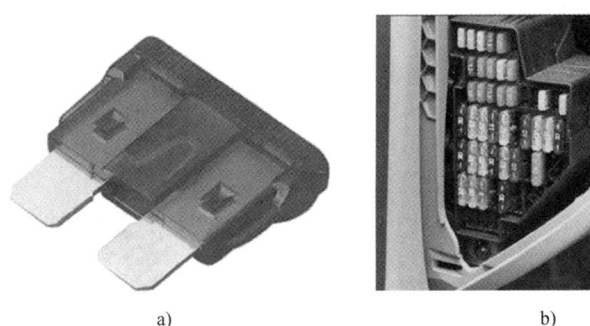

图9-8 汽车熔断器
a) 外形图　b) 汽车熔断器盒

汽车常用熔断器有高电流熔断器和中低电流熔断器。一般较常见到的是中低电流熔断器。中低电流熔断器大致可分为片式熔断器（包括自动熔断器盒迷你熔断器）、插入式熔断器、旋紧式熔断器、管式熔断器盒平板式熔断器。片式熔断器可承载小电流、短时间脉冲电流，如前照灯电路、后玻璃除霜等。

在结构上，一般车用熔断器采用的插片式的设计，熔断器拥有工程塑料外壳，包裹着锌或铜制成的熔体结构，金属熔体与插脚连接。汽车插片式熔断器的规格一般为2～40A，其安培数值会在熔断器的顶端标注。如果熔断器烧坏了，无法辨认安培数值，还可以通过它的颜色来判断。汽车片式熔断器颜色的国际的标准：2A—灰色、3A—紫色、4A—粉色、5A—橘黄色、7.5A—咖啡色、10A—红色、15A—蓝色、20A—黄色、25A—透明无色、30A—绿色、40A—深橘色。根据颜色的不同，可以很清楚地区分不同安培数的熔断器。

由于汽车上的零部件和电子设备很多，而且每个设备都会装有熔断器，因此为了便于日后的维修，每辆车在设计之初，设计师便把汽车熔断器都集中设计在一个地方，而这个地方被称为熔断器盒。一般一辆车内有两个熔断器盒，一个位于发动机舱内，负责汽车外部用电器熔断器，如发动机控制单元、扬声器、玻璃清洗器、ABS（防抱死制动系统）、前照灯等；另一个在驾驶员座椅左侧附近，管理着车内的用电器，例如车窗升降器、安全气囊、电动座椅、点烟器等。

（4）RL1系列螺旋式熔断器

RL1系列螺旋式熔断器如图9-9所示，用于50Hz交流、额定电压380V/500V、额定电流200A的配电线路，作输送和配电设备、电缆、导线的过载和短路保护。其结构由瓷帽、熔体和基座三部分组成。主要部分均由绝缘性能良好的电瓷制成，熔体内装有一组熔丝（片）和足够紧密的石英砂。

RL1系列熔断器特点：

1）具有较高的断流能力。

2）能在带电（不带负载）时不用任何工具安全取下并更换熔体。

3）具有稳定的保护特性，能得到一定的选择性保护。

4）具有明显的熔断指示。

（5）RT16(NT) 系列熔断器

图9-9　RL1系列螺旋式熔断器

RT16(NT) 系列熔断器如图9-10所示，用50Hz交流、额定电压500V/600V及380V、额定电流1250A及以下的工业电气配电装置中，作过载和短路保护用，具有体积小、重量轻、功耗小、分断能力高等特点，广泛应用于电气设备的过载保护和短路保护。

图9-10　RT16(NT) 系列熔断器

2. 熔断器的主要技术参数

1）额定电压。熔断器的额定电压是指保证熔断器能长期正常工作的电压。

2）额定电流。熔断器的额定电流是指保证熔断器能长期正常工作的电流，是由熔断器各部分长期工作时的允许温度决定的。熔体的额定电流是指在规定的工作条件下，长时间通过熔体而熔体不熔断的最大电流值。

3) 分断能力。在规定的使用和性能条件下，熔断器在规定电压下能分断的预期分断电流值。常用极限分断电流值来表示。

4) 时间-电流特性。在规定工作条件下，表征流过电流与熔体熔断时间关系的函数曲线，也称保护特性或熔断特性。熔断器的保护特性如图9-11所示。

从特性图上可以看出，熔断器的熔断时间随着电流增大而缩短，即熔断器通过的电流越大，熔断时间越短。

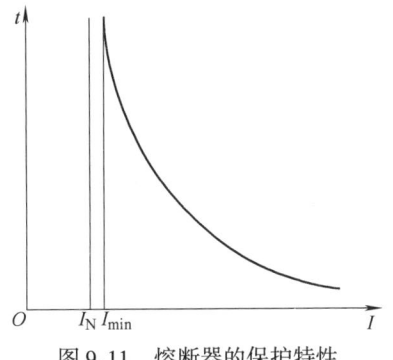

图 9-11 熔断器的保护特性

> **小提示**
> 熔断器对过载反应是很不灵敏的，当电气设备发生轻度过载时，熔断器将持续很长时间熔断，有时甚至不熔断。因此，除照明电路外，熔断器一般不宜用作过载保护，主要用作短路保护。

3. 熔断器的选择

(1) 熔断器类型的选择

通常根据使用环境和负载性质选择适当类型的熔断器。用于容量较小的照明线路，可选用 RC1A 系列插入式熔断器；在机床控制线路中，多选用 RL1 系列螺旋式熔断器等。

(2) 熔体额定电流的选择

1) 对照明、电热等电流较平稳、无冲击电流的负载短路保护，熔体的额定电流应等于或稍大于负载的额定电流。

2) 对一台不经常起动且起动时间不长的三相异步电动机的短路保护，要求

$$I_{RN} = (1.5 \sim 2.5) A \tag{9-1}$$

3) 对多台电动机的短路保护，熔体的额定电流应大于或等于其中最大容量电动机的额定电流 I_{Nmax} 的 1.5~2.5 倍再加上其他电动机额定电流的总和 $\sum I_N$，即

$$I_{RN} = (1.5 \sim 2.5) I_{Nmax} + \sum I_N \tag{9-2}$$

4) 熔断器额定电压和额定电流的选择。熔断器的额定电压必须等于或大于线路的额定电压；熔断器的额定电流必须等于或大于所装熔体的额定电流。

5) 熔断器的分断能力应大于电路中可能出现的最大短路电流。

9.2.4 接触器

接触器是一种自动电磁式开关，适用于远距离频繁地接通或断开交、直流电路及大容量控制电路。主要控制对象是电动机，也可用于控制其他负载，如电热设备、电焊机以及电容器组等。它不仅能实现远距离自动操作和欠电压保护功能，而且具有控制容量大、工作可靠、操作频率高、使用寿命长等优点，因而在电力拖动系统中得到广泛应用。

接触器按主触点通过的电流种类，分为交流接触器和直流接触器两种。图9-12所示为部分接触器的实物图。

1. 接触器型号含义

接触器型号及含义如图9-13所示。

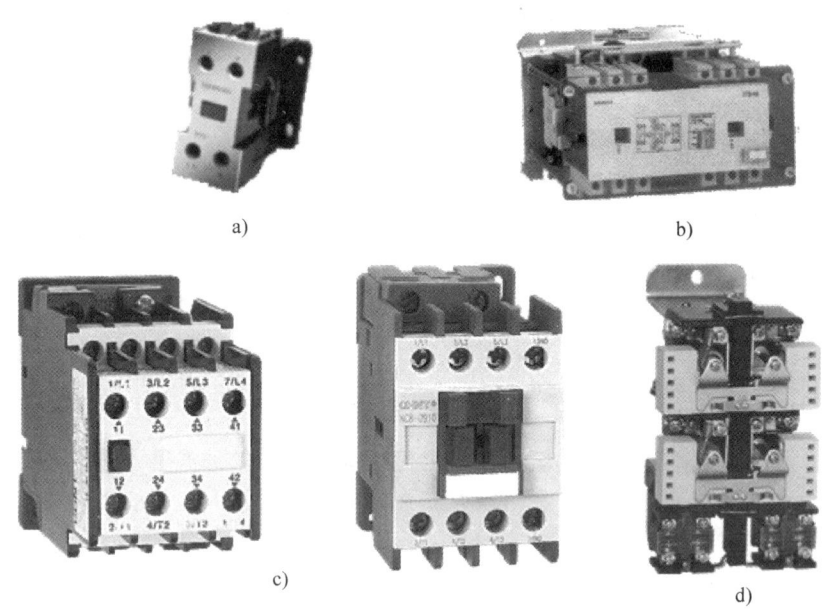

图 9-12 部分接触器的实物图
a) 专用接触器 b) 机械联锁可通接触器 c) 电磁式接触器 d) 直流接触器

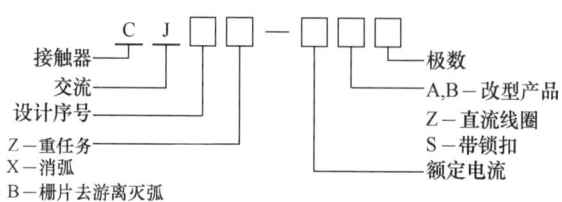

图 9-13 接触器型号及含义

2. 接触器的结构

接触器主要由电磁系统、触点系统、灭弧系统及辅助系统等组成。交流接触器的结构示意图如图 9-14 所示。CJ 型交流接触器的结构原理图及电气符号如图 9-15 所示。

（1）电磁系统

CJ 型交流接触器的电磁系统主要由线圈、铁心（静铁心）和衔铁（动铁心）3 部分组成。其作用是利用电磁线圈的通电或断电，使衔铁和铁心吸合或释放，从而带动动触头与静触头闭合或分断，实现接通或断开电路的目的，如图 9-16 所示。

为了减少工作过程中交变磁场在铁心中产生的涡流及磁滞损耗，避免铁心过热，交流接触器的铁心和衔铁一般用 E 形硅钢片叠压铆接而成。

交流接触器在运行过程中，线圈中通入的交流电在铁心中产生交变的磁通，因而铁心与衔铁间的吸力也是变化的。这会使衔铁产生振动，发出噪声。为消除这一现象，在交流接触器铁心和衔铁的两个不同端部各开一个槽，槽内嵌装一个用铜、康铜或镍铬合金材料制成的短路环，又称减振环或分磁环。铁心装短路环后，当线圈通以交流电时，线圈电流 I_1 产生磁通 Φ_1，Φ_1 的一部分穿过短路环，在环中产生感生电流 I_2，I_2 又会产生一个磁通 Φ_2，由电磁感应定律可知，Φ_1 和 Φ_2 的相位不同，即 Φ_1 和 Φ_2 不同时为零，则由 Φ_1 和 Φ_2 产生的

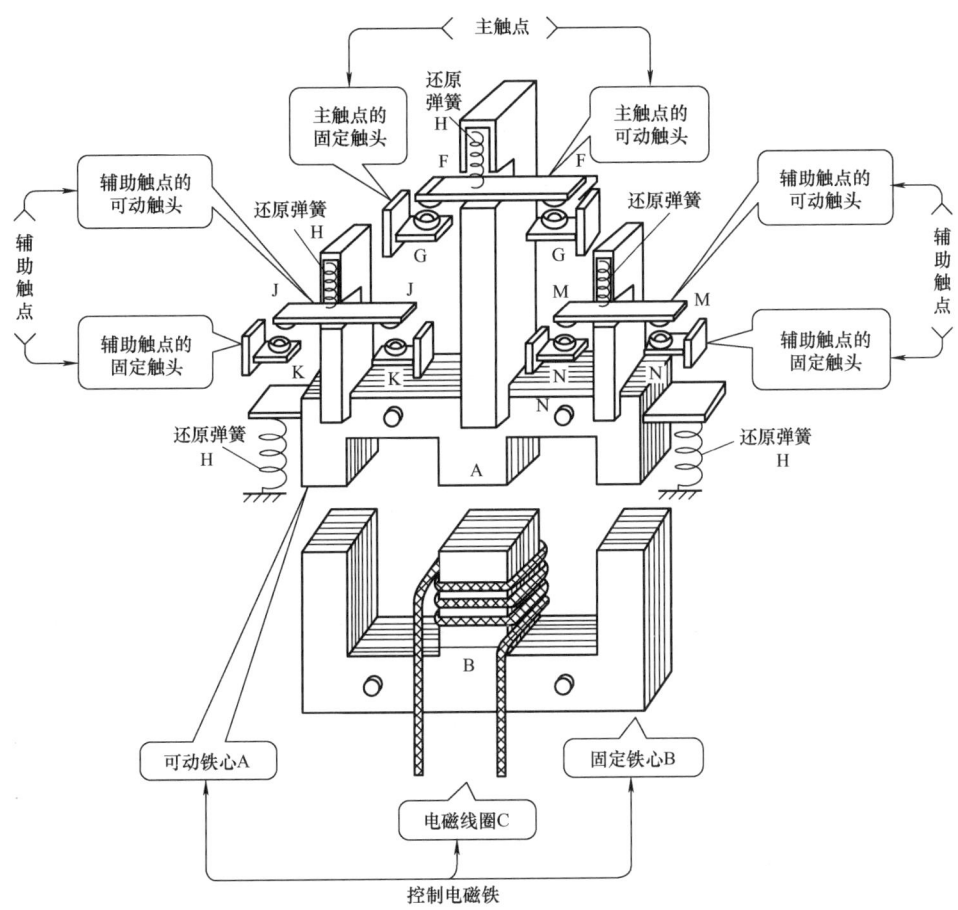

图 9-14 交流接触器的结构示意图

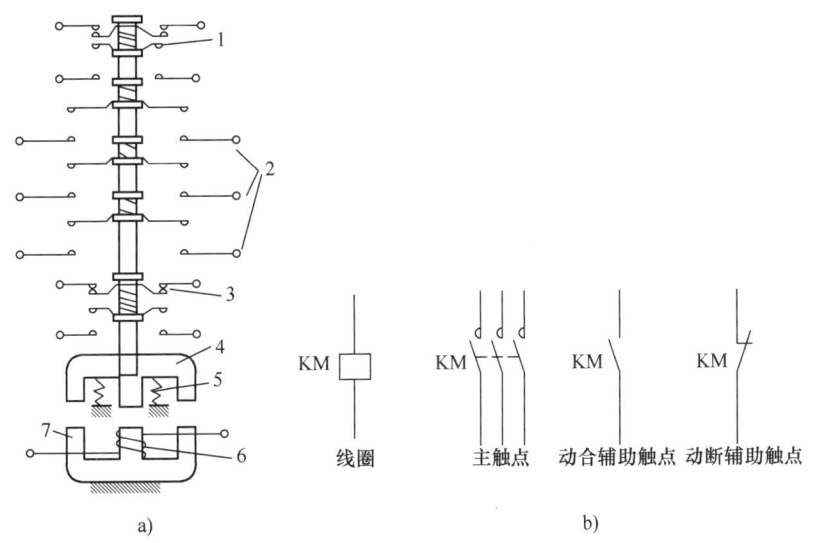

图 9-15 CJ 型交流接触器的结构原理图及电气符号
a)结构原理图 b)电气符号
1—动合辅助触点 2—主触点 3—动断辅助触点 4—动铁心 5—恢复弹簧 6—吸引线圈 7—静铁心

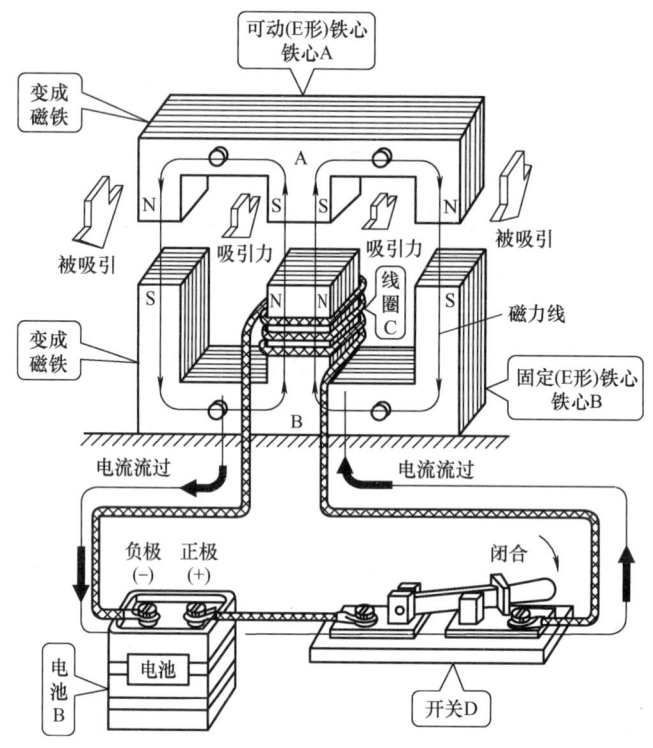

图 9-16 用于接触器的 E 形铁心的结构图

电磁吸力 F_1 和 F_2 不同时为零。这就保证了铁心与衔铁在任何时刻都有吸力，衔铁将始终被吸住，振动和噪声会显著减小。

(2) 触点系统

交流接触器的触点按接触情况可分为点接触式、线接触式和面接触式三种，分别如图 9-17a、b 和 c 所示。按触点的结构形式划分，有桥式触点和指形触点两种，如图 9-18 所示。

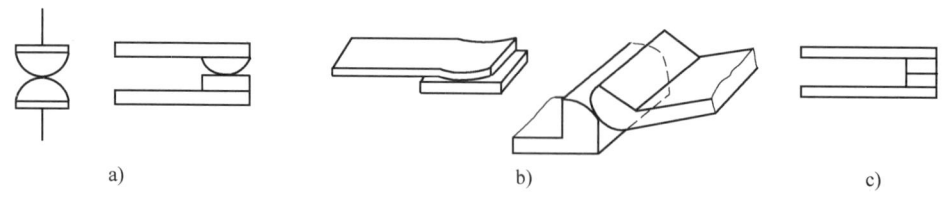

图 9-17 触点的接触形式
a) 点接触 b) 线接触 c) 面接触

(3) 灭弧系统

电弧是触点间气体在强电场作用下产生的放电现象，电弧的产生，一方面会灼伤触点，减少触点的使用寿命；另一方面会使电路切断时间延长，甚至造成弧光短路或引起火灾事故。交流接触器中常用的灭弧方法有双断口电动力灭弧、纵缝灭弧、栅片灭弧。

(4) 辅助系统

交流接触器的辅助系统部件有反作用弹簧、缓冲弹簧、触点压力弹簧、传动机构及底座、接线柱等。

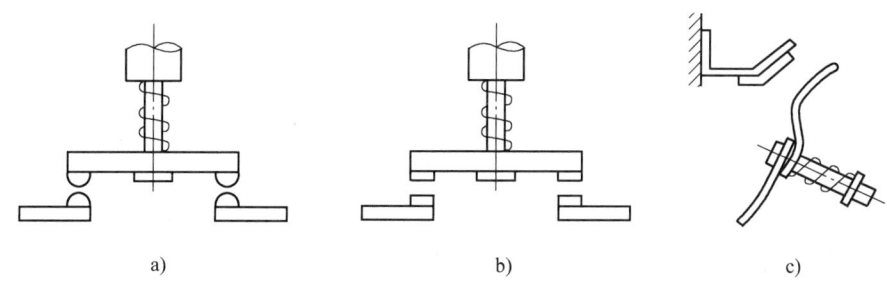

图 9-18 触点的结构形式
a) 点接触桥式触点 b) 面接触桥式触点 c) 线接触指形触点

反作用弹簧的作用是线圈断电后，推动衔铁释放，使各触点恢复原状态。缓冲弹簧的作用是缓冲衔铁在吸合时对静铁心和外壳的冲击力，保护外壳。触点压力弹簧的作用是增加动、静触头之间的压力，从而增大接触面积，以减小接触电阻，防止触点过热灼伤。传动机构的作用是在衔铁或反作用弹簧的作用下，带动动触头实现与静触头的接通或分断。

3. 交流接触器的选用

（1）主触点的额定电压

接触器主触点的额定电压应大于或等于控制线路的额定电压。

（2）主触点的额定电流

接触器控制电阻性负载时，主触点的额定电流应等于负载的额定电流。控制电动机时，主触点的额定电流应大于或稍大于电动机的额定电流。

（3）吸引线圈的电压

当控制线路简单、使用电器较少时，为节省变压器，可直接选用380V或220V的电压。当线路复杂、使用电器超过5个时，从人身和设备安全角度考虑，吸引线圈电压要选低一些，可用36V或110V电压的线圈。

（4）触点数量及类型

接触器的触点数量、类型应满足控制线路的要求。

4. 交流接触器的安装与使用

（1）安装前的检查

1）检查接触器铭牌与线圈的技术数据（如额定电压、电流、操作频率等）是否符合实际使用要求。

2）检查接触器外观，应无机械损伤；用手推动接触器可动部分时，接触器应动作灵活，无卡阻现象；灭弧罩应完整无损、固定牢固。

3）将铁心极面上的防锈油脂或粘在极面上的污垢用煤油擦净，以免多次使用后衔铁被粘住，造成断电后不能释放。

4）测量接触器的线圈电阻和绝缘电阻。

（2）交流接触器的安装

1）交流接触器一般应安装在垂直面上，倾斜度不得超过5°；若有散热孔，则应将有孔的一面放在垂直方向上，以利散热，并按规定留有适当的飞弧空间，以免飞弧烧坏相邻电器。

2）安装和接线时，注意不要将零件失落或掉入接触器内部。安装孔的螺钉应装有弹簧垫圈和平垫圈，并拧紧螺钉以防振动松脱。

3）安装完毕，检查接线正确无误后，在主触点不带电的情况下操作几次，然后测量产品的动作值和释放值，所测数值应符合产品规定的要求。

9.2.5 其他低压电器

1. 热继电器

热继电器有多种形式，其中常用的有：

1）双金属片式：利用双金属片受热弯曲去推动杠杆使触点动作。

2）热敏电阻式：利用电阻值随温度变化而变化的特性制成的热继电器。

3）易熔合金式：利用过载电流发热使易熔合金达到某一温度值时，合金熔化而使继电器动作。

（1）热继电器的结构及工作原理

热继电器是利用电流的热效应来切断电路的保护电器，双金属片式热继电器主要由发热元件、双金属片和触头及动作机构等部分组成。热继电器结构原理图如图 9-19 所示。

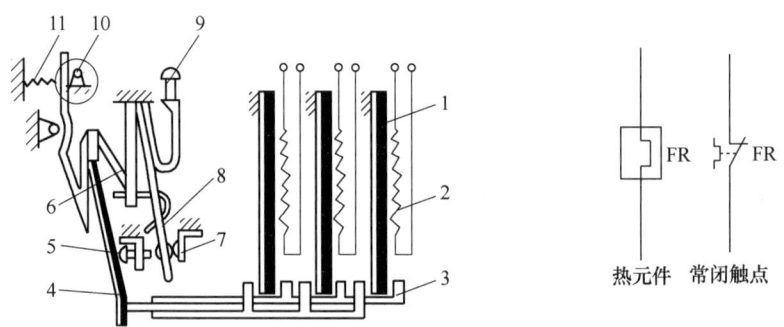

图 9-19 双金属片式热继电器结构原理图

1—主双金属片 2—电阻丝 3—导板 4—补偿双金属片 5—螺钉 6—推杆
7—静触头 8—动触头 9—复位按钮 10—调节凸轮 11—弹簧

（2）热继电器的使用与选择

热继电器的选择应满足：

$$I_{eR} \geq I_{ed}$$

式中 I_{eR}——热继电器热元件的额定电流（A）；

I_{ed}——电动机的额定电流（A）。

2. 时间继电器

时间继电器用来按照所需时间间隔，接通或断开被控制的电路，以协调和控制生产机械的各种动作，因此是按整定时间长短进行动作的控制电器。

时间继电器种类很多。按构成原理有：电磁式、电动式、空气阻尼式、晶体管式和数字式等；按延时方式分：通电延时型、断电延时型。

3. 控制按钮

控制按钮是一种简单电器，不直接控制主电路，而在控制电路发出手动控制信号。

控制按钮的结构原理图与符号如图 9-20 所示。由按钮帽、复位弹簧、桥式触点和外壳组成。图 9-21 为控制按钮实物图。

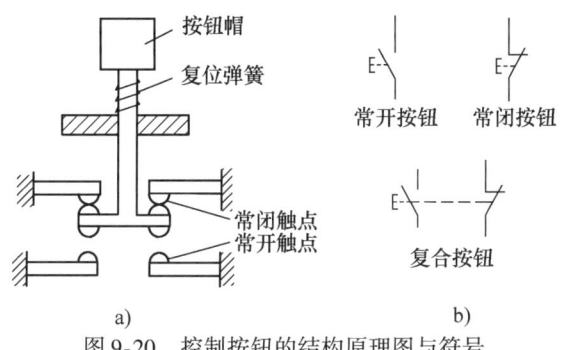

图 9-20 控制按钮的结构原理图与符号
a）结构原理图 b）符号

图 9-21 控制按钮实物图

按照按钮的结构型式可分为开启式（K）、保护式（H）、防水式（S）、防腐式（F）、紧急式（J）、钥匙式（Y）、旋钮式（X）和带指示灯式（D）等。

4. 组合开关

组合开关又称转换开关。常用的组合开关有 LW 系列，其结构如图 9-22 所示。

组合开关由动触点、静触点、绝缘连杆转轴、手柄、定位机构及外壳等部分组成。其动、静触点分别叠装于数层绝缘壳内，当转动手柄时，每层的动触片随转轴一起转动。

5. 位置开关

位置开关又称行程开关或限位开关，它的作用是将机械位移转变为电信号，使电动机运行状态发生改变，即按一定行程自动停车、反转、变速或循环，从而控制机械运动或实现安全保护。位置开关包括：行程开关、限位开关、微动开关及由机械部件或机械操作的其他控制开关。图 9-23 为位置开关实物图。

位置开关有两种类型：直动式（按钮式）和旋转式。其结构基本相同，由操作头、传动系统、触点系统和外壳组成，主要区别在传动系统。

　　a)　　　　　　　　　　b)

图 9-22　LW 系列转换开关　　　　图 9-23　位置开关实物图
　　a）实物图　b）符号

6. 接近开关

　　无触点行程开关又称接近开关，是当某种物体与之接近到一定距离时就发出"动作"信号，它不须施以机械力。接近开关的用途已经远远超出一般的行程开关的行程和限位保护，它还可以用于高速计数、测速、液面控制、检测金属体的存在、检测零件尺寸、无触点按钮及用作计算机或可编程控制器的传感器等。图 9-24 所示为接近开关实物图。

图 9-24　接近开关实物图

　　接近开关按工作原理分高频振荡型（检测各种金属）、永磁型、磁敏元件型、电磁感应型、电容型、光电型和超声波型等几种。常用的接近开关是高频振荡型，由振荡、检测、晶闸管等部分组成。

　　常用的接近开关有 U 系列、SQ 系列、CWY 系列和 3SG 系列。3SG 系列为德国西门子公司生产的新型产品。

> **想一想**
> 　　在汽车中有哪些低压电器？

9.3 基本电气控制系统的介绍

在现代制造企业中，设备运转、机械加工大多数都是利用电气控制系统进行控制的，因此，对电气系统的基本了解是非常有必要的，本节主要介绍了电气控制系统的绘制、安装，以及三相异步电动机电气控制系统。

9.3.1 基本电气控制图的绘制

1. 绘制、识读电气控制线路图的原则

电气控制系统图一般有三种：电气原理图、电气安装接线图和电器元件布置图。

（1）电气原理图

电气原理图是根据生产机械运动形式对电气控制系统的要求，采用国家统一规定的电气图形符号和文字符号，按照电气设备和电器的工作顺序，详细表示电路、设备或成套装置的全部基本组成和连接关系，而不考虑其实际位置的一种简图。

绘制、识读电气原理图时应遵循以下原则：

1）电气原理图一般分电源电路、主电路和辅助电路三部分绘制。

① 电源电路画成水平线，三相交流电源相序 L_1、L_2、L_3 自上而下依次画出，中性线 N 和保护地线 PE 依次画在相线之下。直流电源的"＋"端画在上边，"－"端画在下边。电源开关要水平画出。

② 主电路是指受电的动力装置及控制、保护电器的支路等。主电路图要画在电路图的左侧并垂直电源电路。

③ 辅助电路一般包括控制主电路工作状态的控制电路、显示主电路工作状态的指示电路、提供机床设备局部照明的照明电路等。辅助电路通过的电流都较小，一般不超过5A。画辅助电路图时，辅助电路要跨接在两相电源线之间，一般按照控制电路、指示电路和照明电路的顺序依次垂直画在主电路图的右侧，且电路中与下边电源线相连的耗能元件（如接触器和继电器的线圈、指示灯、照明灯等）要画在电路图的下方，而电器的触点要画在耗能元件与上边电源线之间。为读图方便，一般应按照自左至右、自上而下的排列来表示操作顺序。

2）电气原理图中，各电器的触点位置都按电路未通电或电器未受外力作用时的常态位置画出。分析原理时，应从触点的常态位置出发。

3）电气原理图中，不画各元器件实际的外形图，而采用国家统一规定的电气图形符号画出。

4）电气原理图中，同一电器的各元件不按它们的实际位置画在一起，而是按其在线路中所起的作用分画在不同电路中，但它们的动作却是相互关联的，因此，必须标注相同的文字符号。

5）画电气原理图时，应尽可能减少线条和避免线条交叉。对有直接电联系的交叉导线连接点，要用小黑圆点表示；无直接电联系的交叉导线则不画小黑圆点。

6）电气原理图采用电路编号法，即对电路中的各个接点用字母或数字编号。

（2）电气安装接线图

电气安装接线图是根据电气设备和元器件的实际位置和安装情况绘制的，只用来表示电气设备和元器件的位置、配线方式和接线方式,而不明显表示电气动作原理。主要用于安装接线、线路的检查维修和故障处理。

绘制、识读电气安装接线图应遵循以下原则:

1) 接线图中一般示出如下内容:电气设备和电器元件的相对位置、文字符号、端子号、导线号、导线类型、导线截面积、屏蔽和导线绞合等。

2) 所有的电气设备和元器件都按其所在的实际位置绘制在图样上,且同一电器的各元件根据其实际结构,使用与电气原理图相同的图形符号画在一起,并用点画线框上,其文字符号以及接线端子的编号应与电路图中的标注一致,以便对照检查接线。

3) 接线图中的导线有单根导线、导线组(或线扎)、电缆等,可用连续线和中断线来表示。凡导线走向相同的可以合并,用线束来表示,到达接线端子板或电器元件的连接点时再分别画出。

(3) 电气元器件布置图

布置图是根据电气元器件在控制板上的实际安装位置,采用简化的外形符号(如正方形、矩形、圆形等)而绘制的一种简图。它不表达各电器的具体结构、作用、接线情况以及工作原理,主要用于电气元器件的布置和安装。图中各电器的文字符号必须与电气原理图和电气安装接线图的标注相一致。

绘制、识读电气元件布置图应遵循以下原则:

1) 在电气元器件布置图中,机床的轮廓线用细实线或点画线表示,电气元器件均用粗实线绘制出简单的外形轮廓。

2) 在电气元器件布置图中,电动机要和被拖动的机械装置画在一起;行程开关应画在获取信息的地方;操作手柄应画在便于操作的地方。

3) 在电气元器件布置图中,各电气元器件之间,上、下、左、右应保持一定的间距,并且应考虑器件的发热和散热因素,应便于布线、接线和检修。

在实际应用中,电气原理图、电气安装接线图和电气元器件布置图要结合起来使用。

2. 电动机基本控制线路的安装步骤

电动机基本控制线路的安装,一般应按以下步骤进行:

1) 识读电气原理图,明确线路所用元器件及其作用,熟悉线路的工作原理。

2) 根据电气原理图或元件明细表配齐元器件,并进行检验。

3) 根据电气元器件选配安装工具和控制面板。

4) 根据电气原理图绘制电气元器件布置图和安装接线图,然后按要求在控制板上固定电气元器件(电动机除外),并贴上醒目的文字符号。

5) 根据电动机容量选配主电路导线的截面。控制电路中导线一般采用截面为 $1mm^2$ 的铜芯线(BVR);按钮线一般采用截面为 $0.75mm^2$ 的铜芯线(BVR);接地线一般采用截面不小于 $1.5mm^2$ 的铜芯线(BVR)。

6) 根据电气安装接线图布线,同时将剥去绝缘层的两端线头套上标有与电气原理图相一致编号的编码套管。

7) 安装电动机。

8) 连接电动机和所有电气元器件金属外壳的保护接地线。

9) 连接电源、电动机等控制板外部的导线。

10）自检。

11）交验。

12）通电试车。

9.3.2 基本电气控制系统的介绍

三相异步电动机控制系统是低压控制系统中最为常见的一种控制系统，在工业企业中也是一种普遍使用的电气控制系统，在汽车制造维修领域也是非常常见的，如汽车举升机的上升和下降，就是利用了三相异步电动机控制系统正反转原理。下面以三相异步电动机控制系统为例介绍三相异步电动机直接起动电路、正反转控制电路、丫-△减压起动控制电路，行程控制电路等。

1. 三相异步电动机直接起动控制电路

直接起动即起动时把电动机直接接入电网，加上额定电压，一般来说，电动机的容量不大于直接供电变压器容量的20%~30%时，都可以直接起动。

（1）点动控制

图9-25所示为点动控制电路图，合上开关S，三相电源被引入控制电路，但电动机还不能起动。按下按钮SB，接触器KM线圈通电，衔铁吸合，常开主触点闭合，电动机定子接入三相电源后起动运转。松开按钮SB，接触器KM线圈断电，衔铁松开，常开主触点断开，电动机因断电而停转。

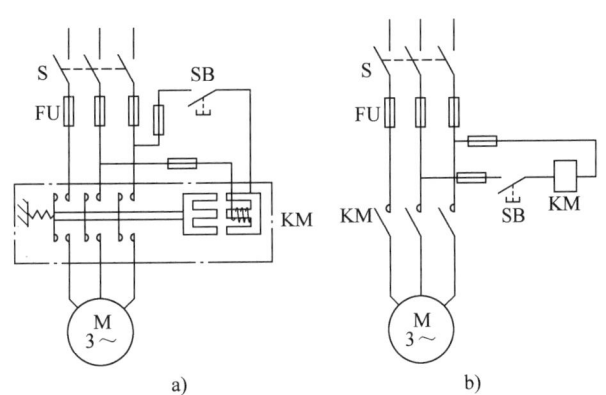

图9-25 点动控制电路图
a）接线示意图 b）电气原理图

（2）直接起动控制

图9-26所示为直接起动控制电路图。

1）起动过程。按下起动按钮SB_1，接触器KM线圈通电，与SB_1并联的KM的辅助常开触点闭合，以保证松开按钮SB_1后KM线圈持续通电，串联在电动机回路中的KM主触点持续闭合，电动机连续运转，从而实现连续运转控制。

2）停止过程。按下停止按钮SB_2，接触器KM线圈断电，与SB_1并联的KM辅助常开触点断开，以保证松开按钮SB_2后KM线圈持续失电，串联在电动机回路中的KM主触点持续断开，电动机停转。与SB_1并联的KM辅助常开触点的这种作用称为自锁。图9-26所示的控制电路还可实现短路保护、过载保护和零电压保护。

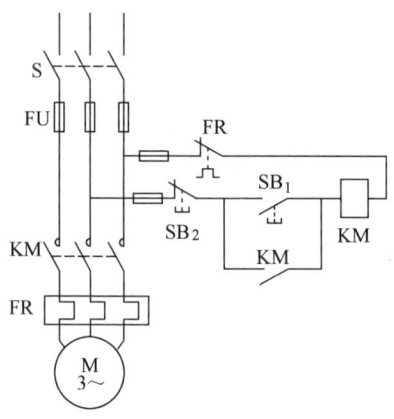

图 9-26 直接起动控制电路图

① 起短路保护的是串接在主电路中的熔断器 FU。一旦电路发生短路故障，熔体立即熔断，电动机立即停转。

② 起过载保护的是热继电器 FR。当过载时，热继电器的发热元件发热，将其常闭触点断开，使接触器 KM 线圈断电，串联在电动机回路中的 KM 的主触点断开，电动机停转。同时 KM 辅助触点也断开，解除自锁。故障排除后若要重新起动，需按下 FR 的复位按钮，使 FR 的常闭触点复位（闭合）即可。

③ 起零电压（或欠电压）保护的是接触器 KM 本身。当电源暂时断电或电压严重下降时，接触器 KM 线圈的电磁吸力不足，衔铁自行释放，使主、辅触点自行复位，切断电源，电动机停转，同时解除自锁。

2. 三相异步电动机正反转控制电路

（1）简单的正反转控制

如图 9-27 所示为正反转控制电路图。

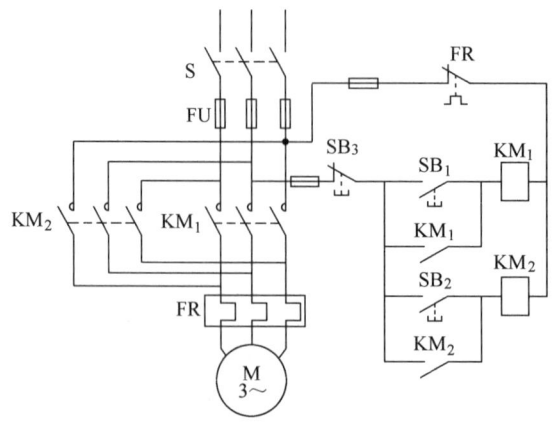

图 9-27 正反转控制电路图

1）正向起动过程。按下起动按钮 SB_1，接触器 KM_1 线圈通电，与 SB_1 并联的 KM_1 的辅助常开触点闭合，以保证 KM_1 线圈持续通电，串联在电动机回路中的 KM_1 的主触点持续闭合，电动机连续正向运转。

2）停止过程。按下停止按钮 SB_3，接触器 KM_1 线圈断电，与 SB_1 并联的 KM_1 的辅助触点断开，以保证 KM_1 线圈持续失电，串联在电动机回路中的 KM_1 的主触点持续断开，切断电动机定子电源，电动机停转。

3）反向起动过程。按下起动按钮 SB_2，接触器 KM_2 线圈通电，与 SB_2 并联的 KM_2 的辅助常开触点闭合，以保证线圈持续通电，串联在电动机回路中的 KM_2 的主触点持续闭合，电动机连续反向运转。

缺点：KM_1 和 KM_2 线圈不能同时通电，因此不能同时按下 SB_1 和 SB_2，也不能在电动机正转时按下反转起动按钮，或在电动机反转时按下正转起动按钮。如果操作错误，将引起主回路电源相间短路。

（2）带电气互锁的正反转控制

如图 9-28 所示为带电气互锁的正反转控制电路图。

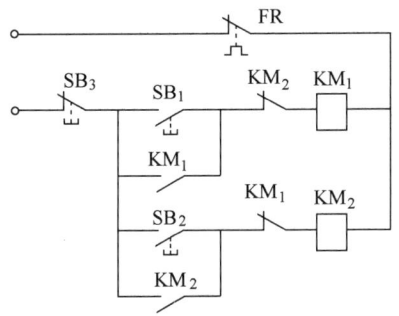

图 9-28 带电气互锁的正反转控制电路图

将接触器 KM_1 的辅助常闭触点串入 KM_2 的线圈回路中，从而保证在 KM_1 线圈通电时 KM_2 线圈回路总是断开的；将接触器 KM_2 的辅助常闭触点串入 KM_1 的线圈回路中，从而保证在 KM_2 线圈通电时 KM_1 线圈回路总是断开的。这样接触器的辅助常闭触点 KM_1 和 KM_2 保证了两个接触器线圈不能同时通电，这种控制方式称为互锁或者联锁，这两个辅助常闭触点称为互锁或者联锁触点。

3. 三相异步电动机Y-△减压起动控制电路

图 9-29 所示为Y-△减压起动控制电路图。按下起动按钮 SB_1，时间继电器 KT 和接触器 KM_2 同时通电吸合，KM_2 的常开主触点闭合，把定子绕组连接成星形，其常开辅助触点闭合，接通接触器 KM_1。KM_1 的常开主触点闭合，将定子接入电源，电动机在星形连接下起动。KM_1 的一个常开辅助触点闭合，进行自锁。经一定延时，KT 的常闭触点断开，KM_2 断电复位，接触器 KM_3 通电吸合。KM_3 的常开主触点将定子绕组接成三角形，使电动机在额定电压下正常运行。KM_3 的常闭辅助触点的作用是：当电动机正常运行时，该常闭触点断开，切断了 KT、KM_2 的通路，即使误按 SB_1，KT 和 KM_2 也不会通电，以免影响电路正常运行。若要停车，则按下停止按钮 SB_3，接触器 KM_1、KM_2 同时断电释放，电动机脱离电源停止转动。

4. 三相异步电动机行程控制电路

（1）限位控制

当生产机械的运动部件到达预定的位置时压下行程开关的触杆，将常闭触点断开，接触

211

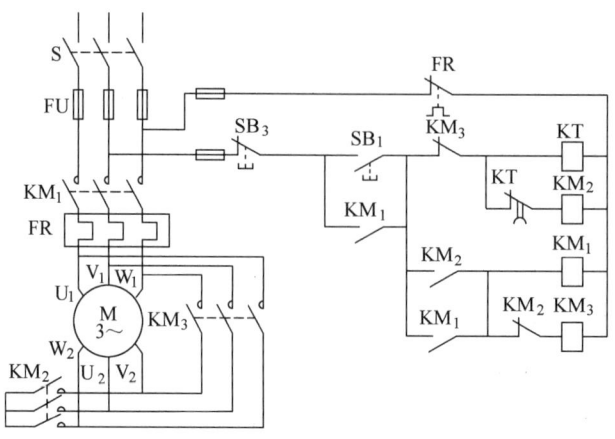

图 9-29 Y-△减压起动控制电路图

器线圈断电，使电动机断电而停止运行。如图 9-30a 所示。

（2）行程往返控制

图 9-30b 所示为行程控制电路图。

按下正向起动按钮 SB_1，电动机正向起动运行，带动工作台向前运动。当运行到 SQ_2 位置时，挡块压下 SQ_2，接触器 KM_1 断电释放，KM_2 通电吸合，电动机反向起动运行，使工作台后退。工作台退到 SQ_1 位置时，挡块压下 SQ_1，KM_2 断电释放，KM_1 通电吸合，电动机又正向起动运行，工作台又向前进，如此一直循环下去，直到需要停止时按下 SB_3，KM_1 和 KM_2 线圈同时断电释放，电动机脱离电源停止转动。

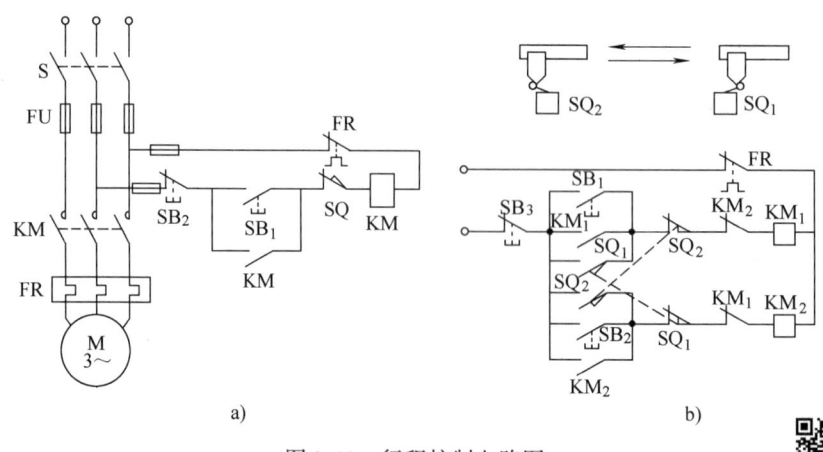

图 9-30 行程控制电路图
a）限位控制电路图　b）自动往返控制电路图

低压电器小结

9.4 小结

1. 刀开关是手动电器中结构最简单的一种，被广泛应用于各种配电设备和供电线路。
2. 断路器又称为低压断路器或自动空气断路器，是低压配电网络和电力拖动系统中常用的一种配电电器，断路器具有操作安全、安装使用方便、工作可靠、动作值可调、分段能力较强、兼顾多种保护、动作后不需要更换组件等优点，因此得到广泛应用。断路器由动触点、静触点、灭弧装置、操作机构、热脱扣器、电磁脱扣器及外壳等部分组成。

3. 熔断器是一种结构简单、价格低廉、动作可靠、使用维护方便的保护电器。在低压配电网络和电力拖动系统中主要用作短路保护。当电路发生短路或严重过载时，通过熔断器熔体的电流达到或超过某一规定值时，以其自身产生的热量使熔断器熔断，从而自动分断电路，起到保护作用。

4. 接触器是一种自动的电磁式开关，适用于远距离频繁地接通或断开交、直流电路及大容量控制电路。主要控制对象是电动机，也可用于控制其他负载，如电热设备、电焊机以及电容器组等。接触器主要由电磁系统、触点系统、灭弧系统及辅助系统等组成。

5. 能读懂、会绘制三相异步电动机直接起动电路、正反转控制电路、Y-△减压起动控制电路、行程控制电路等。

9.5 习题

1. 什么是低压电器？
2. 常见的低压电器有哪些？
3. 低压断路器具有哪些优点？具有哪些保护功能？
4. 熔断器的作用是什么？由哪几部分组成？
5. 交流接触器由哪几部分组成，铁心结构有什么特点？
6. 什么叫三相异步电动机的点动控制？
7. 什么叫三相异步电动机的自锁控制？
8. 试画出三相异步电动机的正转反转控制电路图。

附 录

附录 A 常用电气图形符号

图形符号	名称与含义	图形符号	名称与含义
	电阻器一般符号		电感器、线圈、绕组或扼流圈
	可调电阻器		带磁心的电感器
	滑动触点电位器		带磁心连续可变的电感器
	极性电容		双绕组变压器 注：可增加绕组数目
	可变电容器或可调电容器		绕组间有屏蔽的双绕组变压器 注：可增加绕组数目
	双联同调可变电容器 注：可增加同调联数		在一个绕组上有抽头的变压器
	微调电容器	或	接机壳或底板
	具有两个电极的压电晶体 注：电极数目可增加		导线的连接
	熔断器		导线的不连接
	熔断器式隔离开关		动合（常开）触点开关
	指示灯及信号灯		动断（常闭）触点开关
	扬声器		手动开关
	蜂鸣器		按钮开关（不闭锁）
	多极开关一般符号单线表示		PNP 型晶体管
	多极开关一般符号多线表示		NPN 型晶体管
	半导体二极管		故障
	发光二极管		端子

(续)

图形符号	名称与含义	图形符号	名称与含义
	光电二极管		延时闭合的动合触点
	电压调整二极管		延时断开的动合触点
	变容二极管		延时断开的动断触点
	桥式全波整流器		延时闭合的动断触点
	N型沟道结型场效应晶体管		热继电器驱动器件
	P型沟道结型场效应晶体管		接触器，接触器的主动合触点
	绝缘栅型场效应晶体管 增强型、N型沟道、衬底无引出线		三相笼型感应电动机
	绝缘栅型场效应晶体管 增强型、P型沟道、衬底有引出线	—	—

附录 B 部分电路元件命名方法

表 B-1 电阻器型号命名方法

第一部分：主称		第二部分：材料		第三部分：特征分类			第四部分：序号
符号	意义	符号	意义	符号	意义		
					电阻器	电位器	
R	电阻器	T	碳膜	1	普通	普通	对主称、材料相同，仅性能指标、尺寸大小有差别，但基本不影响互换使用的产品，给予同一序号；若性能指标、尺寸大小明显影响互换时，则在序号后面用大写字母作为区别代号
W	电位器	H	合成膜	2	普通	普通	
		S	有机实芯	3	超高频	—	
		N	无机实芯	4	高阻	—	
		J	金属膜	5	高温	—	
		Y	氧化膜	6	—	—	
		C	沉积膜	7	精密	精密	
		I	玻璃釉膜	8	高压	特殊函数	
		P	硼碳膜	9	特殊	特殊	
		U	硅碳膜	G	高功率	—	
		X	线绕	T	可调	—	
		M	压敏	W	—	微调	
		G	光敏	D	—	多圈	
		R	热敏	B	温度补偿用	—	
				C	温度测量用	—	
				P	旁热式	—	
				W	稳压式	—	
				Z	正温度系数	—	

表 B-2 电容器型号命名法

第一部分：主称		第二部分：材料		第三部分：特征、分类						第四部分：序号
符号	意义	符号	意义	符号	意义					
					瓷介	云母	玻璃	电解	其他	
	电容器	C	瓷介	1	圆片	非密封	—	箔式	非密封	对主称、材料相同，仅尺寸、性能指标略有不同，但基本不影响互换使用的产品，给予同一序号；若尺寸性能指标的差别明显；影响互换使用时，则在序号后面用大写字母作为区别代号
		Y	云母	2	管形	非密封	—	箔式	非密封	
		I	玻璃釉	3	迭片	密封	—	烧结粉固体	密封	
		O	玻璃膜	4	独石	密封	—	烧结粉固体	密封	
		Z	纸介	5	穿心	—	—	—	穿心	
		J	金属化纸	6	支柱	—	—	—	—	
		B	聚苯乙烯	7	—	—	—	无极性	—	
		L	涤纶	8	高压	高压	—	—	高压	
		Q	漆膜	9	—	—	—	特殊	特殊	
		S	聚碳酸酯	J	金属膜					
		H	复合介质	W	微调					
		D	铝							
		A	钽							
		N	铌							
		G	合金							
		T	钛							
		E	其他							

表 B-3 国产半导体分立器件型号命名法

第一部分		第二部分		第三部分				第四部分	第五部分
用数字表示器件电极的数目		用汉语拼音字母表示器件的材料和极性		用汉语拼音字母表示器件的类型					
符号	意义	符号	意义	符号	意义	符号	意义		
2	二极管	A	N 型，锗材料	P	普通管	D	低频大功率管（$<3MHz$，$P_C \geq 1W$）	用数字表示器件序号	用汉语拼音表示规格的区别代号
		B	P 型，锗材料	V	微波管				
		C	N 型，硅材料	W	稳压管				
		D	P 型，硅材料	C	参量管	A	高频大功率管（$\geq 3MHz$，$P_C \geq 1W$）		
3	三极管	A	PNP 型，锗材料	Z	整流管				
		B	NPN 型，锗材料	L	整流堆				
		C	PNP 型，硅材料	S	隧道管	T	半导体闸流管（晶闸管整流器）		
		D	NPN 型，硅材料	N	阻尼管	Y	体效应器件		
		E	化合物材料	U	光电器件	B	雪崩管		
				K	开关管	J	阶跃恢复管		
				X	低频小功率管（$<3MHz$，$P_C <1W$）	CS	场效应器件		
						BT	半导体特殊器件		
				G	高频小功率管（$\geq 3MHz$，$P_C <1W$）	FH	复合管		
						PIN	PIN 型管		
						JG	激光器件		

表 B-4　国际电子联合会半导体器件型号命名法

第一部分		第二部分				第三部分		第四部分	
用字母表示使用的材料		用字母表示类型及主要特性				用数字或字母加数字表示登记号		用字母对同一型号者分档	
符号	意义	符号	意义	符号	意义	符号	意义	符号	意义
A	锗材料	A	检波、开关和混频二极管	M	封闭磁路中的霍尔元件	三位数字	通用半导体器件的登记序号（同一类型器件使用同一登记号）	A B C D E …	同一型号器件按某一参数进行分档的标志
		B	变容二极管	P	光敏元件				
B	硅材料	C	低频小功率晶体管	Q	发光器件				
		D	低频大功率晶体管	R	小功率晶闸管				
C	砷化镓	E	隧道二极管	S	小功率开关管				
		F	高频小功率晶体管	T	大功率晶闸管				
D	锑化铟	G	复合器件及其他器件	U	大功率开关管	一个字母加两位数字	专用半导体器件的登记序号（同一类型器件使用同一登记号）		
		H	磁敏二极管	X	倍增二极管				
R	复合材料	K	开放磁路中的霍尔元件	Y	整流二极管				
		L	高频大功率晶体管	Z	稳压二极管即齐纳二极管				

表 B-5　模拟集成电路命名方法（国产）

第0部分		第一部分		第二部分		第三部分		第四部分	
用字母表示器件符合国家标准		用字母表示器件的类型		用阿拉伯数字表示器件的系列和品种代号		用字母表示器件的工作温度范围		用字母表示器件的封装	
符号	意义	符号	意义	符号	意义	符号	意义	符号	意义
C	中国制造	T	TTL			C	0~70℃	W	陶瓷扁平
		H	HTL			E	-40~85℃	B	塑料扁平
		E	ECL			R	-55~85℃	F	全封闭扁平
		C	CMOS			M	-55~125℃	D	陶瓷直插
		F	线性放大器			…	…	P	塑料直插
		D	音响、电视电路					J	黑陶瓷直插
		W	稳压器					K	金属菱形
		J	接口电路					T	金属圆形

参 考 文 献

[1] 易沅屏. 电工学 [M]. 北京：高等教育出版社，1993.
[2] 童诗白，华成英. 模拟电子技术基础 [M]. 3版. 北京：高等教育出版社，2001.
[3] 阎石. 数字电子技术基础 [M]. 6版. 北京：高等教育出版社，2016.
[4] 唐俊英. 电子电路分析与实践 [M]. 北京：电子工业出版社，2009.
[5] 马全喜，李晓慧，何怀明. 电子元器件与电子实习 [M]. 北京：机械工业出版社，2006.
[6] 邢江勇，蒙树森. 电工电子技术实验与实训 [M]. 北京：科学出版社，2007.
[7] 张军. 汽车电工电子基础 [M]. 北京：高等教育出版社，2014.
[8] 赵艳芝. 电工作业 [M]. 北京：机械工业出版社，2014.
[9] 邱俊. 工厂电气控制技术 [M]. 2版. 北京：中国水利水电出版社，2011.